Encontro com Aristóteles

QUINZE LIÇÕES

Encontro com Aristóteles

QUINZE LIÇÕES

Tradução:
Federico Guglielmo Carotti

Mario Vegetti
Francesco Ademollo

Edições Loyola

Título original:
Incontro con Aristotele – Quindici lezioni
© 2016 Giulio Einaudi editore s.p.a., Torino
Via Umberto Biancamano 2, 10121, Torino, Italia
ISBN 978-88-06-20037-4

Dados Internacionais de Catalogação na Publicação (CIP)
(Câmara Brasileira do Livro, SP, Brasil)

Vegetti, Mario
  Encontro com Aristóteles : quinze lições / Mario Vegetti, Francesco Ademollo ; tradução Federico Guglielmo Carotti. -- 1. ed. -- São Paulo : Edições Loyola, 2024. -- (Fundamentos filosóficos)

  Título original: Incontro con Aristotele: quindici lezioni.
  ISBN 978-65-5504-334-1

  1. Aristóteles 2. Epistemologia 3. Filosofia grega antiga 4. Lógica I. Ademollo, Francesco. II. Título. III. Série.

24-192211   CDD-185

Índices para catálogo sistemático:
1. Aristóteles : Filosofia antiga   185
Aline Graziele Benitez - Bibliotecária - CRB-1/3129

Preparação: Marta Almeida de Sá
Capa: Ronaldo Hideo Inoue
Composição a partir das imagens de Aristóteles de © H.D.Volz (frontal) e © Cobe (contracapa, gerada com IA), sobre detalhe da textura de © dmutrojarmolinua. © Adobe Stock.
Diagramação: Sowai Tam

Edições Loyola Jesuítas
Rua 1822 n° 341 – Ipiranga
04216-000 São Paulo, SP
T 55 11 3385 8500/8501, 2063 4275
editorial@loyola.com.br
vendas@loyola.com.br
www.loyola.com.br

Todos os direitos reservados. Nenhuma parte desta obra pode ser reproduzida ou transmitida por qualquer forma e/ou quaisquer meios (eletrônico ou mecânico, incluindo fotocópia e gravação) ou arquivada em qualquer sistema ou banco de dados sem permissão escrita da Editora.

ISBN 978-65-5504-334-1

© EDIÇÕES LOYOLA, São Paulo, Brasil, 2024

103482

Sumário

Prefácio 7

Encontro com Aristóteles

Capítulo I
Um homem de escola 15

Capítulo II
Esquecer o mestre 31

Capítulo III
A enciclopédia do saber: o tratado e o mundo 49

Capítulo IV
Ver e ouvir o mundo: o fenômeno e a linguagem 67

Capítulo V
Lógica e epistemologia 81

Capítulo VI
A dialética 111

Capítulo VII
As categorias e a substância 135

Capítulo VIII
A natureza: os princípios e as causas 159

Capítulo IX
O corpo do mundo e os seus movimentos 179

Capítulo X
O vivente e a alma 197

Capítulo XI
Uma ética para o animal político 225

Capítulo XII
A *polis* entre natureza e história 251

Capítulo XIII
Poética e retórica 269

Capítulo XIV
"A ciência indagada": o primado da filosofia 291

Capítulo XV
O comentário e o sistema 315

Apêndices

Apêndice I
Os escritos exotéricos 337

Apêndice II
Cronologia das obras de Aristóteles 341

Índice de obras citadas 345

Prefácio

Escrever um livro introdutório ao pensamento de Aristóteles apresenta, pelo menos à primeira vista, dificuldades menores do que as enfrentadas num trabalho análogo dedicado a Platão. No caso desse último, trata-se em primeiro lugar de localizar o pensamento do autor que permanece anônimo, ocultando-se por trás dos personagens dos diálogos, e, além disso, de reconstruir os seus percursos labirínticos entre os próprios diálogos, que frequentemente retomam os mesmos problemas sob diversos pontos de vista, entrelaçando campos disciplinares distintos (por exemplo, a *República* trata de temas de ontologia, epistemologia, psicologia, ética e política), por vezes, apresentando conclusões aporéticas ou elusivas.

Nada de semelhante no caso de Aristóteles. O seu pensamento, enunciado em primeira pessoa, é exposto ordenadamente em tratados, organizados segundo divisões disciplinares precisas; o próprio autor é pródigo em indicações sobre a sequência em que os tratados devem ser lidos e estudados. À primeira vista, portanto, a exposição do intérprete poderia e deveria se limitar a seguir essas indicações, prosseguindo de modo ordenado de tratado em tratado. Há, com efeito, ótimos trabalhos conduzidos dessa maneira, e naturalmente nós também descrevemos o saber aristotélico seguindo as suas articulações disciplinares. Assim tratamos lógica e epistemologia, com as respectivas implicações ontológicas e as teorias da argumentação e da demonstração, nos capítulos V, VI e VII (os tratados pertinentes são *Analíticos, De interpretatione, Tópicos, Categorias*, o livro VII da *Metafísica*). Expusemos a seguir a filosofia da natureza de Aristóteles, nos capítulos VIII e IX, que versam sobre a *Física*, o *De caelo*, o *De generatione et corruptione*, os livros VIII e IX da *Metafísica*. O âmbito da natureza viva e, portanto, animada forma o objeto do capítulo X, que expõe o tratado *Sobre a alma* e os biológicos. Os capítulos XI a XIII versam sobre a "filosofia humana", entre ética e política, retórica e poesia (aqui os tratados levados em consideração são, na ordem, as duas *Éticas*, a *Política*, a *Retórica* e a *Poética*). O penúltimo capítulo é dedicado aos problemas de filosofia geral, discutidos em alguns livros da *Metafísica*, que não encontram lugar em nenhuma área disciplinar específica. O capítulo XV, por fim, traça a história dos comentários a Aristóteles, que com a sua intenção sintetizante exerceram uma imensa influência na tradição filosófica tanto europeia quanto árabe. Dois breves apêndices são dedicados aos escritos esotéricos de Aristóteles e às hipóteses sobre a cronologia das suas obras.

Limitar-se a essa abordagem, contudo, não renderia justiça nem ao estilo do pensamento aristotélico nem às perguntas mais relevantes que devemos nos fazer a seu respeito. Do primeiro ponto de vista. Uma exposição que siga meramente a ordem dos tratados e das relativas disciplinas acaba inevitavelmente por dar a Aristóteles uma imagem excessivamente sistemática – acaba, em outros termos, por repetir mais uma vez a operação de "sistematizar" o filósofo. Aristóteles certamente era um pensador sistemático, mas não no sentido de que a sua intenção principal fosse a de produzir uma estrutura teórica totalizante, fechada e definitiva; trata-se, antes disso – segundo a definição de Ingemar Düring –, de um filósofo *Problemsystematiker*, isto é, empenhado no esforço metódico de enfrentar e resolver os problemas postos pela compreensão do mundo natural e humano e pela construção dos respectivos saberes. Em relação a esse trabalho sobre as questões do conhecimento, o sistema constituía, quando muito, um horizonte tendencial de unificação. Mas é sinal da grandeza intelectual do filósofo que ele nunca trapaceie nas cartas: os problemas não resolvidos, ou resolvidos de modo apenas provisório e não inteiramente satisfatório, bem como a exigência de pesquisas e especificações ulteriores são frequentemente assinalados por ele. Embora uma densa rede de remissões internas conecte os tratados, não parece, todavia, que Aristóteles tenha se preocupado demais em evitar tensões e até contradições entre eles nas soluções oferecidas aos problemas enfrentados. E mais: às vezes, as tentativas de superar as maiores aporias teóricas parecem ao intérprete – e talvez também ao autor – forçadas demais para se mostrar plenamente convincentes, e, assim, apresentam-se difíceis quesitos exegéticos.

Em todos esses casos – problemas não resolvidos, descontinuidade entre diferentes tratados, soluções forçadas –, seria injusto para com Aristóteles expor o seu pensamento procurando aplainar, normalizar, justamente "sistematizar" as suas asperezas conceituais e os seus pontos críticos. Procuramos, portanto, discutir as questões problemáticas tentando em cada caso compreender as razões do autor, mas expondo ao leitor a discussão das dificuldades e das aporias que os seus textos nos pareciam apresentar.

A esse ponto de vista, digamos, interior aos textos aristotélicos acrescentamos outro, situado no exterior deles. Pareceu-nos que não deveríamos nos limitar a apresentar um catálogo ordenado dos produtos do saber aristotélico sem indagar sobre as modalidades e os pressupostos dos processos de pensamento que deram lugar à sua produção. Sendo assim, por que Aristóteles construiu dessa maneira a sua base de conhecimento, com quais intenções, em quais formas? Tentar responder a essas perguntas estratégicas significava apresentar pelo menos três ordens de questionamentos. A primeira: qual era a posição crítica que Aristóteles adotava diante da tradição filosófica que o precedia, em especial em relação ao pensamento platônico? A segunda: de que modo a forma como vinha construindo a sua filosofia – cursos e tratados – era moldada pelas exigências dos seus conteúdos teóricos e reciprocamente os influenciava? A terceira: quais eram as exigências teóricas, as intenções gerais, enfim, as razões que orientavam a construção da imponente enciclopédia do saber aristotélico naquela determinada direção? Nos primeiros quatro capítulos deste livro e, naturalmente, também aos poucos nos demais, tentamos delinear algumas respostas, obviamente apenas parciais, a essas interrogações.

Fazemos votos de que esta abordagem possa introduzir com eficácia o leitor em uma compreensão crítica, e não passiva, do edifício de pensamento construído por Aristóteles em sua complexidade, em seu sentido de conjunto e também nas questões que ele deixa em aberto. Sobre as questões mais difíceis, indicamos as posições mais recentes dos estudiosos. A nossa principal intenção foi não tanto propor uma interpretação original de algum aspecto desse pensamento – o que, após quase vinte e cinco séculos de esforços exegéticos, realmente não seria simples –, e sim levar o leitor a escutar sem juízos prévios, sem "escolasticismo", a lição de Aristóteles; uma lição que, pela potência de seu pensamento, ainda é capaz de nos falar, de gerar concordância e discordância, de não nos deixar indiferentes perante aquele que foi um dos maiores esforços filosóficos de compreensão do mundo que nos foram transmitidos pela nossa tradição.

Ao mesmo tempo, essa escuta crítica é tanto mais necessária na medida em que a sistematização escolástica do aristotelismo – sedimentada por uma longa tradição que se inicia com os comentadores antigos e medievais – passou a fazer parte do senso comum, do nosso modo "espontâneo" de conceber a realidade, das nossas próprias linguagens cotidianas: assim, por exemplo, a imagem do mundo como um conjunto ordenado de substâncias e os seus respectivos atributos, espelhado nos nexos enunciativos de sujeito e predicado, a ética do "justo meio", a naturalização desistoricizada das relações sociais, e assim por diante. Compreender Aristóteles para além desse aristotelismo irrefletido é, portanto, um compromisso indispensável e estimulante.

Por último, esperamos também ter conseguido transmitir ao leitor uma emoção que nos acompanhou durante o nosso trabalho. Pode parecer estranho falar de emoções a propósito de Aristóteles, um autor conhecido pela severidade do estilo e – à diferença do seu mestre visionário, Platão – pela serenidade de sua atitude intelectual. Todavia, Aristóteles certamente foi a maior testemunha daquele ardente desejo de conhecimento que, nas primeiras linhas da *Metafísica*, ele reconhece como uma tensão comum a todos os homens, como um sinal precípuo de sua humanidade. Diante do seu imenso esforço de satisfazer a esse desejo, para si e para a tradição a que pertencemos, é difícil não sentir precisamente essa emoção que sempre acompanha o encontro com as grandes experiências da inteligência humana, e, em nosso caso, com a grandiosidade de um empreendimento do pensamento difícil de conceber como obra de um único indivíduo no decorrer de uma única vida.

Mario Vegetti
Francesco Ademollo

Os capítulos I, II, III, IV, VIII, IX, X, XI, XII e XIV deste livro, além dos dois apêndices, foram escritos por Mario Vegetti; os capítulos V, VI, VII, XIII e XV, por Francesco Ademollo. Cada capítulo foi objeto de uma discussão aprofundada, mas a redação final e as opções interpretativas são de responsabilidade, em última instância, dos respectivos autores.

Desejamos agradecer os amigos Walter Cavini, pela contribuição na fase inicial deste trabalho, e Franco Ferrari, por ter propiciado a sua conclusão. Agradecemos também Riccardo Chiaradonna, Paolo Fait e Massimo Mugnai por terem lido versões preliminares de alguns capítulos e pelos seus preciosos conselhos.

Nota bibliográfica

As exposições recentes mais extensas do pensamento de Aristóteles são as de I. Düring, *Aristotele* [1966], trad. ital. Mursia, Milão, ²1992, e de W.K.C. Guthrie, *A History of Greek Philosophy*, vol. VI, *Aristotle: an Encounter* [1981], Cambridge University Press, Cambridge, 2002 (obra da qual extraímos a sugestão para o título deste livro). Entre as introduções sintéticas, a clássica continua a ser a de W. D. Ross, *Aristotle* [1923, ²1995], trad. ital. da quinta edição: Feltrinelli, Milão, 1982. Mais recentes são as interessantes apresentações de J. Ackrill, *Aristotle the Philosopher*, Oxford University Press, Oxford, 1981 [trad. ital. Il Mulino, Bolonha, 1999]; J. Barnes, *Aristotle. A Very Short Introduction*, Oxford University Press, Oxford, 2000 [trad. ital. da edição de 1982: Einaudi, Turim, 2002]; E. Berti, *Profilo di Aristotele* [1979], Studium, Roma, 2012; G. E. Lloyd, *Aristotele. Origine e struttura del suo pensiero* [1968], trad. ital. Il Mulino, Bolonha, 1985.

Boas exposições recentes, abordando principalmente obra por obra, são as de A. Jori, *Aristotele*, Bruno Mondadori, Milão, 2006; C. Natali, *Aristotele*, Carocci, Roma, 2014.

ENCONTRO COM ARISTÓTELES

Capítulo I
Um homem de escola

Sócrates fazia filosofia sem se utilizar de bancos ou sentar-se numa cátedra (*thrònon*), e não observava o horário prefixado aos discípulos para a aula ou o passeio (*perìpatos*), mas, sim, gracejava, quando havia ocasião, bebendo em companhia de outros, participando de uma expedição militar ou encontrando-se na praça com alguém, enfim, até mesmo ingerindo o veneno na prisão.

Plutarco, *An seni respublica gerenda sit*, 26.

Considera-se que a atividade do pensamento, por ser teórica, distingue-se pela seriedade, não persegue nenhum fim além de si mesma, possui um prazer perfeito próprio [...] e também as características da autossuficiência, de um uso livre (*scholastikòn*) e ilimitado do tempo, até onde é dado a um homem, e todas as outras que se atribuem a quem é virtuoso, e que se mostram ligadas a essa atividade: ela resultará então na felicidade perfeita do homem, quando ocupa toda a duração da vida [...].
Se o pensamento é coisa divina em relação ao homem, a vida dedicada ao pensamento também será divina em relação à vida simplesmente humana.

Aristóteles, *Ética a Nicômaco* X, 7, 1177b19-31.

Estagira era uma pequena cidade grega situada na península calcídica, talvez uma colônia de Cálcis na Eubeia ou de Andro nas Cíclades. Na primeira metade do século IV a.C., tratava-se de uma região disputada entre a tradicional área de influência ateniense e a da emergente potência macedônia. O clima é bastante rigoroso, a tal ponto que o mais ilustre dos seus cidadãos chegou a dizer certa vez: "Fui a Estagira por causa do grande rei [o rei da Pérsia ou talvez Filipe da Macedônia], voltei a Atenas por causa do grande inverno". Naquela época, vivia nessa cidadezinha um médico importante, Nicômaco, que, segundo alguns testemunhos, prestara os seus serviços ao rei macedônio Amintas III; Nicômaco gozava de boas relações nas duas costas do Egeu setentrional, com a corte macedônia no lado europeu e com Próxeno de Atarneu (um personagem influente, como veremos) no lado asiático. Casara-se com Féstides, que vinha da Eubeia, talvez a terra-mãe de Estagira.

Nessa família de provincianos abastados e cultos, mas não aristocratas, em 384-383 a.C. nasceu um filho a quem foi dado o nome de Aristóteles. Com a morte de Nicômaco, que provavelmente havia transmitido ao filho jovenzinho o interesse pela medicina e pelos saberes naturalistas, Aristóteles foi confiado à tutela de Próxeno. Este era amigo de Hérmias, tirano de Atarneu e de uma região que se estendia até Axos (Hérmias, por sua vez, era aliado de Filipe, e em 341-340 a.C. pagou com a morte essa ligação que o levara a conspirar contra o seu senhor, o rei da Pérsia). No entanto, Próxeno, pelo que nos é atestado, era também amigo de Platão, e essas suas relações teriam desempenhado um papel decisivo na vida de Aristóteles.

Em todo caso, Aristóteles permaneceu sempre ligado ao seu tutor (depois da morte de Próxeno, adotaria o seu filho, Nicanor) e também ao amigo Hérmias: casou-se, de fato, com Pítia, filha, irmã ou sobrinha do tirano, e, em homenagem à desafortunada e valorosa história de Hérmias, compôs um hino que, ao que parece, era diariamente entoado em sua casa antes do jantar.

Quanto à biografia de Aristóteles, estamos relativamente bem informados graças a um grande conjunto de testemunhos, embora nem sempre totalmente confiáveis, ao contrário do que ocorre com Platão; não dispomos, porém, de nenhum documento comparável em intensidade intelectual e *páthos* emocional à *Carta VII* de Platão (quer se trate de um testemunho autobiográfico ou de um relato plausível). Chegou a nós, no entanto, o testamento autêntico de Aristóteles, um documento significativo na sua sobriedade, que comentaremos mais adiante.

Aristóteles tinha apenas 17 anos quando, em 367 a.c., deixou a casa de Próxeno e foi para Atenas, onde foi acolhido na Academia de Platão. Esse ingresso não era nada óbvio nem esperado, mesmo sem considerarmos as suas extraordinárias consequências na história intelectual do Ocidente. Com efeito, é surpreendente a admissão de um jovem provinciano não aristocrático na prestigiosa escola de Platão, que já então constituía um ponto de referência para a intelectualidade aristocrática ateniense e grega. A Academia não era uma instituição universitária na qual era possível "se matricular": assemelhava-se mais a um clube ou, na linguagem da época, a uma *hetairia* aristocrática, em que ardia uma paixão pelos estudos filosóficos e científicos, em especial matemáticos (que na entrada da escola estivesse esculpida a inscrição "Que aqui não entre ninguém que não seja geômetra" faz parte da lenda, mas expressa bem o tom intelectual predominante), bem como uma paixão política igualmente fervorosa. Quando Aristóteles chegou à Academia, com efeito, Platão estava ausente: havia levado a Siracusa uma numerosa delegação da escola, incluindo aquele que considerava ser o seu melhor aluno, o siracusano Dião. A intenção era reconciliar o jovem tirano siracusano Dionísio II (por fim, "convertido" à filosofia) com o próprio Dião, que nutria a clara ambição de tomar seu lugar. Plutarco relata que, durante a "invasão" acadêmica na corte siracusana, o palácio do tirano "estava envolvido numa nuvem de poeira por causa da multidão dos que se dedicavam à geometria" (*Dião*, 13,4) traçando na areia figuras e demonstrações. Teoremas e ambições políticas assim se entreteciam no acalorado clima acadêmico quando o jovem Aristóteles chegou a Atenas, onde a função de chefe da escola durante a ausência de Platão talvez fosse desempenhada pelo grande matemático e astrônomo Eudoxo de Cnido.

Cumpre perguntar: como o jovem Aristóteles foi admitido na Academia? A resposta só pode ser hipotética: talvez graças à apresentação de Próxeno, depois apoiada por Hérmias (que a seguir teria mantido boas relações com os acadêmicos), talvez até por uma intervenção da corte macedônia rememorando os serviços de Nicômaco. O certo é que Aristóteles se manteve na escola pelos vinte anos seguintes, até a morte do mestre, dando provas de uma extraordinária fidelidade, bem como de um espírito de independência igualmente extraordinário.

De fato, ele nunca compartilhou dos entusiasmos geométricos dos acadêmicos ("para os filósofos de hoje, a filosofia acabou por se identificar com as matemáticas", escrevia com desaprovação em *Metafísica* I [*Alpha*], 9, 992a32 ss.) nem das suas paixões políticas. Durante sua permanência na escola, a Academia promoveu outras duas expedições siracusanas, em 361 a.C. e em 357 a.C. (essa última, que tinha um caráter também militar, não contou com a presença de Platão, mas envolveu, além de Dião, Espeusipo e outros importantes membros da escola): Aristóteles não aparece entre os participantes.

Em vez disso, ao que parece, ele construíra um estilo de vida isolado, condizente com a condição de estrangeiro ("meteco") em Atenas, portanto, privado de direitos políticos, inteiramente consagrado ao estudo e à reflexão teórica: um estilo ao qual Aristóteles teria conferido forma conceitual com a teoria sobre a incompatibilidade entre vida política e vida de estudo e a superioridade dessa última.

Essa discrição do jovem estudioso, que já assinalava no nível do modo de vida a diferença em relação ao clima predominante na Academia, parece ter despertado nos companheiros e no próprio chefe da escola sentimentos mistos de irritação e respeito. Segundo uma anedota, vendo-o ausente das habituais discussões da escola, Platão teria dito: "Vamos à casa do 'leitor' (*anagnostès*)". Proferido por Platão, o epíteto tinha, sem dúvida, um matiz depreciativo: não tanto porque a função da leitura fosse frequentemente confiada a um escravo, mas sobretudo porque, como se depreende do *Fedro*, Platão privilegiava a discussão a viva voz das questões filosóficas em vez do seu estudo livresco. Aristóteles, por sua vez, foi, sem dúvida, o primeiro dos filósofos gregos a organizar e consultar sistematicamente bibliografias disciplinares para a redação dos seus escritos: nenhuma aversão, portanto, ao livro filosófico, a ser lido e a ser escrito. Outra anedota nos atesta que Platão, notando a ausência de Aristóteles, teria comentado:

"Falta 'o pensamento' (*nous*), o auditório está surdo". Mesmo o mais honroso epíteto de *Nous* tem certamente um matiz irônico, referindo-se à excessiva concentração do jovem aluno ne reflexão teórica, não dissociado, porém, de um senso de admirado respeito.

Com efeito, por mais apartado e reservado que fosse seu estilo de vida, a independência intelectual de Aristóteles logo veio a mostrá-lo como resoluto interlocutor crítico nas maiores questões teóricas com que se deparava a escola. Aristóteles não hesitou, já durante a sua permanência na Academia, em pôr em discussão algumas das principais doutrinas platônicas: desde a utopia política da *República* (foi possível supor que Platão havia levado em conta essas críticas ao redigir as *Leis*), passando pela cosmologia do *Timeu*, até chegar à própria teoria das ideias e dos "princípios". Em relação aos principais personagens da escola, como Espeusipo e Xenócrates, a crítica aristotélica assumiu tons decididamente agressivos. Na última parte do livro XIII e no livro XIV da *Metafísica*, que com boas razões são atribuídos ao período acadêmico (para a cronologia das obras aristotélicas, ver o Apêndice 2), afirma-se a respeito de Espeusipo que a sua concepção da natureza é "uma série episódica de fenômenos, como uma tragédia ruim" (1090b18-20), e que ele pensa ao modo dos antigos teólogos (1091a33 ss.); de resto, todos os platônicos são atingidos pela acusação de "raciocinar de modo arcaico" sobre o ser (1089a1 ss.). Quanto a Xenócrates, Aristóteles escreve, entre outras coisas, que a sua doutrina "é a pior, porque numa só teoria se unem dois erros" (1083b1-4); e seria fácil multiplicar os exemplos.

Além disso, a essa atitude vigorosamente crítica em relação a doutrinas discutidas na Academia (o que, aliás, mostra a atmosfera aberta e não dogmática própria da escola), o jovem Aristóteles unia uma clara noção do seu próprio valor intelectual e da sua originalidade filosófica. Leiamos a página de conclusão das *Refutações sofísticas*, texto muito provavelmente de sua juventude:

> Havíamo-nos proposto descobrir uma certa capacidade de silogizar sobre um problema posto a partir das premissas mais plausíveis à disposição [...]. É evidente, portanto, que o nos-

so propósito se realizou de modo adequado, mas não nos deve escapar como se deram as coisas com o presente tratado. Com efeito, em todas as descobertas, aquilo que antes foi arduamente adquirido por outros vem a avançar aos poucos com os sucessores [...]. Mas, quanto ao presente tratado, não havia uma parte elaborada anteriormente e outra não; não existia absolutamente nada [...]. Sobre os argumentos retóricos existiam numerosas exposições até antigas, ao passo que, sobre o silogizar, não havia no passado nada a mencionar, a não ser que passamos longo tempo nos esforçando em pesquisas e tentativas. Se para vocês, depois de tê-la considerado, parecer que, por ter sido constituída a partir de uma tal condição de partida, a nossa investigação metódica é satisfatória em relação às outras discussões que foram acrescidas pela tradição, cabe a todos vocês que a ouviram a tarefa de ter compreensão pelas suas lacunas e muita gratidão pelas suas descobertas [cap. 34, trad. Fait, levemente modificada].

É como se ouvíssemos nestas linhas a voz orgulhosa do jovem mestre seguro de si; e temos também uma preciosa indicação daquele que deve ter sido o seu primeiro campo pessoal de pesquisa e ensino dentro da Academia: a dialética justamente como técnica da argumentação, e a retórica, em cujo terreno Aristóteles parece ter assumido a tarefa de enfrentar de forma polêmica a influente escola de Isócrates.

Em 347 a.C., Platão morreu, e Espeusipo foi chamado para sucedê-lo na direção da Academia. Nesse mesmo ano, Aristóteles deixou a escola e Atenas. Segundo uma lenda maledicente, a saída de Aristóteles teria se dado por causa do seu ciúme em relação a Espeusipo; mas trata-se de um boato infundado, porque, na condição de estrangeiro, ele não poderia, de todo modo, herdar as propriedades de Platão onde ficava a sede da escola. Deve-se antes procurar a explicação na política ateniense: em 347 a.C., a ascensão de Demóstenes e dos democráticos ao poder havia determinado uma onda difusa de hostilidade antimacedônica, pela qual Aristóteles possivelmente temia ser envolvido por causa das suas ligações com Hérmias e a corte macedônia. Deixando Atenas, Aristóteles foi então para as propriedades de Hérmias, Axos e Atarneu, onde talvez tenha vivido com Próxeno; com ele transferiram-se os acadêmicos Erasto e Corisco, que aparentemente tiveram um papel político no governo do tirano. Dois anos depois, em 345-344 a.c., Aristóteles se mudou novamente para Mitilene, na ilha de Lesbos, onde encontrou Teofrasto, um jovem estudioso que se tornaria o seu melhor colaborador e seu sucessor no comando da escola; com Teofrasto, Aristóteles iniciou provavelmente aquelas pesquisas naturalistas que desembocariam nos seus grandes tratados zoológicos. Logo depois, haveria uma nova e decisiva guinada na experiência de Aristóteles, então com quarenta anos. Em 343-342 a.c., o rei Filipe da Macedônia o chamou à sua corte de Mieza para ser preceptor do príncipe Alexandre, que tinha então treze anos; provavelmente Filipe foi levado a essa decisão por uma indicação de Hérmias e talvez também pelas lembranças que o médico Nicômaco deixara na corte macedônia.

Aristóteles ficou na Macedônia durante sete anos. O que teria ensinado ao jovem Alexandre? Certamente, não receitas filosóficas secretas sobre a forma de conquistar o poder e o domínio do mundo, segundo uma lenda que tendia a conjugar saber e poder (ainda na Idade Média circulava um opúsculo apócrifo sobre esse ensinamento, com o título *Secretum secretorum Aristotelis*). Muito mais provavelmente, Aristóteles deve ter educado o aluno de acordo com os cânones da *paidèia* grega tradicional: muitas leituras de poetas e em primeiro lugar de Homero, máximas de sabedoria, exemplos insignes de virtudes morais e políticas. Conforme uma tradição incerta, Aristóteles teria, ademais, dedicado um ou dois diálogos (*Sobre o reino, Sobre as colônias*) a Alexandre, em que, segundo atesta Plutarco, apresentava-se o conselho de "tratar os gregos como chefes, os bárbaros como donos e cuidar dos primeiros como dos amigos e familiares, e de se conduzir com os outros como com os animais ou as plantas" (*Sobre as colônias*, fr. 2 Ross). O conselho, verdadeiro ou inventado, está, de todo modo, perfeitamente alinhado com a teoria da superioridade antropológica e política dos gregos sobre os bárbaros que Aristóteles teria desenvolvido na *Política*; mas, por outro lado, ele apresenta um tom nitidamente "conservador" em relação à corajosa ação futura de Alexandre visando a criar, nos territórios do seu reino, uma fusão harmoniosa entre os conquistadores gregos e os povos do império persa.

Certamente não teria sido isso que levaria o jovem a desprezar, junto ao pai, Filipe, os discursos de Aristóteles, enquanto aprovava os de Nicágoras (o bizarro tirano de Zeleia que afirmava ser a reencarnação de Hermes). A anedota (T 58e Düring) é provavelmente infundada, mas não surpreenderia se aquele que um dia viria a se proclamar filho de Zeus Ámon achasse as fábulas do tirano mais divertidas do que os sóbrios ensinamentos do filósofo. Contudo, o potencial desacordo entre Aristóteles e Alexandre sobre o modo de reinar e de se comportar em relação aos gregos e bárbaros traria consequências bem mais sérias e até mesmo trágicas.

Calístenes era um sobrinho de Aristóteles que obtivera um prestigioso reconhecimento do corpo sacerdotal de Delfos por ter colaborado com o tio na redação de um importante catálogo histórico dos vencedores dos jogos píticos. Ele acompanhou Alexandre na sua expedição de conquista no Oriente, provavelmente na função de historiador (segundo alguns testemunhos, ele também teria recebido de Aristóteles a incumbência de coletar informações científicas sobre os povos, os lugares, os animais daquelas terras desconhecidas). De acordo com o relato de Plutarco (*Vida de Alexandre*, 52-55), Calístenes entrou em conflito com Alexandre por causa da pretensão desse último de impor também aos gregos integrantes da expedição o costume tipicamente persa da genuflexão diante do rei. Calístenes via nesse ato de submissão a redução dos "companheiros" gregos livres de Alexandre ao mesmo nível dos seus súditos bárbaros. Calístenes foi acusado de ter participado de um complô para matar Alexandre; ele foi trancafiado no cárcere, onde morreu ou foi assassinado.

Segundo alguns testemunhos, Aristóteles ficara tão enfurecido com o seu antigo aluno que conspirou junto a Antípatro, um dos generais de Alexandre e governador macedônio de Atenas, para envenená-lo (T 29a-e Düring). Isso certamente ultrapassava as possibilidades e talvez também as intenções de Aristóteles. Mas não se pode descurar o fato de que ele nunca menciona Alexandre nas suas obras: para além da orientação política diferente, à qual nos referimos, não é de se excluir que houvesse também um componente de aversão pessoal (ou o desejo de não parecer demasiado comprometido com o reino macedônio aos olhos desconfiados da opinião pública ateniense).

Incidiria uma luz um tanto diferente sobre esse problema se fosse possível ler uma referência a Alexandre naquela página da *Política* onde Aristóteles discute a impossibilidade de impor o governo da lei a quem se sobressai tanto pela virtude (*aretè*) quanto pela capacidade política de figurar como "um deus entre os homens": não seria possível submeter tal homem à lei "porque ele próprio é a lei" (III, 13, 1284a3-14). Mas a referência é incerta e a linguagem aristotélica pode estar se referindo aos filósofos-reis de Platão evocados na *República* e principalmente no *Político*.

Em todo caso, a relação pedagógica de Aristóteles com Alexandre se interrompeu em 340 a.C., quando o seu jovem pupilo foi associado ao trono pelo pai, Filipe (com a morte dele, em 336 a.C., foi depois chamado a sucedê-lo). Após a estada em Estagira, em 335 a.C., o filósofo retornou, então, a Atenas: aliás, com a vitória de Filipe em Queroneia (em 338 a.C.), a Grécia inteira foi firmemente submetida à hegemonia macedônia; portanto, Aristóteles não tinha mais nada a temer na metrópole, então controlada pelo seu amigo Antípatro.

Em Atenas, no mesmo ano (335 a.C.), Aristóteles fundou sua escola, com sede nas cercanias do ginásio de Apolo Lício, por isso, chamada de Liceu; o ginásio provavelmente dispunha de um passeio coberto (em grego, *peripatos*), e a escola de Aristóteles passou a ser chamada também de Perípato. Quando Sócrates, no início do *Lísias*, comentando um passeio seu entre os mais célebres ginásios atenienses, dissera "eu vinha da Academia direto para o Liceu", certamente não podia imaginar que estava prefigurando no seu caminho uma guinada decisiva na história da filosofia grega, uma espécie de transferência de poder entre a escola de Platão e a de Aristóteles.

Muito se discutiu sobre a natureza da escola aristotélica. Baseando-se no fato de que Aristóteles, enquanto meteco, não podia possuir edifícios na cidade (essa possibilidade depois seria concedida a Teofrasto por intervenção de Antípatro), até havia dúvidas se se tratava de uma verdadeira escola. Aristóteles teria se limitado, como tantos intelectuais da época, a se reunir com os discípulos no espaço público do ginásio. De fato, o Liceu nunca teve reconhecimento institucional nem estatuto de uma estrutura educacional pública. Mas nada impede que Aristóteles possa ter alugado um edifício na frente do ginásio, e essa é a hipótese mais convincente porque sabemos que o Liceu aristotélico dispunha de numerosos materiais didáticos e salas equipadas para o ensino. Tratava-se, antes de mais nada, da importante biblioteca reunida por Aristóteles. É provável que ela incluísse os escritos dos filósofos pré-socráticos, como Empédocles e Demócrito frequentemente citados nas suas obras, os diálogos platônicos, outros textos de medicina, história, política (Aristóteles se basearia neles, entre outras coisas, para compilar a sua grandiosa análise histórico-política de 158 instituições, da qual nos chegou apenas a parte relativa a Atenas). Também devia haver compilações doxográficas extraídas para fins de discussão dialética dos vários autores, organizadas por questões (com efeito, escreveu Aristóteles nos *Tópicos*: "É preciso reunir 'as premissas' a partir dos discursos escritos e traçar as tabelas para cada gênero [...] por exemplo, 'sobre o bem' ou 'sobre os seres vivos' [...]. Além disso, anotem-se também à margem as opiniões de cada um", I, 14, 105b12-16). Outros materiais didáticos e demonstrativos, aos quais Aristóteles remete frequentemente nas aulas transcritas nos seus tratados, referindo-se a eles como se os ouvintes os tivessem diante de si, sem dúvida incluíam pranchas anatômicas, mapas geográficos, a rosa dos ventos, mapas estelares, modelos astronômicos – no conjunto, uma instrumentação decididamente moderna e enciclopédica, como era o ensino aristotélico, que pressupõe a existência de uma sede estável e bem equipada.

É mais interessante perguntar: por que Aristóteles sentiu necessidade de fundar uma escola sua? E em que consistia especificamente a atividade dessa escola? À primeira pergunta é possível dar, antes de tudo, uma resposta em negativo: o filósofo já maduro, após a morte do mestre, certamente não podia fazer parte da Academia aceitando a autoridade dos herdeiros atenienses de Platão, como Espeusipo e Xenócrates, com os quais havia asperamente polemizado no plano filosófico, sem contar a aversão política despertada pela sua posição filo-macedônia. Todavia, nos termos positivos, a exigência "escolar" nos é explicada pelas próprias palavras de Aristóteles. Defendendo na *Ética a Nicômaco* a opção da vida dedicada ao estudo como preferível à vida dedicada à política, graças à sua maior autossuficiência, Aristóteles acrescentava: "o sábio é capaz de conduzir pesquisas teóricas mesmo sozinho, e tanto mais quanto mais sábio é; certamente, porém, fará isso melhor se dispuser de colaboradores (*synergoì*)" (X, 7, 1177a32 ss.). Assim, a escola é, em primeiro lugar, o ponto onde se reúnem esses *synergoì*, para que possam – segundo as precisas palavras do testamento de Teofrasto – "transcorrer juntos o tempo dedicado aos comuns estudos filosóficos (*syscholàzein kài symphilosopheìn*)" (Diógenes Laércio, V, 52). Somos capazes de reconstituir uma lista desse grupo de estreitos colaboradores de Aristóteles no Liceu, intelectuais certamente abastados, metecos, como o chefe da escola, que se dedicavam aos estudos por decisão inteiramente pessoal, desinteressada e voluntária. Trata-se, pois, de Teofrasto (filósofo abrangente, mas que teria desenvolvido em especial os estudos de botânica), Eudemo de Rodes (que foi autor de uma história da matemática), Aristóxenes de Taranto (teórico da música), Dicearco de Messina (interessado principalmente na teoria política), Estratão de Lâmpsaco (empenhado nos problemas da física), Clearco de Soles (a quem se devem estudos de anatomia) e, por fim, o importante homem político Demétrio de Falero, que por um determinado período desempenhou as funções de governador de Atenas e, mais tarde, teve um papel de consultor para a fundação da biblioteca de Alexandria. Como já mostra essa lista, os "colaboradores" de Aristóteles, à diferença do que ocorria com os "companheiros" acadêmicos de Platão, haviam tomado decididamente o caminho da especialização dos campos de pesquisa, mesmo mantendo naturalmente uma referência comum à filosofia do mestre e à discussão dos seus problemas teóricos gerais.

De mais difícil resposta é a segunda pergunta, referente ao funcionamento efetivo da escola. Além da pesquisa, ali certamente devia se desenvolver uma intensa atividade de ensino: prova disso são os próprios tratados de Aristóteles, que derivam de modo mais ou menos direto de cursos de aulas (*pragmatèiai, mèthodoio*) e frequentemente deixam transparecer o uso oral do texto (interlocução com o auditório, referências ao material didático visível na sala, alusões compreensíveis somente a ouvintes habituais). Mas a quem se dirigia esse ensino? É possível excluir a presença de um público citadino, como ocorreria mais tarde com Teofrasto, cujas aulas chegavam a reunir cerca de dois mil ouvintes (Diógenes Laércio, V, 37). Os primeiros exórdios de uma formação de tipo "universitário" ocorreriam somente no final do século IV e, ademais, não é imaginável que a extrema complexidade teórica dos cursos aristotélicos e a temática estritamente científica de muitos deles pudessem contar com um interesse público tão amplo. Seriam, sobretudo, intelectuais interessados numa formação filosófica geral, provenientes, por exemplo, do grupo socrático-platônico ou do grupo isocrático. Pode-se imaginar que era a esse tipo de ouvinte que se dirigiam os cursos de lógica, física, metafísica, ética e política; é difícil imaginar que tais ouvintes pudessem ser sensíveis, por exemplo, aos conceitos de zoologia e de anátomo-fisiologia comparada que ocupam cerca de um terço dos cursos-tratados de Aristóteles (no tratado *Sobre as partes dos animais* ele deplora, com efeito, "a infantil repugnância" que muitos sentem "pelo estudo dos vivos mais humildes", I, 5, 645a15ss.) e, de modo mais geral, as atividades de pesquisa e de ensino fortemente especializadas, como as praticadas no Liceu.

Não conhecemos respostas documentais a esses questionamentos. Só é possível conjecturar que o público dos cursos aristotélicos estivesse mais próximo do limite dos dez *synergoì* do mestre do que dos dois mil alunos de Teofrasto; ao núcleo central devem se ter somado, a cada vez, ouvintes interessados nos temas específicos tratados (políticos citadinos, professores de retórica, estudiosos de medicina e de ciências naturais, intelectuais itinerantes, de proveniências variadas, nos centros culturais do mundo grego). Em todo caso, é possível ter certeza de que não havia grande demanda social por uma especialização dos saberes como a praticada no Liceu: ela se deve principalmente a uma *decisão* do próprio Aristóteles, que corresponde, como veremos, tanto às suas concepções epistemológicas quanto ao seu estilo intelectual.

Aristóteles trabalhou durante treze anos no âmbito do Liceu. Foi um período de extraordinária produtividade científica, e, se nos ativermos às suas palavras sobre a "felicidade perfeita" que acompanha a atividade teórica, foi também a época mais feliz de sua vida.

Contudo, em 323 a.C., Alexandre morreu, na Babilônia. Numa Atenas que nunca havia deixado de lamentar a liberdade perdida, era lícito esperar uma sublevação antimacedônia, que poderia atingir também aqueles que eram considerados simpatizantes do opressor, entre os quais, sem dúvida, estava Aristóteles, devido à sua amizade com Antípatro. Ao que parece, Aristóteles receava especialmente que se instaurasse contra ele um processo por impiedade (a esse receio talvez não fosse estranho o fato de que Nicanor, o seu filho adotivo e general de Alexandre, havia lido em Olímpia em 324 a.C. a proclamação impondo que se prestassem honras divinas ao rei, despertando a indignação dos atenienses). Assim, em 323 a.C., o filósofo se refugiou na casa da mãe em Cálcis, na Eubeia; segundo uma anedota, teria dito, ao partir para o exílio, "não deixarei que os atenienses pequem uma segunda vez contra a filosofia", como já haviam feito com Sócrates. Aristóteles morreu em Cálcis no ano seguinte, aos 63 anos de idade.

Diógenes Laércio (V, 12-16) nos transmitiu o seu testamento, que é, geralmente, considerado autêntico. Dele emerge o retrato de um homem sem dúvida abastado, mas acima de tudo *spoudaios*, isto é, responsável, íntegro e comedido, como Aristóteles o descrevera em sua ética: ligado aos afetos familiares e aos amigos íntimos (com um tom que definiríamos como mais "burguês" do que aristocrático), e benévolo também com os escravos. Aristóteles nomeava como executor testamentário o governador macedônio Antípatro (ao qual, segundo uma "lenda negra", como vimos, ele estaria associado no suposto complô para envenenar Alexandre) e designava o filho adotivo, Nicanor, como chefe da casa. Na ausência deste último (provavelmente ainda engajado no Oriente com o estado-maior de Alexandre), as suas tarefas foram confiadas ao amigo e colaborador de sempre, Teofrasto. Ele deveria cuidar dos filhos (órfãos da mãe, Pítia): a jovem também chamada Pítia, como sua mãe, que estava destinada a se casar com Nicanor, e Nicômaco. Solicitava-se também que Nicanor garantisse atendimento adequado para uma mulher chamada Herpílide, por cuja devoção Aristóteles se dizia grato: provavelmente a governanta da casa após a morte de Pítia, talvez até sua companheira nos últimos anos. Estava disposto, além disso, a libertar todos os escravos imediatamente ou assim que atingissem a maioridade. Aristóteles pedia aos herdeiros que erigissem estátuas de Próxeno, a quem devia os rumos da sua sorte, de Nicanor e de outros parentes; exigia também que os restos mortais da esposa, Pítia, fossem sepultados perto de sua tumba; pedia, enfim, que Nicanor, caso tivesse sobrevivido à guerra, erigisse estátuas votivas a Zeus Salvador e a Atena Salvadora em Estagira.

Com Aristóteles, surgira no palco da história uma figura de filósofo radicalmente nova, destinada a uma longa posteridade. Essa figura nada mais tinha do sábio arcaico que se proclamava detentor de um conhecimento negado aos "mortais" e que, em nome dessa sabedoria, reivindicava um direito à realeza sobre os homens, como fizera uma longa tradição que vinha desde os pitagóricos e chegava até o próprio Platão. Com ele e depois dele, a aspiração à soberania da filosofia iria se limitar ao âmbito do pensamento e dos saberes teóricos. Aristóteles tampouco compartilhava a missão socrática que pretendia prestar testemunho direto, perante a cidade, da forma de vida filosófica.

Em vez disso, o novo filósofo se dedicava, no isolado recolhimento da escola e vivendo em certo sentido como "estrangeiro" na cidade, à pesquisa e ao ensino cujos destinatários imediatos eram os companheiros de estudo e de reflexão, e, além dos limites da escola, à universalidade sem fronteiras do pensamento humano. Assim, em certos aspectos, Aristóteles prefigurava a imagem do grande professor, com a diferença de que operava fora de qualquer tipo de institucionalização pública do trabalho filosófico. E com uma diferença ainda mais relevante, na qual ressoam muito claramente os ecos que a herança platônica despertava no discípulo. Trata-se da apaixonada reivindicação da superioridade da vida dedicada à teoria acima de qualquer outra forma de existência, em especial a política. A filosofia é a atividade mais autossuficiente, mais feliz, "oferece prazeres maravilhosos pela sua pureza e estabilidade", permite a quem a pratica "tornar-se imortal o quanto é possível a um homem" (*Ética a Nicômaco*, X, 7); é a mais semelhante ao modo de viver dos deuses, porque "sua atividade, que se sobressai pela virtude, só poderá ser teórica, e, portanto, entre as atividades humanas, a mais afim a ela será a mais feliz" (ibid., 8).

Assim, entre o filósofo e a divindade (que no livro XII [*Lambda*] da *Metafísica* Aristóteles descreveria como "puro pensamento") se estabelece uma espécie de espelhamento: o filósofo na atividade teórica se assemelha a um deus no que é possível para um homem e, por outro lado, a divindade é o filósofo perfeito que pode dedicar-se à teoria por toda a duração da sua existência eterna. Quando, no final da *Ética a Eudemo*, Aristóteles falava da teoria como um "serviço prestado ao deus" (*tòn thèon therapèuein*, VIII, 3, 1249b20), decerto não pretendia atribuir à filosofia um destino predominante ou exclusivamente religioso ou teológico; pretendia, pelo contrário, *sacralizar* a própria filosofia, considerando-a, em toda a sua possível extensão, como a mais "divina" das atividades ligadas ao homem. De certa maneira, portanto, mais uma vez reconhecia-se ao filósofo aquele estatuto de "homem divino", *thèios anèr*, que caracterizara os sábios arcaicos e o próprio Platão.

Mesmo rompendo com a tradição sapiencial que o havia precedido e inaugurando, como se disse, um perfil novo e menos ambicioso da vida filosófica, Aristóteles – o legítimo herdeiro de Platão – não queria e não podia renunciar a reiterar perante a escola e a cidade a excelência própria da filosofia e de quem se dedica a ela. Um gesto de orgulhosa autoafirmação, por meio do qual Aristóteles se permitia, de um modo totalmente excepcional, uma ênfase muito rara de se encontrar na sua escrita.

Nota bibliográfica

Todos os testemunhos biográficos sobre Aristóteles estão reunidos em I. Düring, *Aristoteles in the Ancient Biographical Tradition*, Almqvist & Wiksell, Gotemburgo-Estocolmo, 1957. Encontra-se um bom perfil biográfico na obra do mesmo autor, *Aristotele* [1966], cit. acima. Indispensável para a análise crítica dos testemunhos o livro de C. Natali, *Bios Theoretikos. La vita di Aristotele e l'organizzazione della sua scuola*, il Mulino, Bolonha, 1991; interessante P. Louis, *Vie d'Aristote*, Hermann, Paris, 1990. Ver também a introdução de E. Berti a *Guida ad Aristotele*, Laterza, Roma-Bari, ³2004. Amplas informações sobre a vida e as obras de Aristóteles no verbete *Aristote de Stagire*, in R. Goulet (org.), *Dictionnaire des philosophes antiques*, CNRS, Paris, 1989 (e Suplemento 2003). Sobre Aristóteles "leitor", ver J. Brunschwig, *Le liseur*, in M. A. Sinaceur (org.), *Penser avec Aristote*, Erès/UNESCO, Paris, 1991, 415-417.

Capítulo II
Esquecer o mestre

A pesquisa se tornou mais difícil porque homens que são amigos meus introduziram as "ideias". Mas a decisão melhor, e necessária, quando se trata da salvação da verdade, parece a de não levar em conta nem mesmo os afetos pessoais, tanto mais quando se é filósofo: são ambos caros, mas preferir a verdade é um dever sagrado.

Aristóteles, *Ética a Nicômaco*, I, 4, 1096a13-16.

Digamos, pois, adeus às ideias: nada são além de gorjeios; embora existam, nada importam para o *logos*.

Aristóteles, *Analíticos posteriores*, I, 22, 83a33 ss.

No final do século XIX, o historiador positivista Theodor Gomperz viu em Aristóteles um caso de dupla personalidade, com o seu respectivo conflito. De um lado (pela herança do pai médico), havia o asclepíade, dedicado às ciências da natureza e à pesquisa empírica; de outro lado (pela influência do mestre), o platônico, espiritualista, teólogo, inimigo da ciência. Os traços e os resultados variáveis desse conflito não resolvido seriam, segundo Gomperz, legíveis em todas as obras de Aristóteles, nas quais, apesar dos fecundos esforços do asclepíade, a personalidade do platônico tenderia, porém, a prevalecer.

Nos anos 1920, o grande estudioso aristotélico Werner Jaeger formulou uma feliz hipótese que deslindava, dispondo-a numa sequência cronológica linear, a antinomia apresentada por Gomperz. Aristóteles teria sido inicialmente um fiel aluno de Platão, vindo a se distanciar progressivamente rumo ao "empirismo" e à investigação científica (embora, para Jaeger, não se devesse entender o empirismo de Aristóteles no sentido positivista, mas, sim, como passagem de uma visão transcendente das Formas, à maneira platônica, para uma teoria de sua imanência no reino da natureza). A hipótese de Jaeger se baseava na tentativa de reconstituir uma datação absoluta e uma sequência cronológica interna das obras de Aristóteles, atribuindo-as aos três períodos principais da sua vida: os anos de aprendizado na Academia, os das viagens pelo norte da Grécia e, por fim, os do ensino no Liceu. Mas existem várias razões que, há tempos, levaram os estudiosos a considerar insustentável o modelo de Jaeger. A princípio, tem-se a dificuldade de datar com segurança os escritos aristotélicos, devido à sua relativa escassez de referências a eventos externos; a respectiva cronologia, isto é, a sequência interna dos escritos, geralmente é estabelecida com base em hipóteses interpretativas que depois invocam como fundamento essa mesma sequência, criando, assim, uma espécie de círculo vicioso. Há um exemplo ilustre nesse sentido: o livro XII (*Lambda*) da *Metafísica*, em que Aristóteles delineia os elementos de sua "teologia", é considerado um texto "de juventude" pelos intérpretes para os quais os interesses teológicos teriam sido superados pelo desenvolvimento do pensamento aristotélico, e, inversamente, um texto da maturidade por aqueles que veem na teologia o apogeu da filosofia de Aristóteles; naturalmente, a disposição cronológica determina a interpretação geral dessa filosofia.

Contudo há também uma dificuldade de princípio. Os escritos de Aristóteles, como os de todos os filósofos antigos, nunca foram "publicados" na acepção que esse termo adquiriu após o surgimento do livro impresso, cuja primeira edição pode ser datada. Trata-se, pelo contrário, de escritos que sempre se mantiveram à disposição do autor, que podem ter sido retomados, modificados, integrados. As próprias remissões internas que aparecem nas obras aristotélicas dão, muitas vezes, a impressão de apontar não uma ordem cronológica, mas, sim, uma relação sistemática: a inserção dessas remissões, portanto, pode indicar ao leitor que uma discussão pressupõe *logicamente* uma outra, independentemente da data de composição. Ademais, os tratados aristotélicos pressupõem cursos de aulas, e o autor pode ter retomado o mesmo curso mais tarde, modificando os conteúdos. Também a esse propósito há um exemplo iluminador. Os dois grandes tratados morais de Aristóteles, a *Ética a Eudemo* e a *Ética a Nicômaco*, incluem três livros que se repetem idênticos nas duas obras. É plausível que o autor, ao compor o segundo tratado em termos cronológicos (provavelmente *Nicômaco*), tenha considerado oportuno retomar sem alterações uma parte do curso anterior, sem por isso julgar necessário tirar de circulação o outro texto, que, assim, conserva a sua autonomia.

À luz dessas dificuldades, fica evidente que é muito difícil resolver o problema da relação entre Aristóteles e Platão com base numa simples hipótese de "evolução" do seu pensamento ao longo do tempo, que se observaria na cronologia dos seus escritos. Ademais, como veremos, uma prudente distribuição desses escritos em ordem cronológica (aquela que hoje encontra consenso entre os estudiosos, com algumas oscilações) e uma interpretação mais atenta deles parecem vir mais a desmentir do que a confirmar a hipótese jaegeriana.

Assim, deve-se repensar essa relação problemática de outra maneira, com base em um axioma que pode ser assim formulado: Aristóteles *nunca* foi fielmente platônico; Aristóteles *sempre* foi, em certos aspectos, um filósofo platônico. O que se pretende dizer com essa fórmula? Que uma leitura sem juízos preconcebidos dos tratados mostra que, ao longo de toda a duração do seu trabalho filosófico, ele estivera empenhado num incansável confronto com o estorvante legado platônico, no esforço constante de se emancipar dele, mas sem querer (ou poder) renegá-lo pelo menos em alguns dos seus tratados constitutivos, no seu cunho essencial. Esse empreendimento aristotélico de desconstrução do platonismo e de reconstrução de um novo modo de fazer filosofia, porém ainda sobre os seus alicerces, pode ser comparado a certas catedrais medievais que surgiam no mesmo perímetro do templo romano preexistente e utilizavam os seus mármores e suas colunas, mas dentro de um projeto arquitetônico inovador. Aristóteles fez algo semelhante e também algo a mais: por exemplo, ampliou o perímetro traçado por Platão anexando novos campos do saber, como os referentes à natureza, que o mestre havia apenas esboçado no *Timeu*; ou fortalecendo certas estruturas de pensamento, como a explicação finalista do mundo, à qual Platão se referira no *Fédon* e no próprio *Timeu*, sem poder lhes dar, no entanto, uma fundação científica convincente.

Ademais, o confronto entre o discípulo e o mestre não se deu apenas na esfera filosófica. Desde o início, tratou-se de um desafio silencioso entre estilos de vida alternativos. Estrangeiro em Atenas e estranho à sua aristocracia, Aristóteles, como vimos, adotou um perfil apartado e reservado, explicitamente contrário às paixões daquela classe, desde o envolvimento político ao cortejamento pederástico. Apesar de frequentar os ambientes do poder, como mostram as suas ligações com Hérmias, Antípatro e o próprio Alexandre, Aristóteles jamais sonhou com uma realeza filosófica, e a sua escola formou especialistas do saber, não aspirantes a filósofos-reis. Também no plano da escrita teórica, ele costumava contrapor a sobriedade argumentativa dos seus tratados à "elegância" do estilo platônico. Falando da tese pitagórico-platônica da harmonia produzida pelo movimento dos astros, Aristóteles escrevia que ela "foi exposta pelos seus defensores com extraordinária elegância (*kompsôs... kài perittôs*), mas a verdade não é assim" (*Sobre o céu*, II, 9, 290b14); discutindo a teoria política platônica, afirmava secamente: "Na *República* isso é dito com elegância (*kompsôs*), mas não de modo adequado" (*Política*, IV, 1291a11). No entanto a crítica mais severa ao estilo platônico se dirigia à forma, mais literária do que teoricamente analítica: "Dizer que as ideias são 'modelos' e que as coisas 'participam' delas é falar em vão (*kenologeîn*) e usar metáforas poéticas" (*Metafísica*, I [*Alfa*], 9, 991a20 ss.).

O "assalto ao céu" empreendido por Aristóteles em relação à filosofia do mestre, ademais, não deixava de estar ligado a essa oposição entre estilos de vida, se for verdade, como sustentou Eduard Zeller, que a concepção platônica de um mundo cindido e separado por hierarquias de valores derivava, em última instância, das raízes aristocráticas de seu autor. E é precisamente sobre o tema da "cisão" ou "separação" (*chorismòs*) que se concentra o trabalho desconstrutivo de Aristóteles.

Platão, portanto – ou, pelo menos, assim o interpretava o discípulo – recortara o mundo numa série de pares opostos – o alto e o baixo, o eterno e o mortal, o puro e o impuro. Desse modo, no nível superior ficavam as formas (ou ideias), a verdade e a ciência, o uno e o bem, a alma; no inferior, a realidade sensível, a opinião, a multiplicidade espaçotemporal, os desejos e os prazeres do corpo. Para Aristóteles, nessa separação entre "dois mundos" alternativos, que era ao mesmo tempo ontológica, epistemológica e ética, encontrava-se o princípio de uma falácia sistemática que atravessava toda a filosofia platônica. Há, segundo ele, apenas um mundo, aquele que nos é atestado pelos nossos sentidos, aquele do qual fala a nossa linguagem e sobre o qual versa o nosso pensamento, aquele, em suma, onde se desenvolvem a nossa vida e as nossas ações. Esse mundo é ele próprio eterno e imutável, pelo menos em sentido dinâmico (isto é, na repetição invariável dos seus processos: o movimento dos astros, o ciclo das estações, a formação e a dissolução dos corpos inorgânicos, a reprodução das espécies vivas que são, por sua vez, eternas). Trata-se certamente de um mundo complexo, articulado numa pluralidade de regiões ("gêneros") e níveis ontológicos; compreender as suas estruturas e os seus processos requer um árduo trabalho de conceitualização e análise teórica – mas não a evasão num mundo alternativo imaginado como transparente ao pensamento, imutável e perfeito.

O primeiro erro de Platão e dos acadêmicos foi, portanto, reduplicar o mundo com a hipótese de outro mundo, o ideal,

> comportando-se como quem – escrevia ironicamente Aristóteles –, querendo contar sobre as coisas, julga que não é possível consegui-lo quando as coisas são poucas, e então se põe a contá-las depois de tê-las aumentado de número; de fato, o número das ideias é praticamente igual ou, em todo caso, não menor do que o dos objetos sensíveis, dos quais, procurando as suas causas,

partiram para chegar às ideias, dado que, na opinião deles, a cada ser particular corresponde uma coisa que a ele é homônima [*Metaph.*, I, (*Alfa*), 9, 990b2-7, trad. Rossito].

Platão e os seus chegaram a esse erro, segundo Aristóteles, partindo da constatação de que um mesmo predicado é atribuível a muitos sujeitos (assim, "homem" a Sócrates, Cálias e Corisco, "branco" a Sócrates, esse cisne, essa bola de neve, "igual" a qualquer conjunto de objetos iguais). Pressupuseram, assim, que os predicados não exprimiam apenas propriedades comuns a muitos sujeitos, mas designavam entidades mais unitárias e, por isso, de nível ontológico mais elevado do que a pluralidade dos sujeitos aos quais se referem. Essas entidades – "ideias" ou "formas" (*eide*) – são, então, concebidas como exemplares ou modelos dos quais cada objeto é caso ou instância particular, recebendo a sua caracterização por "participação" no modelo (Sócrates é homem porque participa da ideia de homem); as ideias são também "causas" das propriedades dos entes particulares (a neve caída hoje é branca em virtude da ideia de branco).

Termina-se, assim, não só por duplicar em vão o mundo, mas por estendê-lo ainda mais, conferindo o nível de entidades "separadas" (isto é, distintas e autônomas) e superiores tanto às ideias relativas às coisas (na linguagem aristotélica, às "substâncias", *ousìai*) quanto também às suas propriedades (branco, bonito etc.) e às suas relações (maior, menor, igual e assim por diante). Redundante no plano ontológico, a hipótese das ideias mostra-se a Aristóteles totalmente inútil também no plano epistemológico, isto é, com vistas à explicação do mundo.

> As maiores dificuldades nascem no caso em que nos perguntamos qual contribuição as ideias podem trazer aos entes sensíveis – tanto aos eternos [os astros] quanto aos que nascem e morrem –, visto que elas não são de forma alguma causas de um movimento deles nem de alguma outra transformação. Mas elas não trazem nenhum auxílio ao conhecimento científico das outras coisas [...] nem ao ser de tais coisas, porque não são inerentes às coisas que delas participam [...]. Ademais, tampouco

é possível dizer que as outras coisas derivam das ideias, em nenhum dos modos usualmente indicados. Afirmar que elas são "modelos" e que as coisas "participam" delas é falar em vão e usar metáforas poéticas [*Metaph.*, I, 9, 991a8-22].

A hipótese das ideias, portanto, colocou Platão e os seus num falso rumo, impedindo que atingissem os objetivos que justificam a pesquisa filosófica.

Em geral, enquanto a sabedoria tem como objeto de investigação as causas dos fenômenos, precisamente isso *nós* deixamos de lado (prova disso é o fato de não dizermos nada sobre a causa da qual o movimento se origina), e enquanto cremos falar das substâncias dos fenômenos, dizemos que existem outras substâncias, mas, quanto ao modo como essas últimas são causas daquelas, falamos em vão, visto que a participação, como já dissemos, não tem mesmo significado algum [ibid., 992a24-29, trad. Rossitto].

Ainda mais dura era a crítica aristotélica aos experimentos acadêmicos que consistiam em considerar as ideias como números (ideais) e em reconhecer o Uno e a Díade como "princípios" das ideias: experimentos que acabavam por produzir, como se viu no primeiro capítulo, uma intolerável confusão entre dois saberes distintos, como o são a filosofia e a matemática. Deve-se notar que, na passagem citada (e em outras semelhantes), Aristóteles usa o *nós*, assim se incluindo entre os acadêmicos vinculados por uma questão de escola à doutrina das ideias. Por causa desse e de muitos outros indícios, afigura-se legítimo considerar o livro I [*Alpha*] da *Metafísica* como um escrito pertencente ao período acadêmico do filósofo (bem como os livros XIII [*My*] e XIV [*Ny*] do mesmo tratado, em que se critica a doutrina acadêmica das ideias-números e dos princípios). Portanto, disso resulta que, contra a hipótese evolutiva de Jaeger, a crítica mais severa de Aristóteles à filosofia do mestre foi formulada precisamente nos anos em que pertencia à Academia. Um texto também certamente escrito no período acadêmico, o *De ideis* (trata-se de um dos mais importantes entre os escritos "exotéricos", isto é, destinados à publicação, do qual, como os outros, restaram apenas fragmentos) se destinava precisamente à crítica dessa teoria central no pensamento platônico.

Não era apenas a doutrina das ideias e da separação do mundo em duas esferas diferentes que constituía o objeto do ataque aristotélico ao majestoso constructo da filosofia platônica. Devem-se mencionar outros aspectos igualmente importantes, dirigidos contra as "separações" e as hierarquias que a doutrina instituía na epistemologia, na antropologia, na ética e na política.

Platão havia concebido a dialética filosófica como a ciência suprema e universal, capaz de conhecer as ideias e os seus princípios e de fundar sobre esse conhecimento (ou derivar dele) todos os saberes particulares; a princípio, os matemáticos (como sustentava o livro VII da *República*), depois, por meio deles, aqueles outros sobre o mundo natural (segundo o *Timeu*). Aristóteles negava decididamente que pudesse existir uma ciência universal. Toda ciência tem por objeto uma área particular da realidade e se fundamenta em princípios que são próprios dessa área; não é possível passar de um gênero ao outro e, portanto, fundar uma ciência sobre outra ou derivá-la dela (*Analíticos posteriores*, I, 7). A ciência é constituída por demonstrações, mas, "para que haja demonstrações, não é necessário que haja ideias ou algum tipo de unidade separada dos muitos; é necessário, porém, que dos muitos se possa asserir um predicado verdadeiro" (ibid., II, 77a5ss.). A dialética, porém, tem uma universalidade própria porque opera no âmbito dos princípios comuns a todas as ciências, mas não pode conduzir demonstrações sobre esses princípios (porque são pressupostos de qualquer demonstração), nem a partir deles, porque não se refere a nenhum gênero determinado da realidade; aliás, é o próprio método de pergunta e resposta, peculiar da dialética, que impede a demonstração. A dialética, portanto, não é propriamente uma ciência; à sua universalidade lógica correspondem um vazio ontológico e uma fragilidade epistemológica (ibid.). Assim, não há no campo do saber uma divisão horizontal entre ciências inferiores e superiores (a filosofia), como havia suposto Platão, e tampouco há na realidade. Aliás, quanto a isso, é de se notar que essa drástica redução das pretensões da dialética era argumentada por Aristóteles em obras como precisamente os *Analíticos posteriores* e os *Tópicos*, cuja composição inicial teve sua datação plausivelmente situada no período acadêmico.

Por outro lado, a crítica aristotélica à psicologia, à ética e à política do mestre faz parte dos escritos da "maturidade". No *Fédon*, Platão contrapusera a alma e o corpo como uma polaridade pura e imortal a outra polaridade, essa contaminada pela materialidade e, portanto, mortal; nesse e em outros diálogos, ele também repropusera o mito pitagórico do ciclo das reencarnações da alma imortal numa série de corpos mortais. No *Timeu*, por outro lado, ele tentara a via de uma aproximação da alma ao corpo, mas com modalidades que pareciam a Aristóteles ainda incertas e insuficientes, porque os dois componentes continuavam heterogêneos entre si. No seu tratado *Sobre a alma*, escreveu com severidade:

> O absurdo em que incorrem tanto a doutrina do *Timeu* quanto a maioria das teorias sobre a alma é o seguinte: conjugam a alma ao corpo e a colocam nele, sem, no entanto, indicar a razão dessa união e a condição do corpo. Essa especificação, porém, parece indispensável, porque, quando se realiza uma união, um elemento age e o outro sofre a ação, um é movido e o outro move, e nenhuma dessas relações se verifica entre componentes combinados ao acaso. Elas, entretanto, se esforçam apenas em indicar a natureza da alma, mas, em relação ao corpo que deverá recebê-la, não acrescentam nenhuma explicação, como se fosse possível, segundo os mitos pitagóricos, que uma alma ao acaso "vista" um corpo ao acaso. Com efeito, todo corpo tem uma forma e uma configuração apropriadas [*De an.* I, 3, 407b13-24, trad. Movia modificada].

Na verdade, segundo a memorável definição de Aristóteles, "a alma é a forma e o ato de um corpo natural dotado de órgãos" (ibid., II, 1, 412b5ss.), isto é, constitui o conjunto das funções que fazem de um corpo um corpo vivo. A alma, portanto, está para o corpo assim como a visão está para o olho e não é dissociável dele, *choristè*; a alma individual, portanto, é mortal como o seu corpo (ibid., 413a4). Com essa reivindicação da unidade do conjunto psicossomático que constitui o ser vivo (sobre a qual se fundava, entre outras coisas, o estudo científico das relações entre órgão e função, isto é, a anátomo-fisiologia), Aristóteles assinalava um dos pontos de maior distância do mestre e um dos momentos mais destacados da sua "revolução" filosófica.

A ética platônica fora caracterizada na *República* pela introdução de uma "ideia do bom", concebida como valor supremo e transcendente, e destinada a servir de orientação e fim da práxis moral e também política. No entanto, observa Aristóteles na *Ética a Nicômaco*, se esse "bem em si" subsiste autonomamente, como substância separada, ele será diferente de todos os bens que a ação humana pode concretamente buscar e adquirir (e, por sua vez, esses bens serão desvalorizados pela sua estraneidade ao "bem em si"): assim, ele acabará por ser "vazio e inútil (*mataìon*)" em relação às efetivas finalidades da práxis (*Eth. nic.*, I, 4, 1096b16-25). Esse bem-substância não poderá sequer valer como "modelo (*paràdeigma*)" para compreender melhor os bens efetivamente buscáveis (como provavelmente pensara Platão). Aristóteles observava com um certo sarcasmo: "É difícil entender em que um tecelão ou um construtor serão privilegiados nas suas artes pelo fato de conhecer o bem em si, ou de que modo aquele que contemplou a ideia mesma de bem poderá se tornar melhor como médico ou como estratego" (ibid., 1097a7-10, trad. Natali). O ponto de partida para um esclarecimento conceitual da natureza dos valores não será, portanto, uma ideia separada e transcendente, mas consistirá na análise fenomenológica das finalidades efetivamente buscadas pelas condutas humanas, que revela, como horizonte comum e unitário, o desejo de felicidade.

Para concluir, a política. Nos seus grandes diálogos políticos – em primeiro lugar, a *República*, integrada pelo *Político* e pelas *Leis* –, Platão havia delineado o grandioso projeto utópico de uma cidade justa, conforme à "natureza", mas diferente e oposta aos costumes tradicionais e às formas constitucionais existentes. Na ampla seção crítica que Aristóteles dedicava na *Política* ao projeto platônico, ele lhe tributava um apreço tingido de ironia; trata-se de uma "legislação de agradável aspecto e filantrópica: quem a ouve acolhe-a com prazer, pensando que comporta uma maravilhosa amizade de todos com todos" (*Pol.*, II, 5, 1263b 15-18). Infelizmente, porém, trata-se de um projeto "belo, mas impossível" (ibid., 3, 1261b31): Platão errara a mira na sua intenção, ainda que louvável, de unificar a cidade, convertendo-a – com o seu radical coletivismo dos bens e das relações familiares – não numa comunidade de troca entre diferentes, mas numa única família ou mesmo num único macroindivíduo.

Uma cidade dessas não só é impossível porque está em conflito tanto com a função da comunidade política quanto com a própria natureza humana, arraigada na privacidade dos afetos parentais e da propriedade patrimonial; a bem ver, nem sequer é "bela", isto é, desejável, pois é fonte de infelicidade universal. Nela, enfim, "a vida parece ser totalmente impossível" (ibid., II, 5, 1263b9). Aliás, perguntava-se Aristóteles, se o projeto platônico fosse realmente possível e desejável, por que não teria sido concebido e experimentado no longo decurso dos tempos passados? (ibid., 1264a1 ss.). Essa observação, de caráter digamos "historicista", mostra que, na perspectiva política aristotélica, o conjunto dos costumes e das instituições transmitidos pela tradição e consolidados no *èthos* público devia ser considerado não transcendível, tal como no campo ético era impossível transferir para um plano transcendente o sistema das finalidades concretamente buscadas nas efetivas condutas individuais. À utopia coletivista de Platão, concluía Aristóteles, "é decididamente preferível o ordenamento atual, melhorado pelos costumes e por disposições legislativas corretas" (ibid., 1263a22 ss.): uma gradual melhoria moral da vida pública, em suma, em lugar da intervenção radical sobre as estruturas sociais de fundo, a família e a propriedade, preconizada por Platão.

Essa resenha sumária certamente não esgota os setores e alvos do ataque que Aristóteles dirigia à filosofia do mestre, mas é suficiente para indicar as suas estratégias principais. De um lado ficava a recusa da polarização platônica do ser, do saber, do agir em dois níveis *separados* e dispostos numa rígida hierarquia de verdade e de valor, em nome da *unidade* do mundo (embora articulado na divisão entre mundo celeste e mundo sublunar), e da presença nesse mesmo mundo daquela verdade, daquela ordem e daqueles valores que Platão pretendera confinar no "outro mundo" das formas ideais. Do outro lado havia o constante esforço aristotélico para desarticular os nexos unitários que a dialética platônica tentara construir nos diálogos. Assim, a ligação que a *República* estabelecera entre ontologia das ideias, ética e política era desfeita de acordo com as pertinências disciplinares estabelecidas nos tratados aristotélicos: a primeira era discutida na *Metafísica*; a ética, em *Nicômaco*; a política, no tratado homônimo; da mesma forma, também, a cosmologia do *Timeu* era criticada no tratado *Sobre o céu*; a sua psicologia, no tratado *Sobre a alma*; e poderíamos prosseguir longamente com outros exemplos.

Entretanto esse esforço constante de desconstrução e desestruturação da filosofia platônica, exercido ao longo de todo o pensamento de Aristóteles, representa apenas um aspecto. A emancipação do platonismo – embora fosse essencial para abrir espaço para a construção de uma nova filosofia – não podia nem pretendia ser completa, porque o discípulo continuava a conceber o trabalho filosófico como um caminho a ser percorrido seguindo a via indicada pelo mestre. Assim, não é difícil detectar as persistências do platonismo em Aristóteles, e é significativo observar que elas são mais visíveis nas obras da maturidade, quando a urgência emancipadora podia talvez ceder lugar a um reconhecimento mais equilibrado dos pressupostos teóricos comuns e irrenunciáveis.

Contra a hipótese das ideias, Aristóteles havia sustentado a efetiva existência somente das substâncias individuais (não homem, portanto, mas Sócrates e Corisco). Contudo, a sua epistemologia sempre preservara a tese central de que só é possível dar definições e, portanto, fazer demonstrações científicas daquilo que é universal (no sentido de que é predicável de muitos): a linguagem da ciência, por sua vez, falará de homem, cavalo, triângulo, e não de Sócrates, ou deste cavalo que estou cavalgando, ou deste triângulo que estou desenhando. No livro VII da *Metafísica* (*Zeta*), Aristóteles dava um passo decisivo, com vistas a delinear uma ontologia adequada a essa tese epistemológica. Segundo as *Categorias*, a "espécie" ou "forma" (*eidos*) constituía a primeira das predicações qualitativas da substância individual: "homem" é a qualidade principal de Sócrates e Corisco, e essa qualidade pode ser definida como uma "substância segunda" em relação à substância primeira, que é o sujeito individual. Agora, porém, mesmo continuando a reconhecer a condição de substância a esse sujeito, o nível de substância primeira é atribuído à sua "essência", isto é, à sua espécie-forma (que constitui a resposta à pergunta "*tìestì?*", o que é essa coisa na sua essência? Ou seja, o que é Sócrates? "um homem", VII, 1). "A substância (*ousìa*) é a forma (*eidos*) que está na matéria", isto é, torna-se possível falar de substância também em relação ao conjunto de forma e matéria (*Metaph.*, VII, 11, 1036a28 ss.): esse conjunto é constituído "por uma determinada forma nessas carnes e nesses ossos, como Sócrates e Corisco; e se diferencia pela matéria (de fato, é diferente), mas é idêntica pela forma (porque a forma [*eidos*] é indivisível)" (ibid., 1034a5-8).

Tudo isso será exposto mais amplamente ao tratarmos da metafísica aristotélica (no capítulo VIII). Aqui basta notar que a forma-*eîdos* (herdeira direta da ideia platônica) voltava a assumir um papel central tanto na epistemologia quanto na ontologia de Aristóteles, constituindo, aliás, o seu ponto de ligação. Certamente não se tratava de uma ideia "separada" (Aristóteles continuava a lhe reconhecer o caráter de "universal", predicável de muitos, mas desprovida de consistência ontológica, como o gênero "animal" que se pode aplicar a "homem" e a "cavalo", mas que, à diferença deles, não designa uma essência substancial), mas, mesmo assim, de uma forma imanente a uma determinada matéria da qual constitui a dimensão essencial, o primário "o que é". A reiterada rejeição da "separatividade" (*choris-*

mòs) não consegue ocultar, porém, a permanência desse imprescindível legado platônico.

Em nome da autonomia de cada ciência, cada uma delas relativa a uma determinada área do real e constituída a partir dos princípios adequados a ela, Aristóteles, como se viu, refutara a pretensão da dialética platônica de representar uma ciência suprema e universal. A dialética, porém, tinha uma generalidade própria, porque, segundo os *Analíticos posteriores*, ela "comunica com os princípios de todas as ciências", mas, não versando sobre um âmbito específico de entes, permanecia "vazia", isto é, não podia ser considerada propriamente uma ciência.

No livro IV da *Metafísica* (*Gamma*), Aristóteles parecia transferir essa universalidade da dialética para a filosofia, definindo-a como a "ciência que estuda o ente enquanto é, e as suas propriedades enquanto tal" (*Metaph.*, IV, 1, 1003a 21 ss.), isto é, as propriedades que pertencem a cada ente só pelo fato de ser, anterior à partição da realidade em gêneros e do saber em cada ciência que examina os princípios específicos desses gêneros. A universalidade da filosofia parecia, assim, restrita a uma dimensão lógica e categórica tão geral quanto pobre em conteúdo de saber. Todavia, no livro VI (*Epsilon*), Aristóteles dava uma guinada teórica de grande importância, atribuindo à filosofia um conteúdo específico próprio.

> Se não existisse alguma outra substância além das constituídas por natureza, a física seria ciência primeira; mas se, pelo contrário, existe uma substância imóvel [a divina], então esta é anterior e a filosofia ciência primeira e, assim, universal por ser a primeira; e a ela caberá conduzir a investigação sobre o ser enquanto ser, o que ele é, e os seus atributos enquanto ser (VI, 1, 1026a28-32).

Abordaremos o sentido teórico dessa importante passagem no local adequado (capítulo XIV). Por ora, basta observar que Aristóteles admite a existência de uma forma de saber que é científica (porque versa sobre um campo determinado do ser, a substância divina), suprema, em virtude do estatuto ontológico do seu objeto, e, ao mesmo tempo, universal como a filosofia lógico-dialética do livro IV. Independentemente da questão de estabelecer como essas duas dimensões podem se conjugar, fica evidente como, no perfil de uma ciência filosófica simultaneamente "primeira" e "universal", reativa-se, pelo menos no plano formal, justamente aquela pretensão da dialética platônica que os *Analíticos* haviam rejeitado.

Essa retomada da supremacia teórica da filosofia encontrava a sua contrapartida na exaltação do primado da forma de vida filosófica que, como vimos, aparecia no último livro (X) da *Ética a Nicômaco*, em oposição pelo menos aparente à análise das virtudes morais do cidadão e da sua vida "política" que ocupara grande parte do tratado. Também por esse aspecto, o legado do mestre retornava em primeiro plano ao pensamento do discípulo que, por sua vez, tornara-se chefe de uma escola filosófica.

Basta aqui uma última observação para documentar a tenaz persistência do platonismo no pensamento aristotélico. No tratado *Sobre a alma*, excluíra-se decididamente a possibilidade de que a alma constituísse uma substância separável do corpo destinada a sobreviver a ele (assim como a visão não pode sobreviver ao olho), e até se ridicularizara a ideia de que ela se reencarnasse em corpos diferentes. E, no entanto, no mesmo tratado, Aristóteles conjecturava a presença na dinâmica psíquica de um enigmático "intelecto (*nous*) ativo", esse sim "separado" (*chroistòs*), não mesclado à corporeidade e, por isso, "imortal e eterno" (*De an.*, III, 5, 430a17ss., 22ss.). A natureza desse "intelecto" ocupou durante séculos o trabalho de comentadores e intérpretes de Aristóteles. É inegável, porém, como mostra a própria linguagem dessa passagem, que aqui também reaflora, apesar de tudo, uma ressonância exata das doutrinas platônicas do *Fédon* e do *Timeu*.

Teremos várias oportunidades de voltar a outros aspectos da persistência de elementos do platonismo disseminados, se assim se pode dizer, em todos os campos da filosofia de Aristóteles. Seguindo a distância a imagem proposta por Gomperz, muitas vezes, viu-se nessa persistência a fonte de contradições ou, pelo menos, de tensões dentro da sua filosofia, como se fossem detritos que o novo curso de pensamento não conseguisse dissolver, por vezes, até sendo impedido ou desviado por eles. Contudo, é antes o caso de pensar que esses elementos, atribuíveis de modo mais ou menos direto à filosofia platônica, são parte constitutiva e indispensável do complexo edifício teórico construído por Aristóteles, que os reinterpretava e os modificava no mesmo momento em que os reutilizava. É claro que nem sempre se podia dizer que a conexão entre velhos materiais e novas arquiteturas teóricas havia se dado de maneira plenamente satisfatória, mas tal é o caso de todas as grandes filosofias, que integram na sua complexidade legados da tradição e novas perspectivas teóricas. Pode-se talvez acrescentar que um dos aspectos mais vivos e estimulantes da filosofia de Aristóteles – que também por isso não forma um sistema fechado e estático – consiste justamente no constante empenho teórico que pretende conservar e, ao mesmo tempo, superar o platonismo, que, a despeito de tudo, representava, para um fiel discípulo da Academia, a mais alta imagem da filosofia.

Nota bibliográfica

Para "o Platônico e o Asclepíade" cf. T. Gomperz, *Pensatori greci* [1896-1897], trad. ital. La nuova Italia, Florença, 1962, vol. IV, 81 ss.

Sobre a relação entre Platão e Aristóteles continuam importantes os ensaios reunidos em I. Düring e G. E. L. Owen (orgs.), *Aristotle and Plato in the Mid-Fourth Century*, Almqvist & Wiskell, Gotemburgo, 1960; clássico o ensaio de G. E. L. Owen, *The Platonism of Aristotle* [1966], reed. in Id., *Logic, Science and Dialectics*, Duckworth, Londres, 1986, 200-220. Ver também, mais recente, M. Migliori e A. Fermani (orgs.), *Platone e Aristotele. Dialettica e logica*, Morcelliana, Brescia, 2008. Para a hipótese evolutiva, cf. W. Jaeger, *Aristotele. Prime linee di uma storia della sua evoluzione spirituale* [1923], trad. ital. La Nuova Italia, Florença, 1960 [a esse respeito ver M. Vegetti, "L'Aristotele redento di Werner Jaeger", in *Il pensiero*, XVII (1972), 7-50]. Sobre o tema, ver também E. Berti, *Aristotele: dalla dialettica alla fi-*

losofia prima, Cedam, Pádua, 1977; T. H. Irwin, *I principî primi di Aristotele* [1988], trad. ital. Vita e pensiero, Milão, 1996; J. Barnes, *Life and Work*, in id. (org.), *The Cambridge Companion to Aristotle*, Cambridge University Press, Cambridge, 1995, 1-27; W. Wians (org.), *Aristotle's Philosophical Development, Problems and Prospects*, Roman & Littelefield, Lanham, 1996; M. Burnyeat, *A Map of Metaphysics Zeta*, Mathesis, Pittsburgh, 2001.

Capítulo III
A enciclopédia do saber: o tratado e o mundo

> Mesmo em torno daqueles seres que não apresentam atrativos sensíveis, contudo, no plano da observação científica, a natureza que os moldou oferece enormes alegrias a quem saiba compreender a sua causa, isto é, seja autenticamente filósofo [...]. Não se deve, portanto, nutrir uma infantil repugnância pelo estudo dos viventes mais humildes: em todas as realidades naturais há algo de maravilhoso.
>
> Aristóteles, *Sobre as partes dos animais*, I, 5, 645a7-17.

> A pesquisa sobre a alma requer que, junto com o exame das dificuldades que se devem resolver no decorrer da discussão, reúnam-se as opiniões dos predecessores que se exprimiram de algum modo a respeito dela, e isso para acolher o que disseram corretamente e evitar os seus eventuais erros.
>
> Aristóteles, *Sobre a alma*, I, 2, 403b20-24.

Escrevia Aristóteles, iniciando o seu tratado sobre os fenômenos meteorológicos:

> Tratou-se precedentemente das causas primeiras da natureza e de todo movimento natural [*Física*]; ainda, dos astros ordenados na translação superior e dos elementos corpóreos, quais e quantos são [*Sobre o céu*] e das suas recíprocas transformações, enfim, da geração e da corrupção em geral [*Sobre a geração e a corrupção*]. Resta ainda examinar a parte dessa pesquisa [*mèthodos*] que todos os predecessores chamavam de meteorologia [*Meteorologici*] [...]. Depois de tratar esses fenômenos, deveremos examinar se nos será possível explicar, segundo o método já indi-

cado, os problemas relativos aos animais e às plantas, em geral e em particular. E com essa pesquisa praticamente estará concluído o programa que nos atribuíramos desde o início [*Meteor.*, I, 1, 338a20-339a9, trad. L. Pepe].

É difícil não sentir certa emoção intelectual ao ler essas palavras, com as quais, sem qualquer ênfase, Aristóteles traça uma espécie de índice arrazoado da enciclopédia do saber que os seus cursos e respectivos tratados (justamente, *mèthodoi*) vinham construindo: um empreendimento filosófico-científico sem precedentes pela amplitude de visão e pela originalidade dos conteúdos teóricos. Além disso, esse imenso projeto de trabalho contém algo mais – no entanto, muito menos – do que Aristóteles teria efetivamente realizado. Está incluída a botânica, da qual o filósofo provavelmente jamais chegou a tratar: uma lacuna que no âmbito da escola teria sido preenchida pelo seu discípulo Teofrasto, cujos tratados sobre as plantas completam, portanto, o programa da enciclopédia aristotélica. Faltam, porém – pois o discurso aristotélico se refere aqui apenas aos conhecimentos sobre a natureza –, duas seções de grande relevância filosófica, além de vasta extensão quantitativa: de um lado, os saberes sobre o homem, da ética à política e às formas da cultura como a retórica e a poesia; de outro lado, as investigações sobre os tecidos conectivos da enciclopédia, das estruturas lógicas aos pressupostos ontológicos e metafísicos, que compõem a dimensão em sentido estrito do empreendimento aristotélico.

Aliás, já nessa espécie de autobiografia arrazoada, Aristóteles oferece não apenas um ordenamento cronológico dos seus tratados como também um mapa do mundo que eles pretendem explicar: assim, na sua sequência cronológica, ela repete a estrutura ontológica do mundo natural (e, ao mesmo tempo, também a ordem didática em que devem ser estudados). Descrever a enciclopédia do saber aristotélico significa, portanto, explicar o plano de mundo que ela reconstrói, na sua ordem e nas suas articulações, por isso cabe examinar quais aspectos desse plano constituem as condições de possibilidade da enciclopédia.

O campo do ser se divide, segundo Aristóteles, em "gêneros". A primeira dessas partições (como veremos melhor no capítulo VIII) é de ordem categorial; pelo que nos interessa agora, a mais relevante é a distinção entre o âmbito categorial da substância (ao qual pertencem entidades de existência autônoma) e o da *quantidade* (ao qual pertencem entidades que existem apenas enquanto propriedades numeráveis ou dimensionais das substâncias). Mas o âmbito das substâncias é, por sua vez, dividido em "gêneros" ou *regiões*, cada qual dotada de uma legalidade específica, de um conjunto de "princípios próprios" que servem de pontos de referência para a construção das respectivas ciências na sua autonomia. Aristóteles insiste várias vezes na diferença que separa ontologicamente as diversas regiões da realidade e, portanto, a forma de conceitualidade requerida nos respectivos saberes.

Por exemplo, o conceito de necessidade ou o conceito de finalidade não podem ser empregados na mesma acepção no âmbito dos saberes relativos a entidades imóveis e invariantes (trata-se, como veremos, das matemáticas e da teologia) e no âmbito dos saberes referentes a entidades, como as naturais, que apresentam uma dinâmica temporal e processual. Aos primeiros, escreve Aristóteles, cabe uma noção de "necessidade incondicional", aos segundos, a de "necessidade hipotética" ou condicional; para os primeiros, "o princípio é aquilo que é", para os outros, "aquilo que será". Por fim, "necessidade significa, às vezes, que deverá haver um certo fim, é necessário que se verifiquem certas condições; outras vezes, que as coisas são como são e o são pela sua própria natureza" (*Sobre as partes dos animais*, I, 1, 693b21 ss., 642a32-35). Por exemplo, que a diagonal de um quadrado o divida em dois triângulos retângulos equivalentes é uma necessidade incondicional, que deriva diretamente daquilo que é o quadrado, da definição da sua natureza essencial. Entretanto, que o embrião deva ser alimentado pela mãe é necessário no sentido de que se trata de uma condição indispensável para que se realize a finalidade do processo generativo, isto é, o nascimento de um ser vivo.

Algo semelhante se pode dizer em relação à finalidade, um conceito decisivo para a explicação dos processos da natureza viva e dos seus comportamentos intencionais, mas, em outros lugares, irrelevante. Aristóteles explica-o com clareza numa passagem da *Metafísica*:

> Muitas das coisas existentes não possuem todos os princípios: de fato, como poderia existir para as coisas imóveis o princípio do movimento e a natureza do bem, se tudo o que é bom [...] é um fim e uma causa no sentido de que com vistas a ele tornam-se e são outras coisas, a partir do momento em que o fim e o escopo são sempre o fim de alguma ação e todas as ações são acompanhadas por um movimento? Por isso, para as coisas imóveis não pode existir esse princípio, nem um bem em si. Por essa razão, na matemática não se demonstra nada com base nessa causa, e não se conduz nenhuma demonstração com base na consideração de que uma coisa é melhor ou pior [III (*Beta*), 2, 996a21-32, trad. C. A, Viano].

Por exemplo, se um homem realiza uma determinada ação, essa ação deve ser explicada com base no fim em vista do qual ele agiu, isto é, do bem ou da vantagem que promete obter. Ou o crescimento de presas ou artelhos em certos animais deve ser explicado com base na sua finalidade, isto é, a utilidade que apresentam para a defesa ou a capacidade predatória desses animais. Inversamente, que todos os números pares sejam divisíveis por dois não é explicável com base em alguma finalidade, nem se pode considerar um bem para os próprios números; portanto, nesse campo o conceito de finalidade se mostra totalmente inútil de um ponto de vista epistemológico.

Outro caso significativo da especificidade simultaneamente ontológica e epistemológica dos diversos campos do saber – isto é, em que a natureza dos objetos de respectiva pertinência determina e requer uma abordagem cognoscitiva diferente – consiste na distinção entre saberes "práticos", relativos aos comportamentos humanos, e saberes teóricos, que incluem, como veremos, a teologia, a física e a matemática. A variabilidade indeterminada desses comportamentos não permite alcançar, nas pesquisas sobre a ética e a política, o mesmo grau de rigor e precisão que é próprio das ciências teóricas, cujos objetos se comportam "sempre" do mesmo modo (é o caso dos entes imóveis e invariantes sobre os quais versam a teologia e a matemática) ou, pelo menos, "principalmente" daquele mesmo modo (como ocorre para a regularidade dos processos naturais). No entanto, insiste Aristóteles, é preciso "procurar em cada gênero a precisão somente até onde o permite a natureza do objeto" (*Eth. nic.*, I, 1, 1094b24-26):

> não se deve procurar a precisão na mesma medida em todos os discursos, mas em cada caso até onde o permite a matéria tratada e na medida em que é apropriada à investigação conduzida. Assim também um pedreiro e um estudioso de geometria se ocupam do ângulo reto de maneiras diferentes, o primeiro, na medida em que é útil para o seu trabalho, o outro, na sua essência e nas suas propriedades, porque é um estudioso da verdade (ibid., 7, 1098a26-31).

Todo "gênero" da realidade apresenta, portanto, uma própria legalidade. A ela devem corresponder formas conceituais e metodologias específicas dos diversos saberes que compõem a enciclopédia aristotélica. Desses "princípios próprios" e das definições dos objetos particulares sobre os quais eles versam, depende a sua necessária autonomia e, portanto, também a legitimidade de discussões disciplinares separadas. Aristóteles, todavia, considerava toda transgressão dos limites do "gênero" epistemologicamente injustificada: "As coisas diferentes por gênero não permitem nenhuma passagem de uma à outra, são distantes demais e não são comparáveis" (*Metaph.*, X, [*Iota*], 4, 1055a6 ss.); portanto, não "é possível passar de um gênero a outro gênero" (ibid., 1057a27) e tampouco, consequentemente, que "uma ciência demonstre as asserções de outra", tendo cada qual se mantido dentro do gênero que lhe é próprio (*An. post.*, I, 7, 75b8-14). E, acrescentava Aristóteles, seria absurdo admitir que um matemático recorra à persuasão retórica ou esperar que um retórico realize demonstrações científicas (*Eth. nic.*, I, 1, 1094b26 ss.).

A bem da verdade, nem sempre o próprio Aristóteles se atinha à proibição epistemológica da transgressão dos limites de gênero. Às vezes, não renunciava ao recurso à metáfora, que é o veículo mais imediato dessa transgressão (por isso ele criticava o seu abuso por parte de Empédocles e dos platônicos). Assim, por exemplo, para enfatizar a centralidade do coração no organismo vivo, definia-o como a acrópole e o centro do lar (*hestìa*) do corpo, assim passando do campo da biologia para o da política e da antropologia (*De part. an.*, III, 7). Ou, para descrever a natureza do calor espermático capaz de ativar o processo de formação do embrião, caracterizava-o como "análogo ao elemento dos astros", assim relacionando o âmbito biológico com o cosmológico (*De gen. an.*, II, 3, 736b34 ss.). Nesses e em outros casos semelhantes, a transgressão aristotélica dos limites de gênero tinha a finalidade de preencher as lacunas do discurso científico, de integrá-las com uma valorização sugestiva que ele não se pode permitir, de comportar-se, em suma, justamente como aquele matemático que acrescenta à demonstração dos teoremas uma sobrecarga de persuasão: Aristóteles não se furtava a essa violação dos seus próprios cânones metodológicos, nos casos em que a importância do tema discutido ultrapassasse os limites da discussão disciplinar para envolver uma visão geral do mundo, da sua ordem e das suas hierarquias de valor.

Na normalidade epistêmica, contudo, a ordem dos tratados aristotélicos corresponde, como dizíamos, a um mapa bem demarcado das regiões do ser. Cabe aqui delinear esquematicamente esse mapa de referência subjacente ao projeto da enciclopédia do saber [as suas principais coordenadas estão traçadas no capítulo I do livro VI (*Epsilon*) da *Metafísica*].

    A. Existem entidades desprovidas de matéria, as quais são por definição imóveis e invariantes (é, de fato, um axioma aristotélico que a "matéria" e a "mudança" sejam conceitos coextensos: onde quer que haja matéria há mudança, e vice-versa). Essas entidades podem pertencer:

        AA. à categoria da *substância*, isto é, ser dotadas de existência autônoma – é o caso da divindade, que constitui o objeto da *ciência teológica* (sobre ela, ver os capítulos IX e XIV);

AB. ou à categoria da *quantidade*, que designa propriedades numeráveis e dimensionais das substâncias: é o caso dos entes matemáticos, que têm existência "separada", mas são derivados por abstração a partir daquelas propriedades (como, por exemplo, o retângulo, como aquilo que resta depois que aquela mesa é privada da matéria de que é constituída e da função a que é destinada); sendo imateriais, são também imutáveis e imóveis. Os saberes matemáticos não fazem parte da enciclopédia aristotélica. Não porque Aristóteles não tivesse competência ou interesse nesse campo: as referências à epistemologia das matemáticas são frequentes nos seus escritos e, aliás, constituem um modelo para a construção de saberes científicos com regime rigorosamente demonstrativo. É provável, pelo contrário, que o alto grau de autonomia e complexidade disciplinar já alcançado pelos saberes matemáticos na segunda metade do século IV tornasse inútil e talvez impossível, aos olhos do filósofo, uma reelaboração sua no âmbito da enciclopédia (esses saberes, porém, eram estudados no campo do Liceu, tanto é que Eudemo de Rodes escreveu a sua história).

B. Há também substâncias em cuja composição estrutural inclui-se a matéria que, portanto, estão sujeitas à mudança.

BA. Entre elas, uma classe é constituída por substâncias compostas de uma matéria eterna, indestrutível (o "primeiro elemento", a chamada "quinta essência"): são os astros, cuja única mudança consiste num movimento circular eterno e invariável. Aristóteles trata o tema no texto *Sobre o céu* e no capítulo 8 do livro XII da *metafísica* (*Lambda*).

BB. A classe mais ampla é, porém, formada pelas *substâncias naturais*, cuja matéria é "corruptível". Estas apresentam os mais variados tipos de mudança, inclusive o movimento espacial, e estão sujeitas ao ciclo da geração e da dissolução. Trata-se do mundo subastral dos corpos naturais, cujos princípios gerais são discutidos por Aristóteles no tratado sobre a *Física*. Essa classe, por sua vez, subdivide-se em duas seções:

BBA. Há substâncias desprovidas de vida (isto é, de alma), os elementos "inorgânicos", cujo comportamento é condicionado somente pelo tipo de matéria de que são compostos. A esse campo Aristóteles dedica o tratado *Sobre a geração e a corrupção*, e, no que se refere aos fenômenos celestes, o tratado sobre os *Meteorológicos*.

BBB. Mas a seção principal é constituída pelas substâncias vivas, isto é, dotadas de "alma" nas suas diversas formas. Estas podem se distinguir ademais, justamente com base nas respectivas formas de alma, em viventes dotados apenas da faculdade nutritiva e reprodutiva (os vegetais), aos quais Aristóteles pretendia dedicar um tratado de botânica, jamais realizado; viventes dotados, além disso, da faculdade perceptiva (os animais), que formam o objeto dos grandes tratados biológicos aristotélicos (*Pesquisas sobre os animais, Sobre as partes dos animais, Sobre a reprodução dos animais*) e de escritos menores sobre o movimento e os problemas psicofisiológicos (é uma das seções mais inovadoras de toda a enciclopédia aristotélica). O tratado *Sobre a alma* representa o ponto de ligação entre o mundo dos animais em geral e o daquele vivente particular que é o homem, o único a possuir razão e linguagem (*logos*).

C. O homem pertence simultaneamente ao reino da natureza vivente e, enquanto animal "político" e provido de *logos*, ao da cultura. A essa vertente são dedicados os escritos antropológicos de Aristóteles, que tratam tanto da atividade linguística e comunicativa da cultura humana (*Retórica, Poética*) quanto das formas de interação social (*Ética a Eudemo, Ética a Nicômaco, Política*). Há uma nítida diferença epistemológica entre os saberes antropológicos e os demais: estes pertencem ao âmbito das *ciências teóricas*, dotadas, como vimos, de maior rigor, e aqueles, ao das ciências *práticas*, metodologicamente mais frágeis.

Deve-se notar, por fim, que Aristóteles não dedicou nenhum estudo ao âmbito das técnicas e dos seus artefatos, que considerava estranhos ao mundo natural e, por isso, pertinentes a saberes produtivos excluídos do âmbito geral da pesquisa filosófica. No entanto, ele estava decidido a reivindicar igual dignidade cognoscitiva para todos os saberes relativos ao mundo da natureza, em virtude tanto do estatuto ontológico "substancial" dos seus objetos quanto da sua capacidade de dar explicações adequadas sobre eles no plano epistemológico. Em polêmica contra as hierarquias próprias do platonismo, que separavam o mundo e o saber segundo as polaridades alto/baixo, puro/impuro, eterno/mortal, escrevia Aristóteles numa memorável passagem de *Sobre as partes dos animais*:

> Das realidades que subsistem por natureza, algumas, não geradas e incorruptíveis, existem pela totalidade do tempo, outras, entretanto, participam da geração e da dissolução. A respeito das primeiras, que são nobres e divinas, cabe-nos ter menores conhecimentos, visto que pouquíssimos são os fatos verificados pela observação sensível a partir dos quais se possa conduzir a investigação sobre tais realidades, isto é, sobre o que ansiamos saber. No entanto, quanto às coisas corruptíveis, planta e animais, o nosso conhecimento delas é mais fácil graças à comunhão de ambiente [...]. Mas ambos os campos de pesquisa têm a sua beleza. Embora nós possamos haurir pouco das realidades incorruptíveis, contudo, graças à nobreza desse conhecimento, deriva mais alegria do que de tudo aquilo que está ao nosso redor, assim como uma visão mesmo que fugidia e parcial da pessoa amada nos é mais doce do que um exato conhecimento de muitas outras coi-

sas, por mais importantes que possam ser. As outras realidades, porém, graças à possibilidade de conhecê-las de modo mais profundo e mais extenso, dão lugar a uma ciência mais vasta; além do mais, como são mais próximas de nós e mais familiares à nossa natureza, reestabelecemos de algum modo o equilíbrio com a filosofia vertente sobre as coisas divinas [...]. E até a respeito daqueles seres que não apresentam atrativos sensíveis, contudo, no âmbito da observação científica, a natureza que os forjou oferece grandíssimas alegrias a quem saiba compreender as causas, isto é, seja autenticamente filósofo (I, 5).

Assim, a articulação disciplinar dos seus cursos filosóficos e científicos correspondia, na visão de Aristóteles, à mesma estrutura do mundo. Mas totalmente inédita e original era a sua decisão de transferir esses cursos para a redação de *tratados* (*pragmateìai, mèthodoi*) destinados a convergir para o projeto unitário de uma enciclopédia do saber. Com essa decisão, Aristóteles relegava definitivamente ao arcaísmo a desconfiança platônica em relação à escrita e, ao mesmo tempo, inaugurava uma forma de transmissão do saber que viria a dominar toda a tradição intelectual do Ocidente.

Uma guinada, diríamos, inédita. A cultura grega, de fato, já conhecia textos de caráter filosófico e científico em poesia (como os de alguns pré-socráticos, em especial Parmênides e Empédocles) e em prosa. Mas nenhum desses escritos apresentava, nem remotamente, as características do tratado aristotélico. Os textos dos sábios pré-socráticos, bem curtos, tinham a forma de revelações ou de "manifestos" sapienciais, às vezes, oraculares, com um caráter de globalidade que ignorava tanto as pertinências disciplinares quanto a especificidade epistemológica dos diversos âmbitos discursivos. Os diálogos platônicos eram documentos de pesquisa aberta, frequentemente aporética, com um andamento circular, no sentido de que a discussão sobre uma questão abria progressivamente outras discussões de âmbito distinto (classificavam-se animais num diálogo dedicado ao *Político*, discutia-se a epistemologia das matemáticas numa pesquisa ético-política como a *República*, e política e psicologia estavam presentes na discussão cosmológica do *Timeu*, e assim por diante); sobretudo, ao contrário do monólogo do autor em que consiste o tratado, os diálogos apresentavam muitas vozes, exceto a voz do autor.

O próprio Aristóteles escreveu diálogos que foram destinados a uma circulação mais ampla do que a dos tratados, mas, pelos fragmentos conservados, estes se mostram mais próximos da forma tratadística do que da forma do diálogo platônico, porque o elemento dialógico se mostra acima de tudo como um expediente literário.

Precedentes mais próximos da decisão aristotélica eram talvez os escritos de Demócrito, cuja estrutura e cujo ordenamento, porém, não conhecemos, e, em certos aspectos, os manuais técnicos, em especial os de medicina, que de todo modo apresentavam uma grande heterogeneidade formal, doutrinal e de destinação (desde a conferência pública até o prontuário terapêutico).

Não há dúvida, portanto, de que as *pragmateìai* aristotélicas generalizam, reorganizam, reestruturam as experiências precedentes no âmbito da produção e comunicação do saber, introduzindo uma descontinuidade e uma inovação totalmente radicais. Deve-se notar, ademais, que a forma do tratado não se limita a reproduzir e registrar conteúdos de saber preexistentes: transformando esses conteúdos em *âmbitos disciplinares*, o tratado os reordena e os predispõe na ordem da enciclopédia. Compreender as operações conceituais implicadas na articulação disciplinar dos tratados (que são habitualmente enunciados nos respectivos proêmios metodológicos) constitui, portanto, uma importante via de acesso aos códigos fundantes do pensamento aristotélico. Já comentamos algumas dessas operações; a delimitação das especificidades epistemológicas e metodológicas de cada disciplina, a sua disposição no plano enciclopédico (*Meteorológicos*), a reivindicação da sua dignidade cognoscitiva (*Sobre as partes dos animais*).

A essas devem-se acrescentar outras, igualmente importantes. Frequentemente há nos proêmios a enunciação da tópica disciplinar, uma espécie de índice arrazoado do tratado, que oferece ao leitor o mapa do território de investigação que se está para enfrentar. Basta aqui citar dois exemplos. No fim do livro I de *Sobre as partes dos animais*, Aristóteles escreve:

> Deve-se tratar, em primeiro lugar, das funções comuns a todos os animais e daquelas próprias do gênero e da espécie [...]. Chamo de propriedades e funções a reprodução, o crescimento, o acasalamento, a vigília, o sono, a locomoção e tudo o mais desse gênero que pertença aos animais; entendo por partes o nariz, o olho, o rosto no seu conjunto, que são, todos eles, chamados de membros. O mesmo para todas as outras (I, 5, 645b20 ss.).

Nesse caso, trata-se, na verdade, não só do programa do tratado das partes como também de todo o *corpus* zoológico aristotélico. Mais específico é o índice da disciplina meteorológica;

> essa inclui todos os fenômenos que ocorrem por natureza, mas não com a regularidade que caracteriza o elemento primeiro dos corpos [...] como a Via Láctea, os cometas, as estrelas ardentes e cadentes e aqueles que podemos considerar processos comuns do ar e da água; além do mais, as diversas formas e partes da Terra [...], as causas dos ventos, dos terremotos [...] da queda dos raios, dos tufões, dos turbilhões e de outros fenômenos recorrentes que ocorrem por condensação desses mesmos corpos (*Meteor.*, I, 1, 338b20-339a5, trad. L. Pepe).

O ouvinte-aluno obtém, assim, uma descrição precisa do âmbito dos problemas de que Aristóteles tratará no curso que está para iniciar, e depois a mesma indicação é naturalmente transmitida ao leitor do tratado dele derivado.

Mais rica em significados culturais é, sem dúvida, uma outra operação preliminar, decorrente da divisão disciplinar dos tratados: a construção de resenhas das opiniões dos predecessores sobre o tema a ser analisado; em suma, uma espécie de bibliografia (ou *doxografia*) da disciplina.

A necessidade desse trabalho sobre a tradição é imposta pela abordagem "dialética" (cf. capítulo VI) dos campos do saber própria de Aristóteles; esta requer uma comparação com as opiniões tradicionais compartilhadas e respeitadas, um controle dos seus valores de verdade, por fim, a sua superação no quadro conceitual mais compacto das novas discussões. As regras metodológicas dessa operação são indicadas no texto dialético de Aristóteles, os *Tópicos*:

> Podem-se selecionar as opiniões (*dòxai*) compartilhadas por todos ou pela maioria ou pelos especialistas [...]. Devemos também operar seleções dos textos escritos e distribuí-las em listas (*diagraphai*) separadas, relativas a cada um dos gêneros, colocando-as sob cabeçalhos distintos, por exemplo, sobre o bem, ou sobre os seres vivos [...]. As opiniões de cada pensador devem ser indicadas separadamente, por exemplo, "Empédocles dizia que os elementos dos corpos são quatro" (I, 14, 105a35 ss.).

A razão pela qual a reconstrução doxográfica da tradição é útil e imprescindível está na própria natureza da concepção aristotélica da verdade. É o mundo, "são as próprias coisas" que, se adequadamente observadas e compreendidas, revelam a própria verdade, e de certo modo até a impõem contra a incapacidade subjetiva dos seus indagadores. Para os antigos, "a própria coisa indicou o caminho e os obrigou a indagar" (*Metaph.*, I [*Alfa*], 3, 984a18); depois de ter descoberto a causa material, eles "foram de novo obrigados pela própria verdade a procurar o princípio sucessivo" (ibid., 984b18). No pior dos casos, ocorreu com esses filósofos o que acontece com certos pugilistas inexperientes que "vão por aqui e por ali e muitas vezes desferem bons golpes, mas sem se dar conta", isto é, captam aspectos da verdade mesmo sem saber bem o que dizem e por que o dizem (ibid., 4, 985a1317). Em todo caso, essa pressão intrínseca da verdade não pode deixar de abrir caminho, no decurso de uma longa tradição, entre as opiniões (*dòxai*) compartilhadas pelos homens, ou, pelo menos, pelos mais influentes e abalizados: aqui há, portanto, uma mina de verdades pelo menos potenciais, que devem ser separadas dos erros, reformuladas com uma consciência teórica adequada e reordenadas para que sejam proveitosas em cada âmbito disciplinar.

Para esse objetivo, porém, Aristóteles devia submeter os textos dos seus predecessores a um tratamento severo. Não eram textos originalmente abertos à verificação e à comparação disciplinar, e sim, basicamente, declarações sapienciais de caráter global ou investigações dialeticamente transversais como os diálogos platônicos. Para torná-los disponíveis para o espaço enunciativo dos seus proêmios doxográficos e das suas *diagraphai*, Aristóteles – que não estava de forma alguma interessado no sentido original deles e nas intenções gerais dos seus autores – operava, portanto, uma série de intervenções normalizantes. Em primeiro lugar, a forma poética dos textos arcaicos era considerada irrelevante e até nociva. Apesar de escrever em versos, Empédocles não deve ser considerado um poeta, mas um estudioso da natureza (*Poet.*, I, 1447b18 ss.), e por isso é lícito censurar-lhe o abuso de metáforas poéticas (*Meteor.*, II, 3, 357a24 ss.), e é preciso como que reescrevê-lo em prosa; do mesmo modo, o texto do obscuro Heráclito deve ser esclarecido na sintaxe e até na pontuação (*Rhet.*, III, 5, 1407b14 ss.) para se tornar "cientificamente" inteligível. Mesmo o léxico arcaico de Anaxágoras deve ser modernizado: o seu *aithèr* deve, por exemplo, ser entendido como "fogo" (*Meteor.*, I, 3, 339b23).

Contudo, ainda mais importante é a *dissecação* dos textos que Aristóteles operava para torná-los proveitosos segundo critérios de pertinência disciplinar. O poema de Empédocles se mostra fragmentado e discutido em inúmeros contextos diferentes, da física à zoologia passando pela psicologia, para acabar na metafísica. Se a nossa imagem de Empédocles dependesse apenas dos testemunhos aristotélicos, sem citações que nos permitissem reconstruir, pelo menos em parte, o texto original, e sem descobertas de papiros, esse sábio iria nos parecer um naturalista enciclopédico, um tanto desconjuntado, que se servia bizarramente da forma poética em vez de se servir da prosa tratadística, e era alheio a qualquer interesse religioso (com efeito, esse aspecto não "científico" não encontra nenhum espaço na enciclopédia aristotélica). O efeito de dissecação é naturalmente ainda mais acentuado em relação aos diálogos platônicos, dos quais Aristóteles elimina implacavelmente os nexos conectivos próprios do seu movimento dialético. Basta dar o exemplo da *República*: os seus aspectos políticos são discutidos na introdução doxográfica da *Política*, os psicológicos, no *status questionis* que introduz o *De anima*, a teoria do bem nas *Éticas*; razões de pertinência disciplinar fazem com que Aristóteles não encontre nenhum local para colocar aquela teoria "transgenérica" do espelhamento entre alma e cidade, psicologia e política, que estava no cerne dos livros IV e VIII e, pode-se dizer, de todo o diálogo.

Desse modo, Aristóteles entregava à tradição um legado relevante e intelectualmente imperativo. Não se tratava apenas da ideia, antes dele totalmente desconhecida, de uma bibliografia organizada por disciplinas. Desde então, a ideia do tratado passava a ser a forma dominante da produção e da comunicação do saber. A partição disciplinar inspirava a organização e a catalogação das grandes bibliotecas, a partir da Biblioteca de Alexandria, cujo projeto teve a contribuição de um aluno de Aristóteles, Estratão de Lâmpsaco (justamente por exigências de catalogação disciplinar, os bibliotecários alexandrinos apuseram o título de inspiração aristotélica *Sobre a natureza* a quase todos os escritos dos sábios pré-socráticos). As histórias do pensamento filosófico-científico compostas na Antiguidade, de Aécio a Diógenes Laércio, foram organizadas como repertórios doxográficos, catálogos de teorias relativas aos diversos tópicos disciplinares identificados por Aristóteles. No entanto a consequência talvez mais importante é que a forma do tratado ditou, nas escolas filosóficas da época imperial romana, a configuração do trabalho filosófico como *comentário* sistemático dos escritos dos mestres fundadores, em primeiro lugar justamente dos aristotélicos (como veremos melhor no capítulo XV).

Contudo, a organização do saber segundo as diferentes regiões do ser e os respectivos campos disciplinares, espelhada nos tratados, não foi, em certo sentido, a última palavra de Aristóteles. A realidade é, sim, dividida em "gêneros" e regiões, mas, apesar disso, eles se compõem num modelo unitário. Os diversos âmbitos categoriais (quantidade, qualidade, relação e assim por diante) são reconduzidos ao âmbito primário da *substância* e expressam os seus atributos, isto é, propriedades e relações. Assim, o mundo é povoado por substâncias e, portanto, a primeira pergunta que irmana os vários âmbitos da enciclopédia, sem pertencer a nenhum deles, será: *o que é uma substância?* Além disso, as substâncias são profundamente diferentes entre si (assim como um leão é diferente de um carvalho ou da Lua), mas têm em comum o fato de existir, isto é, a referência ao ser. Portanto, uma segunda pergunta seria: *quais são as propriedades comuns a todo ente enquanto é*, prescindindo da sua pertença a regiões distintas? Ademais, existe uma hierarquia entre as substâncias, que as distribua numa escala de ser e valor? E existe uma hierarquia paralela entre as respectivas ciências?

Num segundo nível, os pontos de vista unitários dizem respeito aos processos que envolvem todas as substâncias naturais. Apesar da sua imensa variedade, essas substâncias apresentam traços estruturais comuns e recorrentes, exigindo que sejam compreendidas e explicadas por meio de uma rede de conceitos universalmente aplicáveis. Todo processo implica a passagem de um objeto X por um estado S_p (em que ele é desprovido de uma determinação que é potencialmente capaz de assumir) a um estado S_a (em que ele adquiriu essa determinação). Aristóteles chama os três elementos – X, S_p e S_a – de "princípios" dos processos naturais; como veremos melhor no capítulo VIII, pelos conceitos de "ato" e "potência", ademais, desempenham um papel unificador decisivo. Além disso, todo processo deve ser explicado com base num sistema de "causas", que são quatro nos casos da explicação mais completa. Basta dizer, por ora, que os "princípios", o par potência/ato e as "causas" são aspectos recorrentes na estrutura e na explicação dos processos naturais, embora a sua unidade seja somente *analógica*. Por exemplo, no processo de formação de uma estátua, X é o bronze, S_p é o bronze antes da fusão e S_a é a estátua pronta (realizada); no processo de aculturação de um indivíduo, X é Sócrates, S_p é Sócrates ignorante e S_a é Sócrates instruído. Apesar da variação dos conteúdos, portanto, permanece a unidade formal e analógica dos aspectos estruturais dos processos e dos conceitos que os explicam.

Aristóteles dedicou à análise e à tematização desses níveis de unificação da enciclopédia do saber alguns dos seus maiores esforços teóricos: as questões do primeiro grupo são discutidas nos tratados que compõem a *Metafísica*, as do segundo grupo, na *Física* e também na *Metafísica*.

Há ainda mais um nível de reflexão unitária, de natureza mais estritamente epistemológica e lógica. A enciclopédia compreende um conjunto de ciências diferenciadas e independentes entre si. Mas colocam-se perguntas de ordem geral. O que significa ser uma ciência? Em outros termos, quais são os aspectos estruturais que distinguem uma ciência de outras formas de conhecimento? E, ainda, o que significa *demonstrar* cientificamente uma tese e quais são as condições de validade e correção da demonstração? Por fim, o que distingue a demonstração científica de outras formas de argumentação racional, mas não científica?

Aristóteles dedicou à discussão dessas questões uma série de tratados em que a tradição reconheceu durante séculos uma de suas maiores contribuições filosóficas. São textos lógico-epistemológicos (os *Analíticos primeiros* e *posteriores*, os *Tópicos*, a *Retórica* e também as *Categorias* e o *De interpretatione*, onde são analisadas as estruturas gerais da linguagem). O conjunto desse grupo de tratados recebe o nome de *Organon*, "instrumento", para indicar que eles não constituem uma seção separada do saber, mas analisam as condições propriamente instrumentais para a constituição de qualquer campo epistêmico.

O empreendimento filosófico de Aristóteles, portanto, se desenvolveu em duas vertentes, igualmente grandiosas: a interpretação científica dos diversos "gêneros" e regiões do mundo e a investigação sobre os elementos de unificação e ordem tanto do próprio mundo quanto dos saberes referentes a ele. Aristóteles, na vasta extensão dos seus tratados, prestou contas metodicamente dessas duas vertentes, com uma energia intelectual e uma potência inovadora que encontram raros paralelos na história do pensamento. Não cessa de surpreender o fato de que esse empreendimento não seja obra de uma época ou de uma geração de estudiosos, e sim de apenas um homem no decorrer da sua vida; suficiente, mesmo assim, para marcar toda a posteridade filosófica e científica do Ocidente.

Nota bibliográfica

Sobre a estrutura dos tratados aristotélicos, continua clássica a obra de W. Jaeger, *Studien zur Entstehungsgeschichte der Metaphysik des Aristoteles*, Weidmann, Berlim, 1912; sobre os seus efeitos culturais, ver R. Blum, *Kallimachos. The Alexandrian Library and the Origins of Bibliography*, trad. ingl. University of Wisconsin Press, Madison, 1991. Ver também M. Fuhrmann, *Das systematische Lehrbuch. Ein Beitrag zur Geschichte der Wissenschaften in der Antike*, Vandenhoeck & Ruprecht, Göttingen, 1960. Sobre a "departamentalização" do saber em Aristóteles, é importante F. Solmsen, *Aristotle's System of Physical World*, Cornell University Press, Ithaca, 1960. Sobre o pluralismo metodológico aristotélico, cf. também E. Berti, *Le ragioni di Aristotele*, Laterza, Roma-Bari, 1989. Sobre os proêmios doxográficos, ver id., *Sul carattere "dialettico" della storiografia filosofica di Aristotele*, in G. Cambiano (org.), *Storiografia e dossografia nella filosofia antica*, Tirrenis, Turim, 1986, 101-125; de modo mais geral, J. Mansfeld, *Doxography and Dialectic. The "sitz im Leben" of the Placita*, ANRW II 36, 4, 3.056-229. Para os princípios unitários da enciclopédia aristotélica, ver a já citada obra de T. Irwin.

Sobre os temas deste capítulo, cf. também M. Vegetti, *Aristotele, il Liceo e l'enciclopedia del sapere*, in G. Cambiano, L. Canfora e D. Lanza (orgs.), *Lo spazio letterario della Grecia antica*, Salerno, Roma, 1992, vol. I/1, 587-611; id. *Il corso e il trattato. Pertinenza disciplinare e costruzione della tradizione in Aristotele*, M. Galluzzi, G. Micheli e M. T. Monti (orgs.), *Le forme della comunicazione scientifica*, Angeli, Milão, 1998, 27-40; id., *Kenologein in Aristotele*, in A. M. Battegazzore (org.), *Dimostrazione, argomentazione dialettica e argomentazione retorica nel pensiero antico*, SAGEP, Gênova, 1993, 311-382.

Capítulo IV
Ver e ouvir o mundo: o fenômeno e a linguagem

> A observação teórica da verdade é, sob um aspecto, difícil e, sob outro, fácil. Sinal disso é o fato de que, se ninguém pode captá-la na medida adequada, os homens no seu conjunto, porém, não estão excluídos dela, e cada um pode dizer algo a respeito da natureza, e se individualmente pouco ou nada se obtém, com os esforços conjuntos de todos, porém, consegue-se algo de grande [...]. Talvez a causa das dificuldades resida não nas coisas, mas em nós mesmos. A inteligência da nossa alma está diante das coisas mais evidentes por natureza como os olhos das corujas diante do esplendor do dia.
>
> Aristóteles, *Metafísica* II [*Alpha elatton*], 1, 993a30-b11
> (trad. Viano modificada).

> Todos os homens aspiram por natureza ao conhecimento. Sinal disso é o amor que trazem pelas sensações [...] e entre todas preferem as sensações que têm por meio dos olhos. Preferimos a vista a tudo, pode-se dizer, não só com vista à ação, mas também quando não precisamos fazer nada.
> A causa disso consiste no fato de que a vista nos dá mais conhecimentos, e nos revela muitas diferenças [...].
> São capazes de aprender os animais que, além da memória, possuem também o sentido da audição.
>
> Aristóteles, *Metafísica* I [*Alpha*], 1, 980a21-b25
> (trad. Viano modificada)

O mundo apresenta, como vimos, um sistema de articulações complexas e é habitado por uma variegada população de substâncias, propriedades e processos, mas continua a ser, segundo Aristóteles, um mundo unitário. Além disso, ele não oculta as suas verdades: a "natureza dos entes" se mostra, se torna manifesta no *phainòmenon*, o âmbito fenomênico em que a "coisa mesma" se apresenta à observação teórica que saiba acolhê-la. "A coisa e a verdade" (*Phys.* VIII, 8, 263a17) formam uma estreita hendíadis no conhecimento, ou deveriam formá-la se não houvesse o obstáculo da incapacidade de observação, dos preconceitos intelectuais e das deformações subjetivas. "Aqueles primeiros que indagaram filosoficamente a verdade e a natureza dos entes foram induzidos ao erro [...] pela sua inexperiência (*apeirìa*)", escrevia Aristóteles na *Física* traçando um balanço crítico dos esforços dos seus predecessores (I, 8, 191a25 ss.). Contudo há uma força manifestadora da verdade e da "coisa" que acaba por se impor apesar da opacidade do olhar e da inexperiência teórica, abrindo caminho para a construção coletiva do conhecimento.

Os seus predecessores, escrevia sempre Aristóteles na *Física*, por fim, chegaram a uma compreensão correta dos "princípios" da natureza "obrigados (*anankasthèntes*) pela própria verdade" (I, 5, 188b30; cf. no mesmo sentido *Metaph.*, I, 3, 984b10). E acrescentava na *Metafísica*, expondo o processo de pensamento que levou os antigos estudiosos da natureza a superarem, na busca das "causas", o nível primitivo de causalidade material para chegar a uma compreensão mais complexa dos processos naturais: "A coisa mesma traçou para eles o caminho e obrigou-os a continuar a busca" (I, 3, 984a18 ss.). O próprio Parmênides, que, pela utilização imoderada dos recursos lógicos do pensamento, fora levado a teorizar a existência de um único princípio no mundo, "obrigado a seguir os fenômenos" e, portanto, a integrar o *logos* com a evidência sensível (*aisthesis*), por fim, teve de admitir a existência de uma pluralidade de princípios (ibid., 5, 986b31 ss.).

A forma linguística primária em que se podem exprimir o verdadeiro e o falso é, aliás, segundo Aristóteles, o enunciado predicativo, no qual um predicado, indicativo de uma propriedade Y, é atribuído ou negado a um objeto X (*De int.*, I, 4): diz-se a verdade (ou a falsidade) quando se afirma que X é (ou não é) Y. Trata-se, portanto, de enunciados declarativos, descritivos de um estado de coisas, enquanto para outros tipos de enunciados, como a prece, o comando ou a exortação, a questão da verdade ou falsidade não se coloca. Ora, o primeiro (embora não único) modo de verificar o valor de verdade desses enunciados é conferir a sua correspondência com o estado de coisas descrito. Sobre isso, Aristóteles escrevia muito claramente.

O ser no significado de verdadeiro ou falso no que se refere às coisas consiste [no fato de elas] estarem unidas ou separadas, de modo que diz a verdade quem pensa que o que está separado está separado, o que está unido está unido, e é falso quem diz o contrário de como estão as coisas [...]. De fato, você é branco não porque pensamos como verdade que você seja branco, mas é porque você é branco que nós afirmamos isso, dizemos a verdade [*Metaph.* IX (*Theta*), 10, 1051b1-9].

Assim, por essa via decorre também que – pelo menos em primeira instância – o controle da verdade das nossas asserções sobre o mundo (como as de Parmênides sobre o número de "princípios") requer a verificação do estado das coisas que se manifestam no *phainòmenon*. Mas em que consiste propriamente a *fenomenicidade* do mundo? Como mostrou Owen num ensaio já clássico, a resposta aristotélica a essa pergunta era complexa. De um lado, ela reside nas informações perceptivas que se oferecem aos nossos órgãos dos sentidos: as coisas apresentam cores, figuras, sons, cheiros, sabores, propriedades tácteis que nós podemos ver, tocar, ouvir e assim por diante. A sensação (*aìsthesis*), portanto, é para Aristóteles uma via mestra para aceder ao conhecimento do mundo, ao contrário do que pensara Platão. Mas não é a única. A verdade do mundo se manifesta também naquilo que é dito do mundo, aquele patrimônio de conhecimentos e crenças depositado na tradição coletiva do saber humano que Aristóteles definia como o âmbito das "coisas ditas" (*legòmena*) e das opiniões difundidas e respeitadas (*èndoxa*) e também nas próprias estruturas da linguagem que a comunicação entre homens emprega para falar do mundo. O nosso patrimônio de saber sobre as coisas tem, pois, duas fontes principais, escrevia Aristóteles: "as opiniões (èndoxa) e os fenômenos perceptíveis" (De caelo, III, 4, 303a22 ss.). Aristóteles reiterava várias vezes o primado desses últimos, principalmente em termos da construção dos saberes sobre a natureza. No conhecimento dos movimentos celestes, "o fenômeno perceptível é sempre decisivo (*kyrios*)" (cf. ibid., 7, 306a16 ss.), isto é, quando é possível verificá-lo, ele tem um valor decisivo em comparação a hipóteses e controvérsias puramente teóricas. O mesmo ocorre no campo biológico. Sobre a debatida questão da reprodução das abelhas, Aristóteles formulava um claro critério metodológico: "os fatos (*ta symbaìnonta*) não foram ainda captados adequadamente. Se isso vier a ocorrer, então será preciso dar mais crédito à sensação do que aos discursos, e aos discursos somente se indicarem coisas que sejam condizentes com os fenômenos" (*De gen. an.*, III, 10, 760b31 ss.). Aristóteles, com efeito, detestava a vacuidade de definições e teorias obtidas de modo puramente "dialético" (*logikôs*), isto é, verbalista e abstrato: um modo de raciocinar que descrevia severamente como um "falar em vão" (*kenologeìn*) e imputava em várias ocasiões aos platônicos, aos eleatas e, de modo mais geral, a quem pretendesse construir um saber sem experiência suficiente do estado das coisas, tal como se apresenta nos fenômenos.

> Quando tivermos condições de explicar, segundo a representação (*phantasìa*), todas ou a maioria das suas propriedades, então também seremos capazes de falar do melhor modo da substância. De fato, o princípio de toda demonstração é o "o que é", e assim é evidente que todas aquelas definições que não permitem conhecer também as propriedades ou, pelo menos, conjecturá-las facilmente estão formuladas de modo dialético e vazio,

escrevia Aristóteles no início do tratado *Sobre a alma* (I, 1, 402b22-403a2).

O primado cognoscitivo da apreensão perceptiva dos fenômenos se funda na própria natureza do processo sensorial. Os sentidos são fiéis informantes sobre o estado do mundo porque o papel deles na percepção é primariamente passivo: isto é, sofrem a impressão das qualidades sensíveis das coisas (cor, cheiro, som, sabor, temperatura e assim por diante), naturalmente sem a matéria que é o seu substrato, como a cera recebe a impressão do selo (ibid., II, 12, 424a16-20). O órgão sensorial é pura potencialidade perceptiva, que é ativada pela apresentação da qualidade sensível que lhe é própria e a recebe assimilando-se a ela. Não pode haver erro no encontro entre um órgão sensorial, como a visão, e o perceptível que lhe é próprio, a cor (ibid., II,6). Há depois uma fase ulterior do processo perceptivo, que diz respeito aos "sensíveis comuns", isto é, as propriedades perceptíveis que não são próprias de nenhum sentido em particular, como o movimento e o tamanho, além da "montagem" de cada qualidade percebida até reconstituir o objeto a que pertencem (por exemplo, o sabor doce e a cor amarela no caso do mel). Essas operações são próprias daquilo que Aristóteles chama de "sentido comum" (*koinè aìsthesis*) ou a "parte sensitiva primária" (*pròton aisthetikòn*): não se trata de um sexto sentido, mas da integração funcional dos diversos sentidos na sequência de atos perceptivos.

A apreensão perceptiva dos fenômenos, porém, não é suficiente, na sua imediaticidade, para constituir a base segura do conhecimento e da pensabilidade do mundo. A análise aristotélica do funcionamento do nosso aparato psíquico indicava um ponto de bifurcação entre sensação e pensamento: a *phantasìa*, "representação" ou "imaginação", que consiste na faculdade de representar as imagens (*phantàsmata*) dos objetos sensíveis mesmo quando eles não estão mais disponíveis aos órgãos dos sentidos (vejo a imagem de Sócrates mesmo quando ele saiu do meu campo de visão). A *phantasìa* é diferente tanto da sensação quanto do pensamento (*diànoia*), mas, escrevia Aristóteles, "ela não existe sem sensação, e sem *phantasìa* não há obtenção de crenças (*hypòlepsis*)" (*De an.*, III, 3, 427b14-16). Essa passagem é decisiva para avaliar o papel dos fenômenos perceptivos na concepção aristotélica do conhecimento. Sem as imagens sensíveis, conservadas pela *phantasìa*, não haveria nenhuma das nossas construções intelectuais (conhecimento científico, opinião, inteligência prática, 427b25). De fato, "a faculdade intelectiva (*noetikòn*) pensa as formas (*eide*) nas imagens (*phantàsmata*)" (ibid., 7, 431b2). Assim, a forma inteligível, o *eîdos*, que constitui o objeto do pensamento, está já presente nas imagens que conservam a percepção sensível: assim como os órgãos sensoriais percebem as qualidades sensíveis dos objetos sem a sua matéria, do mesmo modo o pensamento capta as formas presentes nas imagens sem a sua individualidade própria (a forma "homem" sem as imagens de Sócrates, Corisco etc.).

Aqui, a distância em relação a Platão, como é fácil ver, não podia ser maior. O *eidos* (ou a forma) se mantém como o objeto próprio do pensamento, mas, se para o mestre só se podia alcançar o pensamento superando a aparência sensível para se elevar ao mundo noético, em Aristóteles a compreensão intelectual das formas pode derivar somente de uma espécie de processo de filtragem do material perceptivo, que o depure das suas singularidades sem, contudo, dirigir o olhar da mente para outro lugar.

Ademais, a própria função do pensamento é, para Aristóteles, tão passiva quanto era a função perceptiva. Assim como as qualidades sensíveis dos objetos impressionam os órgãos dos sentidos, do mesmo modo as formas inteligíveis inerentes aos *phantàsmata* se imprimem no pensamento, que é, por sua vez, comparado a uma tabuinha de cera virgem (*De an.*, III, 4, 430a1). No ato em que pensa um objeto inteligível, o pensamento se assimila a ele, como o sentido se assimila à qualidade sensível do objeto percebido. Como veremos no capítulo X, o *nous* aristotélico não se esgota nessa pura passividade, mas certamente esta desempenha um papel decisivo na formação do conhecimento.

Quanto ao que aqui nos interessa, cumpre ressaltar acima de tudo a unicidade linear do processo pelo qual os fenômenos do mundo encontram os sujeitos de conhecimento: *antes*, como impressão perceptiva dos sensíveis sobre os órgãos dos sentidos; *depois*, como a sua sedimentação representativa nas imagens da *phantasìa* e, *por fim*, como uma ulterior impressão das formas nelas veiculadas sobre o intelecto pensante.

Assim, como dissemos, a fenomenicidade do mundo "segundo a sensação" constitui a principal referência para a verificação do valor de verdade de enunciados declarativos descritivos do tipo "Sócrates é branco", "os corpos da natureza estão em movimento". É diferente do caso de enunciados do tipo "Sócrates é bom", "os astros são divinos", em que o controle perceptivo parece impossível ou insuficiente (*grosso modo*, essa distinção corresponde àquela entre saberes sobre a natureza e saberes ético-práticos, ou antropológicos, mas pode haver cruzamentos e sobreposições, como mostra o caso da divindade dos astros). Aqui é preciso recorrer à segunda forma dos "fenômenos", aqueles que se manifestam por meio da tradição das "coisas ditas" (*legòmena*), das opiniões compartilhadas ou respeitadas a que chegaram os esforços coletivos de busca da verdade, constituindo o sistema de crenças sobre o qual se sustenta o *èthos* público. Quando se enfrentam as aporias propostas pela ética, escrevia Aristóteles,

> é preciso expor os fenômenos [isto é, aquilo que aparece na discursividade dos *legòmena*] e, depois de ter passado em revista os problemas que eles apresentam, mostrar a verdade de todas as opiniões respeitadas (*èndoxa*), ou, pelo menos, daquelas mais difundidas e importantes; se se resolverem as dificuldades deixando subsistirem as opiniões, os problemas terão sido adequadamente esclarecidos (*Eth. nic.*, VII, 1, 1145b3-6).

O problema, portanto, não é o de subverter *paradoxalmente* as crenças aceitas, como haviam tentado fazer Sócrates e Platão, mas, pelo contrário, confirmá-las esclarecendo as suas ambiguidades, resolvendo as suas contradições, de modo a salvar o conteúdo de verdade que mesmo essa esfera dos "fenômenos" necessariamente apresenta. De fato, no horizonte aristotélico é impossível pensar que, no encontro entre a manifestividade fenomênica do mundo (nesse caso, sobretudo o mundo da interação social, mas não só) e a predisposição natural dos homens ao conhecimento da verdade, não se tenha produzido um patrimônio de verdade que a investigação deve tornar proveitosa, libertando-o das escórias e catalogando-o ordenadamente. Sustentava ainda Aristóteles, discutindo algumas crenças sobre a natureza da felicidade: "Algumas dessas opiniões são sustentadas por muitos e antigos homens, outras por poucos e famosos (*èndoxoi*): é razoável pensar que nenhum deles se enganou completamente e que acertaram pelo menos em algum ponto ou mesmo na maior parte dos problemas" (*Eth. nic.*, I, 9, 1098b27-30). E, ainda, "Os homens são suficientemente predispostos ao verdadeiro por natureza e, na maioria dos casos, alcançam a verdade" (*Rhet.*, I, 1, 1355a15-16, trad. Gastaldi).

Há, portanto, uma "história da verdade", coletivamente adquirida, que não se reduz apenas ao âmbito ético-político da filosofia prática. A propósito da divindade dos astros, Aristóteles aduzia na *Metafísica* o testemunho, conceitualmente incerto, mas verídico, oferecido pelos antigos. "Os homens originários e antiquíssimos compreenderam essas coisas na forma do mito, e nessa forma transmitiram-nas aos pósteros, dizendo que esses corpos celestes são divindades e que a divindade cerca toda a natureza. O resto foi acrescentado depois", como o antropomorfismo dos deuses e a utilização política da religião. "Mas, se se retirassem esses acréscimos e se captasse apenas o conteúdo original dessas crenças, que consideravam as substâncias primeiras como divindades, seria de se pensar que falaram de modo divino" (*Metaph.*, XII [*Lambda*], 8, 1074a38-b10, trad. Viano).

De modo mais geral, agora no nível epistemológico: se se quiserem discutir os princípios das ciências, seria impossível fazê-lo a partir das próprias ciências, que formam um sistema dedutivo fechado no qual os princípios têm um papel axiomático. O único ponto de referência possível para essa discussão é o constituído pelas opiniões compartilhadas, os *èndoxa*; e essa abordagem só é possível com os instrumentos de uma forma de investigação não estritamente científica, a *dialética*, que pode explorar os caminhos que levam à formação dos âmbitos singulares do saber científico, ficando, por assim dizer, aquém do seu encerramento sistemático (*Tópicos*, I, 2, 101a36-b4). Aqui as duas formas da fenomenicidade correm o risco de colidir: como vimos, o emprego de argumentações de tipo dialético (isto é, lógico-verbal) dentro dos saberes, sem referência às informações perceptivas sobre a realidade, acarreta a construção de discursos "vazios".

Por outro lado, as ciências não podem pôr em discussão os princípios sobre os quais se fundam, e nesse nível é útil, além de inevitável, recorrer aos pontos de vista oferecidos pelas crenças compartilhadas, que nos permitem falar daqueles fundamentos sobre os quais as ciências devem se calar.

Aqui também, como no caso dos fenômenos sensíveis, Aristóteles se afasta radicalmente de Platão. Platão havia concebido o âmbito das crenças e das opiniões (o nível da *doxa*) como oposto ao âmbito da ciência e da verdade; para Aristóteles, pelo contrário, as *doxai* têm um importante papel cognoscitivo, tanto no campo ético-prático quanto no teórico, embora continuem a lhes faltar aquela certeza e aquela estabilidade demonstrativa que são próprias e exclusivas do saber científico.

Resumindo: a verdade de um enunciado como "Sócrates é bom" pode ser confirmada na base do sistema dos valores morais sedimentados no *èthos* público e tornados manifestos pela discursividade intersubjetiva. A verdade de um enunciado como "os astros são divinos" pode ser validada pelas opiniões compartilhadas pelos homens mais antigos e mais respeitados: em ambos os casos, atua a referência à esfera fenomênica dos *legòmena*. Os princípios de uma ciência como a física podem ser protegidos de uma agressão externa, como o monismo eleático, recorrendo mais uma vez a uma tradição consolidada que concorda sobre o necessário pluralismo dos princípios fundamentais dos processos naturais.

Entretanto o âmbito da discursividade linguística, segundo Aristóteles, não se limita a oferecer um valioso repertório de crenças compartilhadas e de conhecimentos pelo menos embrionários. As próprias estruturas da linguagem em que ela se expressa propõem implicitamente os pontos de vista corretos a partir dos quais se deve conduzir a investigação cognoscitiva sobre o mundo. Assim, a análise dessas estruturas, como mostrou Wolfgang Wieland num livro já clássico de 1962, constitui para Aristóteles uma das principais linhas de abordagem e uma das condições de possibilidade para a construção do saber.

Não se trata apenas da função copulativa do verbo "ser", sem a qual não seriam possíveis os enunciados predicativos que constituem o âmbito da verdade, e não seria pensável a concepção do mundo como sistema de relações entre substâncias e respectivos atributos (isto é, a "ontologia gramatical" a que já aludimos e que será discutida no capítulo VII).

Formas e usos linguísticos são, com efeito, reiteradamente evocados quando Aristóteles enfrenta os problemas decisivos das teorias filosóficas. Assim, a propósito da questão do ser, ele podia acusar os predecessores eleáticos e platônicos de "ter apresentado os problemas de modo arcaico": esse primitivismo deles consistia em considerar apenas o valor existencial do verbo ser. Contudo, observava Aristóteles, "o ser é dito de muitas maneiras" (*Metaph.*, IV [*Gamma*], 2, 1003a33): uma analítica dos usos linguísticos desse predicado mostra que, além do valor existencial, ele desempenha a função de cópula e, portanto, segundo os casos, pode indicar a essência, a qualidade, a quantidade, as outras figuras da predicação, ou ter um valor de verdade nos enunciados declarativos e assertivos (ibid., V [Delta], 7). Muitos dos quebra-cabeças ontológicos que atormentavam a tradição filosófica podem ser assim resolvidos pela distinção categorial dos diversos valores do predicado "ser", que está implícita nos modos como empregamos espontaneamente a linguagem.

Um aspecto relevante da reflexão de Aristóteles sobre as estruturas da linguagem e os seus usos comunicativos consiste no próprio modo como ele formulava os seus conceitos filosóficos centrais. Trata-se substancialmente disto: Aristóteles assume a forma das perguntas que nós nos fazemos sobre as coisas do mundo e a transfere para o nível da conceitualidade teórica mediante a utilização do artigo neutro *to*. Um exemplo pode esclarecer prontamente essa estratégia. Para nomear o conceito de "essência" de uma coisa, suponhamos, Sócrates, Aristóteles usa a fórmula "o que é (*to ti esti*)", ou a mais elaborada "o que era 'ser' para... [no nosso caso, Sócrates] (*to ti ên eînai tôi...*)".

As duas fórmulas indicam a resposta à pergunta "o que é?" (O que é Sócrates? Um homem; a essência homem é, portanto, "o que é" no que se refere a Sócrates).

Assim também Aristóteles prosseguia na construção da sua teoria fundamental das "causas", conduzida no livro II da *Física* (do qual falaremos mais amplamente no capítulo VIII). Causas são os diversos tipos de resposta que se pode dar à pergunta sobre o "por quê?" de uma coisa ou de um processo (isto é, na língua filosófica de Aristóteles, "*o porquê*", *to dia ti*). Como no caso do ser, seria errôneo e primitivo conjecturar um único tipo de causa, porque o uso linguístico nos revela modos diversos e irredutíveis de responder a essa pergunta. Assim, quando nos perguntamos, por exemplo, o "porquê" de uma estátua, pode-se responder dizendo "o de que (*to ex hou*)" é feita, ou "o para que" foi feita. Esses dois tipos de causalidade, que traduzidos na linguagem escolástica indicam respectivamente a "causa material" e a "causa final", são formulados por Aristóteles com grande aderência ao uso linguístico corrente, capaz de indicar os pontos de vista corretos para a compreensão da realidade (o mesmo se pode dizer para os outros dois modos daquela causalidade, a "formal", indicada como "o que é", e a "eficiente", "o por quem").

Pode-se concluir, portanto, que há uma substancial passividade no modo como os sujeitos de conhecimento apreendem o mundo. É o próprio mundo que vem ao encontro do sujeito, que lhe imprime o traço da sua fenomenicidade – tanto o mundo das coisas naturais quanto o mundo social da discursividade linguística. Os órgãos sensoriais são receptores passivos das qualidades sensíveis das coisas, e o pensamento é o receptor das formas inteligíveis veiculadas pelas representações da *phantasia*; a compreensibilidade do mundo está prefigurada no patrimônio coletivo das crenças a nós transmitidas pela tradição e pelas formas da linguagem que utilizamos antes mesmo de adquirir a consciência teórica a respeito delas. Aliás, isso é confirmado pelo significado primário da palavra grega *theoria*, que significa "observação", "contemplação"; não se trata, portanto, de construir ou inventar um mundo, mas de vê-lo, ouvi-lo, dizê-lo.

No entanto, essa é apenas uma conclusão parcial, que descreve somente uma vertente da concepção aristotélica do conhecimento. A apreensão ordenada e analítica da esfera multiforme dos fenômenos é, segundo Aristóteles, uma etapa necessária, mas não suficiente, na construção da nossa compreensão científica (*epistème*) do mundo. Essa etapa consiste na verificação daquilo que Aristóteles chama de "o quê" (*to hoti*), o estado efetivo das coisas. Mas ter ciência significa compreender "o porquê" (*to dioti*), isto é, as razões, as causas, em virtude das quais as coisas estão como estão e, além do mais, *devem* necessariamente estar desse modo. "Conhecer 'o porquê' consiste em conhecer por meio da causa (*aiton*)" (*An. post.*, I, 6, 75a35 ss.). "O ponto de partida deve consistir em reunir os fenômenos relativos a cada gênero e depois devem-se expor as suas causas" (*De part. an.*, I, 1, 640a13-15). De fato, "o aspecto mais importante do saber é a investigação sobre o 'porquê'" (*An. post.*, I, 14, 79a24).

Falaremos sobre as estratégias aristotélicas de construção da ciência no capítulo V. Aqui importa observar que, em Aristóteles, a passividade da apreensão do mundo é acompanhada por um trabalho ativo do pensamento teórico dedicado a construir a explicação desse mesmo mundo, a compreensão dos nexos causais, a demonstração da sua necessidade; somente depois que se obtém tudo isso o mundo apreendido nos será restituído em sua plena pensabilidade teórica, nas razões e no sentido de sua ordem. Nesse nível, ele poderá constituir o objeto transparente da enciclopédia aristotélica do saber.

Nota bibliográfica

O ensaio de G. E. L. Owen, "*Tithenai ta phainomena*", publicado pela primeira vez em VV. AA., *Aristote et le problèmes de méthode*, Nauwelaerts, Louvain, 1961, 83-103, é traduzido em italiano em G. Cambiano e L. Repici (ed.), *Aristotele e la conoscenza*, LED, Milão, 1993, 165-185. Sobre a relação entre percepção e conhecimento no *De anima*, remete-se aos ensaios reunidos nos seguintes livros: G. E. R. Lloyd e G. E. L. Owen (orgs.), *Aristotle on Mind and the Senses*, Proceedings of the Seventh Symposium Aristotelicum, Cambridge University Press, Cambridge, 1978; M. Nussbaum e A. O.

Rorty (orgs.), *Essays on Aristotle 'De Anima'*, Clarendon Press, Oxford, 1992; G. Romeyer-Dherbey e C. A. Viano (orgs.), *Corps et âme*. *Sur le 'De anima' d'Aristote*, Vrin, Paris, 1996. Cf. também S. Everson, *Aristotle on Perception*, Claredon Press, Oxford, 1997; M. Wedin, *Mind and Imagination in Aristotle*, Yale University Press, New Haven-Londres, 1988. Para outras indicações bibliográficas, ver cap. X. Sobre os aspectos linguísticos da filosofia de Aristóteles, ver W. Wieland, *Die aristotelische Physik*, Vanderhoek & Ruprecht, Göttingen, ^{2}1970 [trad. ital. *La fisica di Aristotele*, il Mulino, Bolonha, 1993]; cf. para certos aspectos, C. A. Viano, *La logica di Aristotele*, Taylor, Turim, 1955. Sobre a questão dos *legòmena* na *Ética*, ver J. Barnes, "Aristotle and the Methods of Ethics", in *Revue Internationale de Philosophie*, CXXXIII-IV (1980), 490-511.; sobre a dialética de modo mais geral, Berti, *Le ragioni di Aristotele*, citado na bibliografia do cap. III. Sobre o papel dos *èndoxa*, cf. R. Bolton, "The Epistemological Basis of the Aristotelian Dialectic", in D. Devereux e P. Pellegrin (orgs.), *Biologie, logique et méthaphysique chez Aristote*, CNRS, Paris, 1990, 185-226. Sobre a relação entre "a coisa mesma" e a verdade, cf. também M. Vegetti, *Il coltello e lo stilo*, Il Saggiatore, Milão, ^{2}1996 (cap. II).

Capítulo V
Lógica e epistemologia

Os comentadores antigos isolaram um grupo de tratados aristotélicos – *Categorias, De interpretatione, Analíticos primeiros, Analíticos posteriores, Tópicos* e *Refutações sofísticas* – cuja função, segundo a interpretação deles, era oferecer ao estudioso um instrumental lógico-linguístico indispensável para abordar os estudos dos diversos ramos da filosofia [assim, por exemplo, Amônio (século V-VI d.C.), *Comentário às categorias*, 4, 28-5,30]. Esses tratados receberam o nome coletivo de *Organon*, ou seja, justamente, "instrumento", e foram transmitidos pela tradição manuscrita como um bloco unitário, organizado segundo a ideia de que, numa escala crescente de complexidade, as *Categorias* se ocupavam de termos, o *De interpretatione*, de enunciados, os *Analíticos* e os *Tópicos* (dos quais as *Refutações sofísticas* eram consideradas o último livro), de argumentos e demonstrações.

É possível que Aristóteles tivesse uma concepção "instrumental" da função de pelo menos algumas das obras ora mencionadas. Se pusermos de lado as *Categorias*, que parecem ter por objeto principal não tanto palavras, mas, sim, coisas, entidades extralinguísticas (como veremos no nosso capítulo VII), as outras obras do grupo seriam difíceis de situar dentro da divisão das ciências em "teóricas", "práticas" e "produtivas", divisão esta proposta em *Metafísica* VI, 1 e alhures; é natural supor que elas tenham de fato uma função propedêutica e metodológica.

Em nosso livro, do capítulo V até o VII nos dedicamos aos tratados do *Organon*. Neste primeiro capítulo, trataremos de *De interpretatione* e *Analíticos primeiros* e *posteriores* (uma abordagem que justificaremos mais adiante), para depois passarmos aos *Tópicos* no capítulo VI e, por fim, tratarmos das *Categorias* no capítulo VII, numa posição que não corresponde à posição que estas ocupam na tradição aristotélica.

Comecemos, pois, pelo *De interpretatione*. O título desse breve tratado demanda algumas palavras de explicação. Nos manuscritos gregos, ele é transcrito como *Peri hermeneìas*, que poderia ser traduzido como *Sobre a expressão linguística*, e de fato assim o fizeram alguns intérpretes medievais e modernos. A tradução latina mais difundida *De interpretatione*, adotada originalmente pelo comentador Boécio (séculos V-VI d.C.), se baseia em outro significado mais corrente do termo grego *hermeneìa*; é totalmente desviante, pois o tratado não guarda qualquer relação com a interpretação, mas já se tornou usual.

Na realidade, há outro motivo, além do respeito às convenções, para não se abandonar a tradução de Boécio: é lícito duvidar que *Peri hermeneìas*, mesmo entendido corretamente, fosse realmente o título original do tratado. Ele, de fato, não se ocupa da expressão linguística em geral, mas, sim, de questões muito mais específicas, relacionadas à composição e à estrutura dos enunciados e ao seu comportamento em relação ao verdadeiro e ao falso.

No início do capítulo 1, Aristóteles ilustra brevemente as relações entre a esfera linguística, a esfera mental e a realidade externa:

> As expressões orais são símbolos [*sỳmbola*] das afecções [*pathèmata*] da alma, e as expressões escritas são símbolos das expressões orais. E, assim como as letras não são as mesmas para todos, tampouco os sons são os mesmos para todos; mas os elementos primeiros dos quais elas são signos são as afecções da alma, que são as mesmas para todos, e os elementos dos quais elas são imagens [*homoiòmata*] são os objetos [*pràgmata*], que são os mesmos (*De int.* I, 16a3-7).

Essa passagem foi lida e discutida durante séculos como se nela estivesse exposta uma verdadeira teoria aristotélica do significado. Segundo uma interpretação muito difundida, já apresentada pelos comentadores antigos, Aristóteles está dizendo que as expressões linguísticas são "símbolos" – isto é, signos convencionais – primariamente das "afecções da alma", com isso dando a entender que, secundária ou indiretamente, elas são signos convencionais também dos objetos, em virtude do fato de que as "afecções da alma" são "imagens" dos objetos. Presumivelmente as "afecções da alma" (às quais Aristóteles parece se referir mais adiante, no mesmo capítulo, usando o termo "pensamentos") são referidas como "imagens" dos objetos não no sentido concreto de ser representações mentais deles, mas no sentido, mais abstrato e especificamente aristotélico, de que o intelecto, quando pensa um objeto, recebe a sua forma (cf. *De anima* III, 4-8).

É possível que essa antiga interpretação seja literalmente correta, embora incorra em algumas dificuldades. Em todo caso, porém, a rápida brevidade das afirmações de Aristóteles deveria nos pôr em guarda contra o risco de atribuir a elas um peso teórico maior do que o real. O que realmente importa a Aristóteles nesse contexto é estabelecer um paralelo entre o âmbito mental e o linguístico, para poder, então, afirmar que a verdade e a falsidade, tal como no primeiro âmbito, também no segundo âmbito, são propriedades que pertencem a uma *relação* apropriada entre elementos que, tomados isoladamente, não são verdadeiros nem falsos,

> tal como, às vezes, há na alma um pensamento sem o ser verdadeiro ou o ser falso, às vezes, pelo contrário, um [pensamento] a que um desses dois necessariamente pertence, do mesmo modo se dá no âmbito das expressões orais, visto que o falso e o verdadeiro concernem à composição e à divisão. Portanto, os nomes e os verbos em si são semelhantes ao pensamento sem composição e divisão, por exemplo, "homem" ou "branco", quando não se acrescenta algo: pois não são ainda nem verdadeiros nem falsos, mas são signo dessa coisa (*De int.* 1, 16a9-16).

Portanto, nomes e verbos, mesmo individualmente dotados de um significado determinado ("são signos dessa coisa"), não são verdadeiros nem falsos: tem-se verdade ou falsidade somente quando combinamos nomes e verbos para compor algo com outra coisa ou separar algo de outra coisa. Como veremos mais adiante, essa é a função de um determinado tipo de combinação entre nomes e verbos, qual seja, o enunciado declarativo. Antes de chegar a defini-lo, Aristóteles analisa nos capítulos 2 e 3 as noções de *nome* e *verbo*, que, seguindo o *Sofista* de Platão (261d-263d), ele considera como os componentes fundamentais dos enunciados:

> Um nome [*ònoma*] é um som oral significante por convenção, sem indicação de tempo, nenhuma parte do qual é significante separadamente (*De int.*, 2, 16a19-21)
>
> Um verbo [*rhema*] é aquilo que em acréscimo significa o tempo, nenhuma parte do qual significa separadamente; e é sempre signo das coisas ditas de alguma outra coisa (ibid., 3, 16b6-7).

Aristóteles quer dizer que um nome e um verbo têm uma significação de base que pode ser a mesma: por exemplo, tanto o nome "corrida" quanto o verbo "corre" significam uma mesma coisa, a corrida. Em ambos os casos, a ligação entre a expressão e o seu significado é puramente convencional. A significação do verbo, porém, compreende duas dimensões ulteriores que a diferenciam da significação do nome.

1. O verbo coloca o seu significado no tempo: por exemplo, "corre" coloca a corrida no tempo presente.
2. O verbo é sempre signo de algo que é predicado de outra coisa: por exemplo, o verbo "corre" é em qualquer contexto signo de algo – a corrida –, que se predica de outra coisa naquele contexto; ou melhor, ele é signo *do fato de que* aquele algo é predicado de outra coisa naquele contexto.

Nas duas definições, Aristóteles afirma também que as partes de um nome ou de um verbo não são significantes "separadamente". Ao que parece, a ideia é a seguinte: num nome ou num verbo simples, as partes não têm nenhum significado (por exemplo, "-sa" em "mesa"); num nome ou num verbo composto, entretanto, uma parte pode também ter um significado que contribui para o significado do inteiro, mas esse significado não é necessariamente igual ao que a parte teria como palavra independente. Isso permite a Aristóteles, no capítulo 4, contrapor aos nomes e aos verbos o *logos*, ou "locução", que ele define como qualquer expressão em que "alguma das partes seja significante separadamente", isto é, que contenha nomes ou verbos (4, 16b26-28). Segundo essa definição muito genérica, tanto um enunciado como "Sócrates corre" quanto uma descrição como "animal racional" são *logoi*.

Dentro do variado conjunto dos *logoi*, porém, Aristóteles está interessado em isolar um gênero especialmente relevante, qual seja, o *logos* apofântico ou declarativo, aquele "em que se dá ou o ser verdadeiro ou o ser falso" (4, 17a2-3). Deve-se distingui-lo tanto das descrições como "animal racional" quanto dos enunciados não declarativos como comandos ou preces, que não são nem verdadeiros nem falsos. Aristóteles distingue entre *logos* declarativo simples e composto, e reconhece duas variedades do simples: "Uma afirmação [*katàphasis*] é uma enunciação declarativa de algo em atribuição a [*katà*] algo, enquanto uma negação [*apòphasis*] é uma enunciação declarativa de algo em separação de [*apo*] algo" (ibid., 5, 17a23-26). A "atribuição" e a "separação", aqui mencionadas como funções da afirmação e da negação, são a mesma coisa a que Aristóteles se referia no capítulo 1 com as palavras "o falso e o verdadeiro têm a ver com a composição e a divisão" (16a12-13). A ideia é a de que uma afirmação compõe um sujeito e um predicado entre si, atribuindo o segundo ao primeiro, enquanto uma negação os divide ou separa. Uma afirmação e a sua negação constituem uma dupla contraditória (*antìphasis*, 6, 17a33-37).

No capítulo 7, Aristóteles prossegue desenvolvendo uma série de noções técnicas fundamentais. Algumas delas encontram um paralelo no capítulo 1, I, dos *Analíticos primeiros*, ao qual retornaremos a seguir; por razões de economia, a nossa exposição recorrerá aos dois textos, trazendo algumas ligeiras modificações a algumas formulações aristotélicas. Diremos, portanto, que Aristóteles distingue diversos tipos de enunciados na base do que podemos chamar de *quantidade* (universal, particular, indefinida, singular) e *qualidade* (afirmativa ou negativa):

universal afirmativo	Todo homem é justo.
universal negativo	Nenhum homem é justo.
particular afirmativo	Algum homem é justo.
particular negativo	Algum homem não é justo.
indefinido afirmativo	Um homem é justo.
indefinido negativo	Um homem não é justo.
singular afirmativo	Sócrates é justo.
singular negativo	Sócrates não é justo.

Deixaremos de lado os enunciados indefinidos, isto é, desprovidos de quantificação – nisso seguindo Aristóteles, que os considera equivalentes a enunciados particulares e dedica pouca atenção a eles – e comentaremos as relações entre outros tipos de enunciado. Antes de mais nada, Aristóteles aponta aqueles pares de enunciados tais que um dos dois é a negação do outro, isto é, que mantêm entre si uma relação de *contradição*. Um enunciado singular afirmativo tem como negação o correspondente enunciado singular negativo; um enunciado universal afirmativo tem como negação o correspondente particular negativo; um universal negativo tem como negação o correspondente particular afirmativo. Em geral, os pares de enunciados contraditórios se caracterizam pelo fato de que para eles vale a seguinte regra: um dos membros do par é verdadeiro e o outro é falso ("regra dos pares contraditórios"). Um enunciado universal afirmativo e o correspondente universal negativo, entretanto, são *contrários* entre si: isso comporta que não podem ser ambos verdadeiros, mas podem ser ambos falsos. Por fim, um enunciado particular afirmativo e o correspondente particular negativo estão entre si numa relação que a tradição aristotélica definiu como *subcontrariedade*: podem ser ambos falsos, mas podem ser ambos verdadeiros. É fácil mostrar que, nesses termos, da verdade de um enunciado universal decorre logicamente a verdade do enunciado particular da mesma qualidade, seja afirmativo ou negativo: "todo homem é justo" implica "qualquer homem é justo", e "nenhum homem é justo" implica "qualquer homem não é justo". Essas relações lógicas foram representadas graficamente pela tradição por meio do chamado "quadrado aristotélico", no qual cada vértice é ocupado por um dos quatro tipos de enunciado.

Aqui é preciso salientar uma importante diferença entre a lógica aristotélica e a contemporânea. Esquematizemos, usando letras no lugar de termos como "homem" e "justo", os quatro tipos de enunciados dotados de quantificação: "Todo A é B", "Nenhum A é B", "Algum A é B", "Algum A não é B". Se considerarmos as traduções desses esquemas em linguagem formal da lógica predicativa introduzida por Frege – respectivamente "$\forall x\ (Ax \to Bx)$", "$\forall x\ (Ax \to \neg Bx)$", "$\exists x\ (Ax\ \&\ Bx)$", "$\exists x\ (Ax\ \&\ \neg Bx)$" –, veremos que é um caso especial em que todas as relações ilustradas acima deixam de valer. Se o termo "A" é vazio, isto é, não existe nada que seja A (como, por exemplo, no caso dos termos "bruxa" ou "unicórnio"), na lógica fregeana tem-se que os dois enunciados universais são ambos verdadeiros e os dois particulares são ambos falsos. Para eliminar essa disformidade, foram propostas diversas soluções; a mais difundida – embora não de todo satisfatória – consiste em supor que a lógica aristotélica seja governada pela implícita assunção de que nenhum termo usado nela é vazio, isto é, que os enunciados estudados falam sempre de coisas existentes.

O restante do *De interpretatione* é dedicado a questões referentes à estrutura dos enunciados e às suas relações de oposição mútua, com especial referência à regra dos Pares Contraditórios. A esse propósito, Aristóteles introduz notáveis complicadores, levando em consideração também enunciados *modais* ("É possível / impossível / necessário que..."). O desenvolvimento mais profundo se encontra no capítulo 9, onde se discute o caso dos enunciados singulares que dizem respeito a eventos futuros. A complexa argumentação de Aristóteles pode ser reconstruída do seguinte modo. Imaginemos que hoje é incerto afirmar que amanhã acontecerá ou não uma batalha naval. Se cada um dos dois membros do par de enunciados é contraditório, "Amanhã haverá uma batalha naval" / "Amanhã não haverá uma batalha naval", já hoje é verdadeiro ou falso (e, portanto, mais precisamente, eles são um verdadeiro e um falso, como que a regra dos Pares Contraditórios), então hoje é necessário – isto é, determinado e inevitável – o que acontecerá amanhã. De modo mais geral, "se toda afirmação ou negação é verdadeira ou falsa, é também necessário que toda coisa ocorra ou não ocorra [...] todas as coisas são por necessidade e não como vem a ocorrer" (9, 18a34-b7). Esse resultado é inaceitável para Aristóteles, para quem o futuro não pode estar inteiramente escrito, mas deve conter possibilidades genuinamente abertas. A sua solução parece ser a de que hoje, quando ainda é indeterminado o que ocorrerá amanhã, é verdadeira a disjunção "Ou amanhã haverá uma batalha naval ou amanhã não haverá uma batalha naval" (não há, de fato, uma terceira possibilidade), mas que ainda não é verdadeiro nenhum dos dois enunciados contraditórios disjuntos nela, embora a ocorrência de um deles possa ser mais provável do que a do outro. Este parece ser o sentido da seguinte passagem:

> é necessário que amanhã haja ou não haja uma batalha naval, porém, não é necessário que amanhã ocorra ou não ocorra uma batalha naval [...]. É necessário que um dos dois membros do par de enunciados contraditórios seja verdadeiro ou falso, não, porém, este ou aquele, mas como acontecer, e que um dos dois seja mais verdadeiro, mas não ainda verdadeiro ou falso (*De int.*, 9, 19a30-39).

Em outras palavras, Aristóteles proporia que, no caso dos enunciados simples sobre eventos futuros contingentes, não se aplica o princípio de Bivalência (segundo o qual todo enunciado é verdadeiro ou falso) e, portanto, tampouco e com maior razão, a regra dos Pares Contraditórios. Essa solução gerou muitas controvérsias filosóficas, desde a Antiguidade (quando foi retomada pelos epicuristas; cf. Cícero, *De fato* 37-38) até a época contemporânea. Nós nos limitaremos a ressaltar um aspecto relevante da argumentação: nela, Aristóteles concebe a verdade e a falsidade de um enunciado como *relativas ao tempo*, de modo que é possível que um mesmo enunciado não seja verdadeiro num certo momento, mas o seja em outro momento. Essa posição é geralmente compartilhada pelos filósofos antigos, mas é minoritária na lógica contemporânea, em que a verdade e a falsidade são tratadas sobretudo como propriedades atemporalmente pertencentes aos enunciados.

Antes de deixarmos o *De interpretatione*, cumpre abordar brevemente uma questão relativa ao escopo do tratado e à coerência interna desse nosso capítulo. Nos últimos anos, tem prosperado a tese de que o objeto principal do *De interpretatione* não seria propriamente o enunciado (como considerava a tradição), mas, sim, principalmente, os pares de enunciados contraditórios, e que a investigação desses pares tem como finalidade estabelecer um fundamento teórico da dialética aristotélica. A contradição, de fato, tem um papel central na dialética. Como veremos no nosso capítulo VI, ela se ocupa de uma situação em que um interlocutor interroga outro, submetendo-lhe a alternativa entre dois enunciados contraditórios entre si; assim que o respondente afirma um dos dois, o interrogante tenta refutá-lo construindo uma argumentação cuja conclusão contradiz a tese. Haveria, portanto, uma ligação privilegiada entre o *De interpretatione* e os *Tópicos*, o tratado do *Organon* cujo objeto é precisamente a dialética.

Essa leitura, porém, gerou objeções persuasivas. Partindo do princípio de que a contradição constitui realmente o fulcro do tratado, a sua relevância não se limita de forma alguma à dialética. Nos *Analíticos*, Aristóteles observa que mesmo uma premissa de uma demonstração constitui um dos dois membros de um par contraditório, tomada como autonomamente verdadeira, em vez de ser submetida de forma interrogativa a um interlocutor (*An. pr.* I, 1, 24a22-b3; *An. post.*, I, 2, 72a8-11). Veremos mais adiante como a contradição desenvolve mais especificamente um papel central no procedimento da redução ao impossível e, portanto, na silogística. Também é difícil imaginar que um caso como o dos enunciados sobre eventos futuros contingentes, longamente discutido em *De int.* 9, possa ser de alguma relevância para a dialética. Por essas razões, preferimos aderir à tradicional colocação do *De interpretatione* junto aos *Analíticos*, sem com isso pretender sugerir que a sua ligação seja exclusiva ou até mesmo apenas privilegiada.

Vamos, pois, aos *Analíticos primeiros*. Aristóteles começa anunciando que a investigação terá por objeto a "demonstração" (*apòdeixis*) e a "ciência demonstrativa" (I, 1, 24a1-2). Como nos *Analíticos primeiros* fala-se apenas do silogismo, ao passo que a demonstração – que é um tipo específico de silogismo – será o objeto dos *Analíticos posteriores*, fica evidente que, com esse início, Aristóteles quer apresentar os dois *Analíticos* como uma obra unitária articulada em duas partes, a primeira como propedêutica à segunda.

Os capítulos 1-2 do livro I prosseguem introduzindo e definindo alguns conceitos fundamentais. O primeiro é a "proposição" (ou "premissa", *pròtasis*), que coincide com o enunciado declarativo do *De interpretatione*, salvo uma diferença: aqui, como em todas as partes teóricas dos *Analíticos primeiros*, não se faz nenhuma menção aos enunciados singulares, embora em raros casos eles venham a ser mencionados como exemplo (I, 33; II, 27). A razão dessa exclusão talvez consista no fato de que Aristóteles estava interessado no silogismo essencialmente em função da sua utilização demonstrativa ou dialética (I, 1, 24a22b15), e que os indivíduos, aos quais se referem os termos singulares, não estavam entre as entidades sobre as quais "principalmente versam os argumentos e as investigações" (ibid., 27, 43a37-43).

O segundo conceito que Aristóteles define é o "termo" (*horos*), ou seja, "aquilo em que a proposição se resolve, isto é, o predicado e aquilo sobre o que ele predica, com o acréscimo de 'ser' ou 'não ser'" (ibid., 1, 24b-16-18). Portanto, uma proposição é composta de um termo sujeito e um termo predicado, ligados pelo verbo "ser" ou "não ser" em função copulativa. À diferença da lógica contemporânea, Aristóteles demonstra considerar que as expressões que indicam a quantificação ("todo", "qualquer") ou a modalidade ("É possível/impossível/necessário que...") não são componentes adicionais da proposição, mas modificações da cópula: por exemplo, na proposição "todo homem é justo", os termos são o sujeito "homem" e o predicado "justo", ao qual se acrescenta uma cópula que exprime predicação universal afirmativa. É preciso também observar que Aristóteles, apesar dessa definição inicial, formula as suas proposições geralmente não utilizando o verbo "ser", mas dizendo que o predicado "pertence" (*hypàrchei*) ao sujeito ou "se predica" (*kategoreîtai*) dele: assim, nem "todo S é P" mas "P pertence a todo S" ou "P se predica de todo S". Esse tipo de formulação apresenta uma dupla vantagem: antes de mais nada, permite evitar qualquer ambiguidade sintática na identificação de sujeito e predicado (porque em grego os dois termos são declinados em diversos casos gramaticais); além disso, é suficientemente genérica para poder se aplicar a proposições que não se adaptariam bem à estrutura sujeito-cópula-predicado (por exemplo, "dos contrários há uma única ciência", *An. pr.* I, 36).

Depois da proposição e do termo, o capítulo I, 1 oferece uma nova definição:

> Um silogismo [*syllogismòs*] é um discurso em que, apresentadas determinadas coisas, algo diferente das coisas postas decorre necessariamente pelo fato de que tais coisas são. Por "pelo fato de que tais coisas são" entendo o decorrer em virtude delas, e por "decorrer em virtude delas" entendo que não é preciso nenhum termo externo para que se gere a necessidade (*An. pr.* I, 1, 24b18-22).

Aristóteles, aqui (e também em algumas passagens paralelas, como *Top.* I, 1, 100a25-27; *Soph. El.* [= *Refutações sofísticas*] 1, 165a1-2; *Rhet.* I, 2, 1356b16-18), está definindo um certo tipo de argumento ao qual se refere com o termo *syllogismòs*. Esse termo deriva do verbo *syllogìzesthai*, que significa "calcular, inferir", e antes de Aristóteles significa genericamente "raciocínio, inferência". Aqui é bastante natural traduzi-lo pelo termo moderno dele derivado, qual seja, "silogismo", tal como fizemos; na verdade, porém, Aristóteles está definindo algo mais genérico do que aquilo que usualmente chamamos de "silogismo" (o que explica por que alguns intérpretes preferem traduções alternativas, como "dedução"). Para entender do que se trata, tentaremos identificar as indicações relevantes que se podem obter da definição.

1. O termo *syllogismòs*, pela sua etimologia, transmite a ideia de reunir dados para extrair uma conclusão. Isso se ajusta bem ao fato de que a definição parece assumir que as premissas do *syllogismòs* ("as coisas postas") são mais de uma.
2. A definição requer que a conclusão seja "diferente" das premissas; portanto, exclui argumentos circulares. Isso é compreensível se considerarmos que, desde o início, Aristóteles declarou estar interessado não tanto num estudo abstrato dos argumentos válidos quanto, mais especificamente, no estudo de argumentos que possam ser usados para demonstrar algo ou torná-lo plausível dialeticamente.
3. Aristóteles descreve o papel das premissas num *syllogismòs* afirmando que a conclusão deve decorrer necessariamente "pelo fato de que estas [coisas] são". (cf. I, 4, 26a4-5; *An. post.* I, 10, n76b38-39). Aqui ele ilustra o significado dessa expressão interpretando "estas" como "somente estas": as premissas devem ser suficientes para gerar a conclusão sem o acréscimo de outras premissas independentes em que se usem novos termos. Aristóteles, porém, pensa também que não deve haver premissas supérfluas (cf. *An. pr.* I, 32, 47a14-22; *Top.* VIII, 11, 161b29-30); portanto, "estas" significa, na verdade, "todas e somente estas".

Assim, o nosso conceito inicial de *syllogismòs*, ou silogismo, é de um argumento não circular constituído pelo menos por duas premissas e uma conclusão, de modo que as premissas sejam conjuntamente suficientes para gerar a conclusão e não sejam supérfluas. Veremos logo a seguir como Aristóteles passa desse conceito mais genérico de silogismo para aquele que se tornou canônico. Antes, porém, convém determo-nos ainda brevemente em um elemento da definição, qual seja, a expressão "pelo fato de que estas [coisas] são": embora

Aristóteles coloque a ênfase na palavra "estas", o termo "são" também merece atenção. Trata-se de modo verossímil de um dos casos em que o verbo "ser" (*eîani*) em grego equivale a "ser verdadeiro". Aristóteles, bem entendido, não quer dizer que as premissas de um silogismo devem ser verdadeiras: ele bem sabe que um silogismo pode ter premissas falsas. A ideia pode antes ser a de que, sempre que as premissas são verdadeiras, a conclusão também deve ser verdadeira: ideia usada ainda hoje para dar uma definição informal da noção de consequência lógica.

Nos capítulos I, 4-6 Aristóteles passa ao estudo das diversas formas de silogismo assertivo (isto é, constituído por proposições desprovidas de uma caracterização modal). Ele identifica três diferentes formas ou "figuras" (*schèmata*) de silogismo, todas contendo duas premissas e três termos, um dos quais (o "médio") é comum às duas premissas e dotado da função de estabelecer ligação entre os outros dois termos (os "extremos"), que retornam na conclusão como predicado e sujeito. Para citar apenas um exemplo, no silogismo "mortal pertence a todo homem, homem pertence a todo grego; portanto, mortal pertence a todo grego", o termo médio é "homem", que serve de articulação entre "mortal" e "grego", que são respectivamente o predicado e o sujeito da conclusão.

As três "figuras" se diferenciam pela posição do termo médio. A *primeira* figura reúne todos os silogismos nos quais o termo médio é sujeito de uma premissa e predicado da outra; a *segunda* figura reúne todos aqueles em que o termo médio é predicado de ambas as premissas; na *terceira* figura recaem todos aqueles em que o termo médio é sujeito das duas premissas. Mais precisamente, Aristóteles atribui às três figuras essas sequências de ocorrência dos termos (lembremos que a menção do predicado precede a do sujeito; ademais, separamos as premissas da conclusão por meio de um ponto e vírgula):

I figura: *PM, MS; PS*
II figura *MP, MS; PS*
III figura *PM, SM; PS*.

A tradição posterior reconhece a existência também de uma quarta figura, por razões nas quais não nos deteremos. Levando em consideração os diferentes tipos de proposição com base em sua quantidade e em sua qualidade, Aristóteles determina para cada figura quais são as duplas de tipos de premissas das quais decorre uma conclusão – e, portanto, se constitui efetivamente um silogismo – e das quais, pelo contrário, não decorre. Toda estrutura específica formada por dois determinados tipos de proposição na função de premissas e um terceiro na função de conclusão é convencionalmente considerada um "*modo*" silogístico. Para descrever tais "modos", desde a Idade Média estabeleceu-se o costume de representar os diversos tipos de proposição com letras: com *a* e *i* (vogais do verbo latino *affirmo*), respectivamente a universal e a particular afirmativas; com *e* e *o* (vogais do verbo *nego*), respectivamente a universal e a particular negativas. Essa convenção está na base de nomes "falantes" cujas vogais expressam a composição de cada modo silogístico: por exemplo, o nome "*Barbara*" designa um modo no qual todas as três proposições são universais afirmativas. Aderiremos também a duas outras convenções: uma é a de abreviar "*P* pertence a todo *S*" como *PaS*, "*P* pertence a algum *S*" como *PiS*, "*P* não pertence a nenhum *S*" como *PeS* e "*P* não pertence a algum *S*" como *PoS*; a outra é a de escrever " ⊢ ", com o significado de "portanto", como sinal de inferência. Fazendo uso dos símbolos, enumeramos a seguir os modos válidos identificados por Aristóteles:

I Figura
PaM, MaS ⊢ PaS (*Barbara*)
PeM, MaS ⊢ PeS (*Celarant*)
PaM, MiS ⊢ PiS (*Darii*)
PeM, MiS ⊢ PoS (*Ferio*)

II Figura
MeP, MaS ⊢ PeS (*Cesare*)
MaP, MeS ⊢ PeS (*Camestres*)
MaP, MiS ⊢ PoS (*Festino*)
MaP, MoS ⊢ PoS (*Baroco*)

III Figura

PaM, SaM	⊢	PiS (Darapti)
PeM, SaM	⊢	PoS (Felapton)
PiM, SaM	⊢	PiS (Disamis)
PaM, SiM	⊢	PiS (Datisi)
PoM, SaM	⊢	PoS (Bocardo)
PeM, SiM	⊢	PoS (Ferison)

Um aspecto interessante da discussão aristotélica reside no uso de *letras* em lugar de termos concretos na apresentação dos modos silogísticos. Assim, por exemplo, Aristóteles, depois de ter introduzido discursivamente os modos *Barbara* e *Celarent*, descrevendo a quantidade e a qualidade das suas premissas, assim prossegue: "Se, de fato, *A* se predica de todo *B*, e *B* de todo *C*, necessariamente *A* se predica de todo *C* [...]. Do mesmo modo, se *A* não se predica de nenhum *B*, mas *B* se predica de todo *C*, é também necessário que *A* não pertença a nenhum *C*" (I, 4, 25b37-39). A utilização das letras serve para expressar que estamos falando de estruturas argumentativas válidas em geral, quaisquer que sejam os termos concretamente usados. Uma hipótese verossímil é que com isso Aristóteles esteja se inspirando na prática da matemática antiga. Por exemplo, Euclides, nos *Elementos*, demonstra um enunciado geral relativo aos triângulos escolhendo arbitrariamente um determinado triângulo *ABC*, provando (sem explorar as características peculiares de *ABC*, mas somente aquelas que ele compartilha com todos os outros triângulos) que o enunciado geral é verdadeiro para *ABC*, e, portanto, concluindo que o que vale para *ABC* valerá também para qualquer outro triângulo. As letras, portanto, exprimem generalidades enquanto designam entidades quaisquer, escolhidas arbitrariamente.

Voltemos a *An. pr.* I, 1. Logo após a definição de silogismo, encontramos um par de definições mais específicas (24b22-26): é "perfeito" (*tèleios*) um silogismo em que não falta nada, além das premissas assumidas, "para que seja evidente a necessidade" da consequência lógica; é, porém, "imperfeito" (*atelès*) um silogismo no qual é preciso haver outras premissas, obtidas daquelas assumidas inicialmente, para que tal necessidade seja evidente. Em outras palavras, todos os silogismos são argumentos logicamente válidos, mas só alguns – os perfeitos – são evidentemente válidos, enquanto outros – os imperfeitos – precisam de alguma passagem suplementar para que a sua validade se torne evidente, isto é, seja demonstrada.

Nos capítulos I, 4-7, Aristóteles sustenta que os silogismos perfeitos são todos e somente aqueles de primeira figura. Provavelmente ele pensa que a validade desses silogismos é evidente graças à particular colocação dos termos na primeira figura, em que o termo médio é efetivamente mencionado em posição central e cada um dos dois extremos desempenha o mesmo papel (predicado ou sujeito) tanto na premissa em que aparece quanto, depois, na conclusão. Isso permite captar imediatamente as relações entre os três termos, à diferença do que ocorre nas outras figuras, cujos silogismos são imperfeitos e, como diz Aristóteles, é preciso que sejam "aperfeiçoados", isto é, que a sua validade seja tornada evidente. Aristóteles usa diversos procedimentos para obter esse resultado. Consideraremos dois: a conversão e a redução ao impossível.

As *conversões* são inferências em que de uma proposição se deduz outra proposição que apresenta os mesmos termos em posição invertida. Elas são tratadas nos capítulos I, 2-3; vamos nos concentrar no capítulo I, 2, dedicado às conversões das proposições aleatórias. Aristóteles ali enuncia e demonstra a validade dos seguintes esquemas de inferência:

$AeB \vdash BeA$
$AaB \vdash BiA$
$AiB \vdash BiA$.

Graças às conversões, Aristóteles pode aperfeiçoar quase todos os modos silogísticos de segunda e terceira figura. Tomemos como exemplo *Cesare* (I, 5, 27a5-9), que tem a seguinte estrutura: MeP, $MaS \vdash PeS$. Graças às regras de conversão, de MeP, a primeira premissa, podemos inferir PeM; obtemos, assim, a estrutura PeM, $MaS \vdash PeS$, que é a de *Celarent* (primeira figura, portanto, evidentemente válido). Portanto, um modo que não é de primeira figura vem a incluir uma ou mais passagens suplementares que levam à conclusão por meio de um modo de primeira figura, cuja validade é garantida pela evidência.

Vejamos agora a *redução ao impossível*. Esse procedimento consiste em demonstrar a validade de um modo silogístico adotando a hipótese de que ele não é válido e mostrando que essa hipótese implica consequências impossíveis. Para ver como isso se dá, tomemos um exemplo paradigmático, o de *Baroco* (segunda figura, I, 5, 27a37-b3), o único modo junto com *Bocardo* (terceira figura) que não é possível aperfeiçoar por meio de conversão. A estrutura de *Baroco* é a seguinte: *MaP, MoS ⊦ PoS*. Tomar como hipótese que esse modo silogístico não é válido significa supor hipoteticamente a possibilidade de que as suas premissas *MaP* e *MoS* sejam verdadeiras, mas a sua conclusão *PoS* seja falsa (por brevidade, expressamo-nos como se um modo silogístico fosse ele próprio um silogismo). Agora, na hipótese de que *PoS* seja falsa, a sua contraditória, isto é, *PaS*, deverá ser verdadeira; mas a partir dela e de *MaP*, isto é, uma das duas premissas de *Baroco*, é possível formar um silogismo acessório (modo *Barbara*, primeira figura), com o qual se infere validamente uma conclusão, *MaS*, que é incompatível com a outra premissa de *Baroco*, isto é, *MoS*. Como, porém, estamos assumindo hipoteticamente que as premissas de *Baroco* são verdadeiras, isso implica que *MaS* é falsa. E como ela foi inferida de *MaP* e *PaS*, e *MaP* é a outra premissa de *Baroco*, isso, por sua vez, implica que *PaS* também seja falsa e, portanto, que *PoS* seja verdadeira, contra a hipótese. Em outras palavras, se se assumem as premissas de *Baroco* como verdadeiras, é impossível negar a sua conclusão; assim, fica demonstrado que o modo é válido.

Ora, a todo modo de segunda ou terceira figura é possível aplicar um procedimento análogo a esse, de tal maneira que o silogismo acessório – com o qual se infere a contraditória de uma das duas premissas do modo em exame – seja de *primeira* figura. Aristóteles pode, portanto, concluir que "todos os silogismos imperfeitos são aperfeiçoados através da primeira figura" (I, 7, 29a30-31), por conversão ou por redução ao impossível. O papel fundador dos modos silogísticos de primeira figura em relação aos outros foi corretamente comparado ao dos axiomas de um sistema axiomático em relação aos teoremas. Nesse sentido, a silogística espelha a típica estrutura axiomática da ciência aristotélica (de que falamos no nosso capítulo III e retomaremos aqui mais adiante, a propósito dos *Analíticos posteriores*). Ela constitui, porém, uma ciência peculiar, pois não pode se conformar àquelas estruturas argumentativas que constituem o seu objeto e que Aristóteles descreve como características das outras ciências. Em outras palavras, trata-se, por assim dizer, de uma metaciência, ou de uma ciência de segundo nível.

Na verdade, Aristóteles é capaz de limitar ainda mais o número de modos silogísticos fundamentais e de mostrar que, em certo sentido, são somente dois entre os de primeira figura, isto é, *Barbara* e *Celarent*. Ele observa (I, 7, 29b1-25) que os outros dois modos de primeira figura, *Darii* e *Ferio*, além de ser evidentes por si mesmos, também podem ter a sua validade demonstrada por meio de uma redução ao impossível, na qual se utiliza um silogismo acessório de segunda figura; e, assim como todos os modos de segunda figura podem ser demonstrados válidos por intermédio de *Barbara* e *Celarent*, o mesmo vale, indiretamente, também para *Darii* e *Ferrio*. Assim *Barbara* e *Celarent* são os únicos dois modos cuja validade, em última análise, é pressuposta pela de todos os outros.

No capítulo I, 23, Aristóteles finalmente aborda a questão da relação entre a definição geral de silogismo formulada em I, 1 e as três figuras silogísticas tratadas em I, 4-6. Ele se propõe como objetivo demonstrar que "todo silogismo" (no sentido mais geral do termo) "constitui-se por meio de uma dessas figuras", isto é, tem uma das três figuras como estrutura sua ou como estrutura de uma parte sua, e que, portanto, a validade de todo silogismo é demonstrável em última análise por meio de *Barbara* e *Celarent* (40b17-22). Aristóteles argumenta que, se a conclusão contém um predicado *P* e um sujeito *S*, as premissas deverão dizer algo sobre *P* e algo sobre *S* e, portanto, deverão ser pelo menos duas; deverão, ademais, conter um termo médio que ligue P e S entre si: "nunca nenhum silogismo concluirá que uma coisa é atribuída a uma outra se não se assumir um médio que esteja em alguma relação predicativa com uma e outra coisa" (41a2-4; por razões não claras, Aristóteles não considera o caso das conversões, nas quais a inferência parte de uma premissa só). E visto que, se as premissas são duas, as três figuras esgotam todas as possíveis colocações do médio, todo silogismo com apenas duas premissas deverá se conformar a uma das três figuras. Se as premissas são mais de duas, pois para chegar a predicar P de S é preciso passar por mais de um médio, de todo modo o silogismo poderá ser decomposto em vários silogismos elementares, compostos apenas de duas premissas (41a18-20).

Na sequência do capítulo I, 23 (a ser comparado com I, 44), Aristóteles volta a atenção para uma classe de silogismos a que chama de "hipotéticos" (*ex hypothèseos*), na qual ele parece considerar – sem fornecer um tratamento sistemático – que recaem todos os silogismos que não pertencem a uma das três figuras, e completa a sua argumentação sustentando que as três figuras são essenciais também para eles. Um exemplo apresentado por ele é o seguinte: suponha que aceitaremos uma proposição *q* se for demonstrada uma outra proposição *p*; por meio de um silogismo, numa das três figuras infiramos *p*; portanto, extraiamos a conclusão *q* por força da estipulação inicial (Aristóteles, à diferença do que farão os estoicos, não reconhece "se *p*, então *q*" como uma proposição complexa e, portanto, como uma premissa genuína, mas, em lugar disso, como uma espécie de estipulação que pertence à dimensão pragmática de um determinado contexto argumentativo). Aristóteles considera como outro caso de silogismo hipotético a redução ao impossível, na qual se obtém a conclusão *p* com base no fato de se poderem deduzir consequências absurdas de não-*p*, por meio de um silogismo em uma das três figuras.

Os *Analíticos primeiros* contêm muito mais, além desses rápidos traços que pudemos mencionar. Em especial, nos capítulos I, 8-22, eles dedicam à silogística modal uma discussão complexa e problemática, objeto de interpretações contrastantes; nos capítulos I, 32-44, por outro lado, encontramos um estudo dos modos em que um argumento qualquer pode ser reformulado como (ou "analisado em": daí, talvez, o título *Analíticos*) um silogismo em uma das três figuras. O que expusemos, porém, já deve dar uma ideia da originalidade, do rigor e da profundidade com que Aristóteles criou e desenvolveu uma disciplina inteira praticamente a partir do zero.

Como vimos anteriormente, Aristóteles abre os *Analíticos primeiros* com a declaração de que a obra versará sobre a demonstração e a ciência ou o conhecimento demonstrativo, mas somente nos *Analíticos posteriores* virá a abordar diretamente esses temas. Nessa obra, ele explica o que entende por "conhecimento" (*epistème*) ou "conhecer" (*epistasthai*):

> Consideramos conhecer cada coisa em sentido próprio [...] quando consideramos entender que a razão pela qual a coisa é a razão daquela coisa e que não pode ser de outra maneira (*An. post.* I, 2, 71b9-12).

Aristóteles está basicamente oferecendo a seguinte definição: conheço X se, e somente se, entendo qual é a razão de X e entendo que X "não pode ser de outra maneira", ou seja, é necessário. Trata-se de uma definição interessante e problemática, embora seja apresentada como compartilhada de modo geral ("consideramos"); examinemos os seus pontos relevantes:

I. O conhecimento em questão, para poder ser transmitido por uma demonstração, deve ser exprimível de forma proposicional, isto é, nos termos do *saber que* as coisas estão de certo modo.

II. Para Aristóteles, como para Platão (cf. *República* 473c-479e), mas à diferença da maioria dos filósofos modernos e contemporâneos, nem toda verdade pode ser objeto de conhecimento, mas somente uma verdade particularmente "sólida". Em termos mais precisos, a definição limita o âmbito do conhecimento às verdades *necessárias*. Assim, estão excluídas as verdades contingentes, por exemplo, que Sócrates agora está em Atenas, presumivelmente com a motivação – na aparência pouco convincente – de que, "quando as coisas podem ser de outra maneira, vêm a se encontrar fora da observação, escapa-nos se elas existem ou não" (*Eth. nic.* VI, 3, 1139b21-22; cf. *Metaph.* VII, 15, 1039b27-1040a7). Mas, aparentemente, estão excluídas também as verdades que valem "na maioria dos casos" (*hos epi to poly*), como Aristóteles se exprime alhures, isto é, leis gerais que admitem exceções: por exemplo, que ingerir água e mel aplaca a febre ou que a água ferve a uma determinada temperatura. Essa segunda e severa exclusão é contradita seja em outras passagens, que, por sua vez, consideram o "na maioria dos casos" como um legítimo objeto de conhecimento (*An. post.* I, 30; *Metaph.* VI, 2, 1027a20-24), seja pelo próprio fato de que muitas verdades estudadas pela ciência da natureza fazem parte desse âmbito.

III. A definição liga a noção de conhecimento à de *aitìa*, "razão" ou "causa". Essa é mais uma herança platônica (cf. *Mênon* 97e-98a). Mais adiante, no cap. II, 1 e alhures, Aristóteles formulará uma distinção entre buscar "o quê" (*to hoti*), ou seja, procurar descobrir como estão as coisas, e procurar "o por quê" (*to diòti*), ou seja, procurar uma explicação daquilo que assim se descobriu; a definição que estamos comentando implica que somente esse segundo estágio da busca leva ao conhecimento.

Assim tem-se que a definição identifica uma noção de conhecimento nada usual, mas bastante especial, se não até mesmo ideal. Aristóteles define essa noção de *epistème* com referência a um tipo mais usual de conhecimento, denotado no texto grego pelo verbo *gignôskein*, "entender": temos *epistème*, diz ele, quando entendemos que algo é necessário e qual é a sua causa. Por esses diversos motivos, intérpretes traduzem o termo grego *epistème* com expressões de conotação mais forte, como "compreensão" ou "conhecimento científico". Com efeito, é sensato sustentar que temos compreensão ou conhecimento científico de um fato somente quando alcançamos as suas causas; e também é compreensível que seja possível pensar que há compreensão ou conhecimento científico apenas de certos fatos, necessários ou, de todo modo, "na maioria dos casos", e não de outros puramente acidentais.

O conhecimento é um estado mental. Encontramo-nos nesse estado mental quando somos capazes de produzir uma demonstração (*apòdeixis*) de alguma coisa. Uma demonstração, explica Aristóteles em *An. post.* I, 2, 71b16-72a7, é um silogismo cujas premissas são (ou foram, por sua vez, demonstradas a partir de) *archài*, "princípios", ou seja, proposições verdadeiras, indemonstráveis, capazes de constituir razões da conclusão, e dela "mais conhecidas por natureza", isto é, mais gerais. No capítulo I, 6 Aristóteles acrescenta que os princípios devem ser necessários como as conclusões que deles se inferem e devem conter predicados "por si" (*kath'haûta*), isto é, que tenham com o sujeito uma relação de tipo essencial (mais precisamente, são parte da essência do sujeito, ou, de todo modo, pertencem-lhe em virtude de sua essência, ou são tais que o sujeito é parte da essência deles: cf. I, 4; ibid. 7, 75b1; *Metaph.* V, 30, 1025a30-33).

No capítulo I, 2, 72a14-24, distinguem-se dois tipos de princípio: "posição" e "axioma". Uma "posição" (*thèsis*) é um princípio relativo a um âmbito específico da realidade e, portanto, de uma ciência específica. Aristóteles distingue duas espécies de posição: a "hipótese" (*hypòthesis*), isto é, a assunção da existência ou não existência de alguma coisa, e a "definição" (*horismòs*). Um "axioma" (*axioma*) é, por sua vez, um princípio geral, comum a toda ciência. Assim definidos, os axiomas podem ser somente o princípio de Não Contradição e o princípio do Terceiro Excluído (cf. ibid. 32, 88a37-b1), que na *Metafísica* 4 são apresentados como leis "daquilo que é enquanto é", isto é, às quais todo ente obedece pelo simples fato de ser tal (cf. o nosso capítulo XIV).

Mais adiante, porém, Aristóteles retorna em outros termos à questão dos diversos tipos de princípios. Ele sustenta decididamente que toda ciência deve conduzir as próprias demonstrações com base em seus próprios princípios, isto é, de verdades essenciais que caracterizam um determinado "gênero" ou um âmbito da realidade e não são próprias de outras ciências (I, 7) ou demasiado gerais (ibid. 9). De fato ele distingue entre princípios "próprios" e "comuns" (ibid. 10, 76a37-b2), mas esses últimos não coincidem com os "axiomas" do capítulo I, 2: em primeiro lugar, são compartilhados apenas por algumas ciências, como a proposição de que a subtração de quantidades iguais a quantidades iguais resulta num resultado igual; em segundo lugar, de todo modo, eles são somente "comuns por analogia", isto é, são assumidos por cada ciência numa forma especificamente apropriada a ela. Com isso, Aristóteles se contrapõe implicitamente à ideia, de inspiração platônica, de ser possível uma ciência unificada da realidade como um todo. Todavia, ele concede que uma ciência seja subordinada a uma outra e possa, portanto, usar os seus princípios, caso o seu "gênero" seja mais específico do que o da outra, como ocorre, por exemplo, com a óptica em relação à geometria, ou com a harmonia em relação à aritmética (ibid. 7, 75b14-17).

Aristóteles dá indicações precisas também no concernente à forma das proposições envolvidas na demonstração: no capítulo I, 14, ele declara que a primeira figura silogística é "a mais cognoscitiva" e que "as ciências matemáticas – por exemplo, a aritmética, a geometria e a óptica – e, por assim dizer, quase todas as que indagam o porquê conduzem as suas demonstrações principalmente por meio dessa figura" (ibid., 79a18-21). A razão é que os conteúdos do conhecimento devem ser expressos por proposições universais afirmativas, que podem ser deduzidas somente como conclusões de silogismos no modo *Barbara*. Na realidade, é muito duvidoso que a silogística – mesmo considerando incluídos nela os silogismos hipotéticos – seja capaz de expressar toda a matemática euclidiana.

Em geral, portanto, podemos dizer que Aristóteles teoriza uma ciência estruturada como um sistema axiomático, em que toda proposição é um princípio ou um teorema demonstrado, direta ou indiretamente, a partir de princípios. Uma estrutura desse tipo caracteriza efetivamente os *Elementos* de Euclides, compostos duas gerações depois de Aristóteles, mas precedidos por tentativas iniciais de sistematização da matemática que Aristóteles deve ter conhecido e pode o ter influenciado. Pode-se acrescentar, em reconhecimento da profundidade da visão aristotélica, que essa é até hoje a estrutura de algumas formas de apresentação da matemática e de outras disciplinas.

A comparação com a matemática é útil também para esclarecer um ponto muito importante referente à finalidade da obra: o método demonstrativo ilustrado nos *Analíticos posteriores* deve governar não tanto a pesquisa científica, mas, sim, a apresentação final dos seus resultados. Como escreveu Jonathan Barnes, "a finalidade primária da demonstração é expor e tornar inteligível aquilo que já se descobriu, não de descobrir o que ainda é desconhecido". Explica-se, assim, por que razão as obras científicas de Aristóteles não procedem por demonstrações silogísticas.

Há um aspecto da definição aristotélica de conhecimento oferecida no capítulo I, 2 que agora cumpre retomarmos. Trata-se do ponto III, isto é, da ideia de que o conhecimento tem por objeto *razões* ou causas. Depois de ter ilustrado no capítulo II, 1 a distinção entre buscar o "quê" e o "porquê", em II, 2 Aristóteles afirma que "a razão é o médio" (90a6-7): isto é, a razão pela qual um certo predicado pertence a um certo sujeito consiste no termo médio que os liga numa demonstração. Bem entendido, nem toda demonstração contém um médio explicativo e, portanto, é uma demonstração do "porquê" e produz conhecimento. Consideremos um exemplo apresentado por Aristóteles em I, 13, 78a28-b4: a partir das premissas "os planetas são corpos celestes não brilhantes" e "os corpos celestes não brilhantes são próximos da Terra", podemos demonstrar *que* os planetas são próximos da Terra, mas não *por que* o são, visto que o termo médio "corpo celeste não brilhante" não expressa a razão pela qual os planetas são próximos. Se, no entanto, partirmos das premissas "os planetas são corpos celestes próximos da Terra" e "os corpos celestes próximos da Terra não brilham", demonstramos *que* os planetas não brilham (coisa que já se sabia) e, ao mesmo tempo, tornamos manifesto *por que* é assim. Um caso interessante é aquele – que já mencionamos – em que a conclusão de uma demonstração desse tipo é um teorema de uma determinada ciência, mas o predicado da conclusão e o termo médio em virtude do qual ele é atribuído ao sujeito pertencem ao âmbito de uma outra ciência mais geral: assim, por exemplo, para demonstrar um teorema de óptica, pode-se usar um princípio de geometria. Nesse caso, a ciência mais específica conhece o *quê*, ao passo que a mais geral conhece o *porquê* (ibid., 78b32-79a13; cf. I, 9, 76a9-13).

Uma demonstração científica, observa Aristóteles no capítulo II, 10, pode ser transformada numa *definição*. Das premissas "o trovão é (causado pelo) apagamento do fogo nas nuvens" e "o apagamento do fogo nas nuvens é (causa de) um barulho nas nuvens", concluímos *que* "o trovão é um barulho nas nuvens" (coisa que, como no caso anterior, já se sabia de início) e ao mesmo tempo tornamos manifesto o *porquê*, ou seja, o apagamento do fogo. Essa demonstração pode ser transformada numa definição do trovão: "O que é o trovão? Barulho do fogo que se apaga nas nuvens" (II, 10, 94a5). De forma análoga, pode-se construir uma demonstração equivalente a uma definição do eclipse da Lua: "O que é o eclipse? Privação de luz da Lua devido à interposição da Terra" (ibid. 2, 90a15-16). Esse tipo de demonstração "causal", que analisa cientificamente a essência de um determinado objeto real, deve se manter distinto do tipo de definição que a tradição filosófica moderna chamará de "nominal", isto é, que se limita a dizer "o que significa" uma certa expressão (ibid. 10, 93b29-35).

As demonstrações que acabamos de examinar são interessantes para nós também sob outro aspecto: as proposições nelas envolvidas não respeitam os cânones da silogística, pois não contêm quantificadores, não têm forma sujeito-cópula-predicado e, aliás, seria difícil incluir coerentemente todas elas numa tal forma. Esse fato, junto a outros semelhantes, sugere a possibilidade de que, antes do desenvolvimento completo da silogística contido nos *Analíticos primeiros*, tenha havido uma primeira redação ou um primeiro núcleo dos *Analíticos posteriores*, e apenas num segundo momento Aristóteles teria chegado a apresentar os *Analíticos posteriores* como um desenvolvimento dos *primeiros*.

Até aqui, falamos do conhecimento como um estado mental causado e manifestado pela demonstração de proposições com base em princípios primeiros. Isso, porém, levanta uma questão: como se conhecem os próprios princípios? Se eles também são demonstráveis na base de outros princípios mais fundamentais, o problema se reapresenta da mesma maneira, e corre-se o risco de se desencadear uma regressão ao infinito: por isso, Aristóteles os declara indemonstráveis. Se, por outro lado, os princípios, sendo indemonstráveis, são incognoscíveis, como podem constituir o fundamento do nosso conhecimento?

Aristóteles demonstra estar plenamente ciente desse tipo de desafio cético quanto à possibilidade do conhecimento desde o início da obra, nos capítulos I, 2-3. Ali ele se limita a indicar a sua solução, afirmando apenas que "diremos depois se há também uma outra modalidade do conhecer" (I, 2, 71b16-17), e então, de modo mais decidido, que "nem todo conhecimento é demonstrativo" (ibid. 3, 72b18-19). O problema só é realmente confrontado no último capítulo do tratado, II, 19, em que ele declara encerrada a sua investigação "sobre o silogismo e a demonstração e, ao mesmo tempo, sobre o conhecimento demonstrativo", e anuncia uma nova discussão, "a respeito dos princípios, como eles se tornam conhecidos e em qual estado se adquire a sua cognição" (II, 19, 99b15-19). Com isso, Aristóteles distingue duas questões:
1. por qual via se chega ao conhecimento dos princípios;
2. qual é o "estado" (*hèxis*) – isto é, o estado mental – em que nos encontramos quando chegamos a conhecê-los.

A maior parte do capítulo é dedicada à primeira questão. Aristóteles deixa bruscamente de lado a teoria platônica da reminiscência: é absurdo, diz ele, supor que o conhecimento dos princípios seja inato em nós sem que ninguém perceba. Por outro lado, não se pode tampouco supor que esse conhecimento seja inteiramente adquirido sem se basear em algo preexistente. A solução é que há efetivamente algo inato em nós, a partir do qual chegamos ao conhecimento dos princípios, mas que é apenas uma certa *capacidade* (*dynamis*), comum a todos os animais: a percepção (*aisthesis*). Aristóteles propõe um célebre resumo – mais descritivo do que genuinamente explicativo – de como alguns animais, partindo da capacidade de percepção, podem seguir adiante: alguns desenvolvem a memória (*mnème*) das coisas percebidas; entre estes, alguns se elevam a um estágio ulterior, o da experiência (*empeiria*), em que são capazes de reunir uma pluralidade de memórias de percepções individuais; entre estes, por fim, os seres humanos alcançam o conhecimento de verdades universais, em níveis crescentes de generalidade, até chegar aos princípios primeiros. Alguns aspectos desse processo (descrito também no início da *Metafísica*, I, 1, que convém ler em paralelo) estão condensados na seguinte passagem:

> Portanto, das percepções gera-se a memória, como dizemos, e da frequente repetição da memória da mesma coisa gera-se a experiência, visto que uma pluralidade numérica de memórias constitui uma única experiência. Da experiência, ou melhor, de todo o universal que se detém na alma, o uno para além dos muitos, aquilo que está presente como uno e o mesmo em todos aqueles, gera-se o princípio da arte e da ciência (*An. post.* II, 19, 100a3-8).

A natureza do processo descrito nessa passagem (e de modo mais geral no capítulo) apresenta certa ambiguidade; deveria tratar-se da apreensão de algumas *verdades* gerais, entre as quais estão incluídos os princípios, mas Aristóteles se expressa como se estivesse ao mesmo tempo descrevendo a formação de *conceitos* gerais. Essa ambiguidade pode ser desfeita, pelo menos em parte, se lembrarmos que entre os princípios próprios de uma ciência encontram-se – e têm, aliás, um papel primário – as definições dos conceitos fundamentais daquela ciência. Assim é compreensível que Aristóteles deixe de traçar uma distinção clara entre a formação de certos conceitos e a apreensão das suas definições. De todo modo, a resposta ao quesito (1) dos dois conceitos apresentados no início do capítulo emerge claramente – os princípios se tornam conhecidos para nós por *indução*:

é evidente que para nós é necessário adquirir cognição das coisas primeiras por indução [*epagogè*]; de fato, é assim que a percepção gera em nós o universal (II, 19, 100b3-5).

Uma vez resolvida a primeira questão, Aristóteles liquida a segunda em poucas palavras (100b5-17). Enquanto nos capítulos I, 2-3 ele parecia sugerir que acabaríamos por reconhecer dois gêneros de *epistème*, a demonstrativa e a dirigida aos princípios, agora, porém, ele assume, sem dúvida, que a *epistème* é intrinsecamente demonstrativa; portanto, o estado mental no qual temos cognição dos princípios deve necessariamente ser outro. Como, por outro lado, ele extrai da tradição filosófica precedente, em especial de Platão, a ideia de que o termo *nous* – que poderíamos traduzir por "intelecção" – denota um estado mental pelo menos equivalente ou superior ao denotado pelo termo *epistème*, ele conclui que "dos princípios há *nous*" (cf. *Eth. nic.* VI, 6, uma importante passagem paralela). Aristóteles não caracteriza de modo mais específico esse estado mental, cuja descrição parece se esgotar na descrição da maneira como o alcançamos: aparentemente, o *nous* não é senão o estado mental em que nos encontramos quando completamos um processo indutivo e chegamos à cognição de um princípio. Tal como a demonstração nos coloca num estado de *epistème*, a indução nos coloca num estado de *nous*.

À interpretação ora exposta, adotada pelos comentadores mais recentes, contrapõe-se outra, segundo a qual o *nous* seria antes uma *faculdade*, de tipo intuitivo, que se ativa à conclusão da indução e completa os seus resultados. Essa segunda interpretação apresenta algumas vantagens no plano filosófico, pois poupa a Aristóteles uma confiança demasiado ingênua na capacidade da indução de nos conduzir por si só até os princípios; todavia, ela não condiz bem com o texto do nosso capítulo e de *Eth. nic.* VI, 6. É verdade que Aristóteles, no *De anima* (III, 4-8; cf. o nosso capítulo X), fala do *nous* justamente como uma "parte da alma" e uma faculdade intelectiva; no entanto, a sua exposição é tão obscura e controversa que é difícil usá-la como pedra de toque para interpretar o nosso capítulo. Em todo caso, estamos diante de uma área do pensamento aristotélico não totalmente esclarecida.

Nota bibliográfica

O *De interpretatione* pode ser lido na edição crítica organizada por L. Minio-Paluello (*Aristotelis Categoriae et Liber De Interpretatione*, Oxford University Press, Oxford, 1949) ou na edição de H. Weidemann (*De interpretatione*, De Gruyter, Berlim-Nova York, 2014). Em italiano estão disponíveis as traduções anotadas de G. Colli (no contexto da sua tradução do *Organon* completo, Adelphi, Milão, ³2003) e de M. Zanatta (Rizzoli, Milão, 1992). O comentário de J. L. Ackrill (*Categories and De Interpretatione*, Oxford University Press, Oxford, 1963) permanece insuperável na sua acuidade e concisão. Para uma apresentação ágil e eficiente, ver C. W. A. Whitaker, *Aristotle's De interpretatione. Contradiction and Dialectic*, Oxford University Press, Oxford, 1996, cuja tese da finalidade dialética do tratado é contestada por W. Leszl, "Aristotle's Logical Works and His Conception of Logic", in *Topoi*, XXIII (2004), 71-100. Muitas passagens são discutidas de modo aprofundado in P. Crivelli, *Aristotle on Truth*, Cambridge University Press, Cambridge, 2004.

Os *Analíticos* são editados e comentados por W. D. Ross (*Aristotle's Prior and Posterior Analytics*, Oxford University Press, Oxford, 1949, com extenso comentário; *Aristotelis Analytica Priora et Posteriora*, Oxford University Press, Oxford, 1964, somente edição crítica). Entre os comentários e traduções mais recentes, assinalamos os de G. Striker a *Analíticos primeiros I* (*Prior Analytics Book I*, Oxford University Press, Oxford, 2009) e os de J. Barnes e M. Mignucci aos *Analíticos posteriores* (respectivamente, *Posterior Analytics*, Oxford University Press, Oxford, ²1993; *Analíticos segundos* [*Organon IV*], Laterza, Roma-Bari, 2007, precedido por uma estimulante introdução de J. Barnes, *Conoscenza dimostrativa*, VII-XXX).

Uma excelente introdução em italiano à lógica aristotélica é oferecida por Mignucci, "Logica", in Berti (org.), *Guida ad Aristotele*, citada na bibliografia do capítulo 1, 47-101. Mais especificamente sobre a silogística são muito úteis o clássico estudo de G. Patzig, *Die Aristotelische Syllogistik*, Vandenhoeck & Ruprecht, Göttingen, ²1963 (trad. ing. Ed J. Barnes, Reidel, Dordrecht, 1968), e dois bem mais recentes: P. Crivelli, "Aristotle's Logic", in Chr. Shields (org.), *The Oxford Handbook of Aristotle*, Oxford University

Press, Oxford, 2012, 113-149; M. Malink, *Aristotle's Modal Syllogistic*, Harvard University Press, Cambridge (MA)-Londres, 2014.

Sobre os *Analíticos posteriores* e a concepção aristotélica do conhecimento podem-se consultar, além dos comentários citados acima, os ensaios reunidos em E. Berti (org.), *Aristotle on Science. The "Posterior Analytics"*, Antenore, Pádua, 1981, alguns dos quais estão traduzidos em italiano – junto a outros de várias proveniências – em Cambiano e Repici (org.), *Aristotele e la conoscenza*, citado na bibliografia do capítulo IV.

Capítulo VI
A dialética

Neste capítulo, discorreremos tanto sobre a natureza e a função das argumentações dialéticas, tratadas a princípio nos oito livros dos *Tópicos*, quanto – mais brevemente – sobre a análise das argumentações sofistas conduzidas nas *Refutações sofísticas*. Iniciaremos, portanto, ainda pelos textos compreendidos no *Organon*, como no capítulo anterior; o nosso tema, porém, nos levará a abordar questões mais gerais.

Quando fala de "dialética", Aristóteles tem em mente uma prática muito específica, talvez derivada das discussões de tipo socrático, com a qual pressupõe que o leitor já tenha alguma familiaridade, mas na intenção de codificar suas regras e seus objetivos. Baseando-nos nas indicações fornecidas nos livros I e VIII dos *Tópicos* e mantendo-nos, por ora, num nível de descrição muito genérico, podemos dizer que uma argumentação dialética se desenrola entre dois interlocutores, um interrogante e um respondente. O interrogante propõe ao respondente uma questão ou um problema (*pròblema*), tipicamente em forma disjuntiva ("O prazer é um bem ou não?", "O cosmo é eterno ou não?"), e lhe pede para tomar uma posição a respeito, escolhendo uma das teses alternativas. Assim que o respondente realiza a sua escolha, o interrogante tenta refutar a tese escolhida. Para esse fim, apresenta um determinado número de proposições (*protàseis*), na intenção de usá-las, se o respondente as aceitar, como premissas de uma refutação. O respondente, por sua vez, tenta nos limites do possível não conceder ao interrogante proposições que possam servir para construir uma refutação. A discussão termina quando a tese é refutada ou o interrogante abandona o empreendimento.

Essa primeira descrição deixa em aberto uma série de aspectos importantes, que tentaremos então especificar, referentes às modalidades e às finalidades de uma tal discussão. Em primeiro lugar, Aristóteles fornece instruções precisas sobre a natureza das proposições que o interrogante tenta que lhe sejam concedidas como premissas: deve tratar-se de *èndoxa*, opiniões respeitadas ou que gozam de boa reputação, portanto, proposições que o respondente não possa se negar facilmente a aceitar. Isso aparece desde o primeiro capítulo do tratado, no qual se define o "silogismo dialético" (*dialektikòs syllogismòs*) – isto é, a argumentação que o interrogante tenta construir – como aquilo que "provém de *èndoxa*" (I, 1, 100a29-30) e os *èndoxa* são definidos como "as opiniões de todos ou da maioria, ou dos sábios e, entre estes, de todos, ou da maioria, ou dos mais conhecidos e respeitados" (ibid., 100b21-23). Lendo essa definição é lícito pensar, como fazem diversos intérpretes, que uma opinião tem o estatuto de *èndoxon* com base num critério puramente extrínseco, isto é, ligado não ao conteúdo da opinião, mas apenas ao seu grau de difusão entre um determinado público. É verossímil, porém, que as coisas não sejam realmente assim, por várias razões interligadas. Aristóteles, em outra passagem, afirma que os seres humanos têm uma propensão natural para a verdade e que não é verossímil que os muitos, ou os poucos e respeitados, estejam inteiramente errados (*Rhet.* I, 1, 1355a15-17; *Eth. nic.* I, 9, 1098b27-29; cf. *Metaph.* II, 1, 993a31-b4). Já isso basta para fazer com que a difusão de um *èndoxon* constitua de fato uma garantia de razoabilidade e plausibilidade intrínsecas. Indicações mais diretas nesse sentido, porém, parecem provir precisamente do primeiro capítulo dos *Tópicos*. Logo depois de definir o silogismo dialético e os *èndoxa* que constituem suas premissas, Aristóteles prossegue da seguinte maneira:

> É, no entanto, um silogismo erístico tanto aquele que provém de coisas que parecem *èndoxa*, mas não o são, quanto aquele aparente que provém de *èndoxa* ou de coisas que parecem *èndoxa* (visto que, no fundo, nem tudo o que parece *èndoxon* realmente o é). De fato, nenhum dos *èndoxa* mencionados tem uma aparência

totalmente superficial, como sói acontecer com os princípios dos argumentos erísticos: neles, de fato, a natureza do falso é pronta e geralmente evidente para os que são capazes de entender mesmo que pouco (*Top*. I, 1, 100b23-101a1).

Na primeira parte dessa passagem, Aristóteles define como silogismo "erístico" (isto é, de quem argumenta pelo puro gosto de *eris*, controvérsia) tanto (a) um argumento válido cujas premissas parecem *èndoxa* sem o ser realmente, quanto (b) um argumento que parece válido sem o ser realmente, qualquer que seja a natureza de suas premissas. Na segunda parte da passagem, Aristóteles parece querer dizer que nenhum dos *èndoxa* genuínos (aqueles "mencionados") parece verdadeiro de modo puramente superficial, ao contrário das premissas ("princípios") dos argumentos erísticos do tipo (a), que, por sua vez, podem ser facilmente desmascaradas e consideradas como falsas mesmo por quem tenha capacidades intelectuais limitadas. Parece, portanto, que os *èndoxa* genuínos são opiniões, verdadeiras ou falsas, caracterizadas por uma aparência de verdade não puramente superficial e, portanto, intrinsicamente plausíveis, além de difundidas entre os muitos ou os sábios – ou melhor, difundidas entre os muitos e os sábios precisamente por serem intrinsecamente plausíveis. Isso é confirmado pelo fato de que no livro VIII, 9 a premissa de tipo oposto à *èndoxos*, ou seja, *àdoxos*, é definida por Aristóteles como aquela que implica coisas absurdas (ou, alternativamente, condiz que seja sustentada por um homem ruim), portanto, segundo um critério claramente intrínseco.

O dialético deve ter à disposição um repertório dessas opiniões plausíveis e respeitadas, ao qual possa recorrer para enfrentar discussões sobre temas diversos. Aristóteles chega a sugerir (I, 14) que se preparem coletâneas escritas dessas opiniões, organizadas segundo critérios temáticos e de autor. Essas coletâneas de *doxai* não chegaram até nós, mas constituem provavelmente a origem remota de uma tradição doxográfica que, por várias passagens intermediárias (entre elas, em primeiro lugar, a de Teofrasto, o discípulo de Aristóteles, autor de dezesseis livros de *Opiniões sobre a natureza*), chega a autores da época imperial graças aos quais foram conservados muitos fragmentos dos filósofos pré-socráticos e helenistas.

Voltemos agora à nossa descrição inicial da discussão dialética. Outro ponto que deve ser mais bem especificado é o tipo de argumentação em questão. Aristóteles, como vimos, afirma que aquilo que o interrogante constrói para refutar o respondente é um "silogismo" dialético. Com isso, ele emprega o termo *syllogismòs* do mesmo modo genérico que encontramos no início dos *Analíticos primeiros*, I, 1, oferecendo-lhe também uma definição muito semelhante (*Top.* I, 1, 100a25-27; cf. o nosso capítulo V). O termo, porém, não consta de forma alguma em grande parte do tratado, e também estão ausentes os desenvolvimentos que nos *Analíticos primeiros* constituíam a teoria do silogismo no sentido mais específico e técnico do termo: figuras e modos, perfeição e imperfeição, uso das letras. Até os quantificadores "todo", "nenhum" e "algum" não são usados de modo constante. Isso sugere que o tratado foi principalmente composto quando Aristóteles ainda não dispunha da teoria canônica do silogismo; como se deve lembrar, pode-se também apresentar uma hipótese semelhante para os *Analíticos posteriores*.

O silogismo que o interrogante procura construir tem como objetivo refutar a tese adotada pelo respondente. Isso pode ocorrer de duas maneiras (VIII, 4-5): indiretamente, deduzindo da própria tese – junto a outras premissas – uma conclusão absurda, ou diretamente, deduzindo das outras premissas uma conclusão que contradiz a tese. Qual é, nisso tudo, o objetivo do respondente? Em primeiro lugar, evitar que a tese seja refutada, conseguindo não conceder premissas úteis para esse fim. Em segundo lugar, porém, o respondente pode se contentar com a refutação da tese, mas não por causa de um erro seu na argumentação (isto é, por ter concedido premissas que teria sido possível e mais conveniente não conceder), mas simplesmente por causa da fragilidade da própria tese. Em outras palavras, o respondente pode, de todo modo, dar-se por relativamente satisfeito se tiver defendido a tese da melhor maneira possível.

Para não se ver em dificuldades e para argumentar corretamente, tanto no papel de interrogante quanto no de respondente, o dialético precisa dispor de um certo instrumental lógico e conceitual, que o tratado, pelo menos em parte, tem a finalidade de lhe fornecer e do qual examinaremos agora alguns elementos significativos.

Nos capítulos I, 4-5 Aristóteles sustenta que toda proposição e todo problema envolvem um entre quatro conceitos fundamentais, identificados na tradição posterior como os quatro *predicáveis*: (I) definição, (II) próprio, (III) gênero, (IV) acidente.

I. A *definição* (*horos* ou *horismòs*) é a "locução que significa a essência" (*logos hot o ti en eînai semaîon*, 5, 101b38) do objeto a definir. Aqui Aristóteles entende "definição" não no sentido de um enunciado definitório completo, como "o homem é um animal bípede", mas no sentido apenas da descrição definitória ou *definiens*, como "animal bípede". Ele quer dizer que (para prosseguirmos no exemplo) a definição do homem é "animal bípede" porque a essência do homem, ou seja, aquilo em que exatamente consiste o ser humano, é ser um animal bípede. Disso deriva que, com maior razão, algo é um homem se e somente se for um animal bípede: a definição "se contrapredica" (*antikategoreîtai*) do objeto.

II. O *próprio* (*idion*) é "aquilo que não indica a essência, mas pertence somente ao objeto e se contrapredica dele" (5, 102a18-19). Por exemplo, "capaz de aprender a ler e escrever" não é a definição do homem, porque não exprime aquilo em que consiste ser um homem; no entanto, alguma coisa é um homem se e somente se for capaz de aprender a ler e escrever, ou seja, as expressões "homem" e "capaz de aprender a ler e escrever" têm a mesma extensão.

III. O *gênero* (*genos*) é "aquilo que se predica em *o que é* de várias coisas diferentes entre si por espécie" (5, 102a31-32). Por exemplo, a essência (que Aristóteles nos convida a ver como a resposta à pergunta "O que é?") do homem é ser um animal bípede, enquanto a essência do gato é de ser um animal de outro determinado tipo; o animal é um elemento comum a ambas as essências, um predicado essencial tanto do homem quanto do gato. Poderíamos reformular o ponto nestes termos: o gênero é predicado do objeto como um elemento da sua essência, porém não se "contrapredica" do objeto, mas tem uma extensão maior.

É oportuno especificar que uma definição é composta com um gênero e com uma *diferença* (*diaphorà*), ou seja, uma característica que identifica, no interior do gênero, o objeto a definir (I, 8, 103b15-16): assim, a definição "animal bípede" remete o homem ao gênero animal e, dentro do gênero, identifica-o como o animal que é bípede. A natureza da diferença e o fato de que Aristóteles não a trata aqui como um predicável autônomo, mas considera-a assimilável ao gênero, constituem um ponto problemático da teoria aristotélica, sobre o qual, porém, não nos deteremos.

IV. Por último vem o *acidente* (*symbebekòs*), para o qual Aristóteles fornece duas definições alternativas (5, 102a4-9). A primeira é "aquilo que não é nenhuma dessas coisas, nem definição nem próprio nem gênero, mas pertence ao objeto", portanto, um atributo qualquer que não satisfaz as três definições anteriores. A segunda é "aquilo que pode pertencer e não pertencer a uma mesma e idêntica coisa", portanto, um atributo contingente do objeto, como para Sócrates ser branco ou estar sentado. As duas definições não são de forma alguma equivalentes entre si, embora Aristóteles não o observe explicitamente; em todo caso, ele considera preferível a segunda, pois, ao contrário da primeira, ela é conceitualmente autossuficiente e independente das outras.

No capítulo I, 9 Aristóteles propõe uma classificação diferente e ainda mais famosa, que entrecruza a dos predicáveis:

> Depois disso é preciso determinar os gêneros das predicações [*ta gene ton kategoriôn*], nos quais se situam as quatro de que tra-

tamos. Esses gêneros são em número de dez: *o que é, quantidade, qualidade, relação, onde, quando, ser posicionado, ter, agir, sofrer*.

O acidente, o gênero, o próprio e a definição estarão sempre contidos numa dessas predicações, porquanto todas as proposições constituídas em virtude deles significam *o que é* ou *qualidade* ou *quantidade* ou uma das outras predicações (I, 9, 103b20-27).

Parece claro que Aristóteles nessas linhas imagina examinar um objeto X e formular ao seu respeito um determinado número de perguntas com o objetivo de descrevê-lo. Pois bem, as perguntas que podemos apresentar a respeito de X e as respostas que podemos dar por meio de uma proposição da forma "X é Y" recaem sob um ou outro dos dez tipos fundamentais: estes podem exprimir o que é X (isto é, qual é a sua essência), quais características quantitativas ou qualitativas ou relacionais ou locais tem X, em que estado se encontra, o que faz ou sofre etc. Essa classificação de dez tipos de predicação é distinta da classificação dos quatro predicáveis e coincide apenas parcialmente com ela; se atribuímos a X um gênero ou a sua definição, exprimiremos "o que é" X, mas se, no entanto, lhe atribuirmos um acidente ou um próprio, a predicação poderá fazer parte de qualquer um dos outros tipos. Aristóteles usa o termo *kategorìa* (literalmente "acusação", da linguagem jurídica) para indicar tanto uma predicação qualquer quanto os dez possíveis tipos de predicação.

Para chegar a dar exemplos concretos, Aristóteles prossegue propondo um olhar diferente sobre a distinção:

> Está claro pelas próprias coisas que aquele que significa *o que é* significa, às vezes, uma substância, às vezes, uma qualidade, às vezes, no entanto, um dos outros predicados. De fato, estando dado um homem, quando ele diz que o que está dado é homem ou animal, ele diz *o que é* e significa uma substância; quando, no entanto, estando dada uma cor branca, ele diz que aquilo que está dado é branco, ou é uma cor, ele diz *o que é* e significa uma qualidade. Do mesmo modo, dado um comprimento de um cúbito, quando ele diz que o que está dado é um cúbito ou é um comprimento, dirá *o que é* e significará uma quantidade (I, 9, 103b27-35).

Aqui Aristóteles parece assumir que, numa predicação da forma "*X* é *Y*", o termo "*Y*" significa uma certa entidade e que aos dez tipos de predicação de que falávamos acima correspondem dez tipos de entidades. Se posso dizer de Sócrates que é um homem, que é corajoso, que tem 170 centímetros de altura, que é filho de Sofronisco e que se encontra no mercado, isso implica (pensa Aristóteles) que além de Sócrates existem entidades como o homem, a coragem, a altura de 170 centímetros, o ser filho de Sofronisco e encontrar-se no mercado. Assim como as predicações que posso efetuar a respeito de Sócrates são de tipos diferentes entre si, da mesma forma as entidades correspondentes são diferentes entre si; e se a respeito de cada uma dessas entidades pergunto "O que é?", as respostas constituirão uma classificação de tipos de entidades (estes também chamados *kategoriai*, de onde deriva "categorias"; nesse contexto apresentamos o termo com "predicados", levando em conta a perspectiva de Aristóteles, na qual não só as expressões linguísticas como também as coisas podem ser predicadas). As duas classificações são especulares: antes, a ideia era tomar um certo objeto e formular a respeito dele diversos tipos de perguntas; agora a ideia é tomar diversos tipos de entidades e formular a respeito de todas elas a mesma pergunta: "O que é?". O primeiro tipo de entidade, sob o qual recaem todos os objetos como Sócrates, é a substância (*ousìa*); sobre ela e sobre as outras categorias falaremos mais extensamente no nosso capítulo VII.

A sequência do livro I dos *Tópicos* apresenta uma série de esclarecimentos teóricos e de conselhos práticos sobre a preparação do dialético. Entre outras coisas, Aristóteles insiste muito (I, 15; cf. II, 3, VIII, 7) na atenção que o dialético precisa dedicar aos casos em que alguma coisa "se diz de outros modos" (*pollachôs lègetai*), ou seja, um termo que tem diversos significados. Um poderoso instrumento de análise nesse sentido consiste na distinção entre as categorias. Isso nos permite, por exemplo, ver que uma proposição da forma "*X* é bom" pode ter significados diferentes de acordo com a coisa – conforme o tipo de entidade – *X* é: algo pode ser considerado "bom" porque é uma certa qualidade (por exemplo, a saúde ou uma virtude), ou porque é capaz de produzir tal qualidade (por exemplo, a medicina), ou ainda é uma certa determinação quantitativa (a medida apropriada) ou um determinado tempo (o apropriado). Distinguir essas diversas interpretações pode ser crucial para avaliar a pertinência de uma objeção ou a validade de um argumento, como também veremos mais adiante, a propósito das *Refutações sofísticas*.

Cabe ainda determo-nos brevemente no último exemplo, para observar que a mesma concepção de ser bom será enunciada também na *Ética a Nicômaco*, I, 6, com duas interessantes diferenças. Em primeiro lugar, ali ela será contraposta por Aristóteles à assunção platônica de que o Bom é uma única forma universal. Em segundo lugar, na *Ética* ela será associada a outra famosa distinção, não formulada explicitamente nos *Tópicos*, mas ilustrada na *Metafísica* e em outros lugares: a de que também "aquilo que é", *to on*, "se diz de muitos modos". Voltaremos a esses desenvolvimentos mais adiante, e também no nosso próximo capítulo.

Aristóteles conclui o I livro dos *Tópicos* (I, 18, 108b32-33) afirmando já ter tratado dos "instrumentos por meio dos quais são constituídos os silogismos" e anunciando como tema seguinte os *topoi*, "lugares", "em relação aos quais são úteis as coisas que dissemos". O que são esses "lugares", dos quais o tratado deriva o seu título? Por ora, podemos defini-los como prescrições para a argumentação: em última análise, esquemas de argumentos ou regras de inferências. Essas prescrições ocupam os livros II-VII e são organizadas segundo a distinção entre os predicáveis, isto é, segundo a teoria de que na tese assumida pelo respondente o predicado seja proposto como um acidente do sujeito (livros II-III), ou um gênero seu (IV), ou um próprio (V), ou a sua definição (VI-VII). Em cada uma dessas seções da obra Aristóteles identifica, para cada tipo de predicável em discussão, uma pluralidade de estratégias argumentativas que o interrogante e o respondente devem levar em conta, para usá-las ou evitá-las, cada qual do seu ponto de vista.

Tomemos um exemplo concreto, extraído do livro II, sobre o acidente:

Nos casos em que é necessário que de dois predicados só um pertença a um sujeito, como, por exemplo, ao homem a saúde ou a doença, se para um dos dois temos à disposição argumentos para sustentar que pertence ou não pertence, teremos também relativamente ao outro. Isso vale nas duas direções: demonstrando que um dos dois predicados pertence ao sujeito, teremos demonstrado também que não lhe pertence o outro; se, inversamente, demonstrarmos que um dos dois não lhe pertence, teremos demonstrado que o outro lhe pertence. Está claro, portanto, que esse *topos* é útil nas duas direções (II, 6, 112a24-31).

Aristóteles considera aqui toda uma classe de possíveis proposições: aquelas em que se atribui a um sujeito X um predicado F dotado de um oposto incompatível G, de tal modo que F ou G, mas não ambos, pertença a X. No exemplo proposto X = homem, F = saúde e G = doença (todo homem, de fato, é sadio ou doente), mas se podem pensar outros exemplos, como X = número, F = par, G = ímpar. Suponhamos, portanto, que o respondente assuma uma tese inicial da forma "F pertence a X" (por exemplo, "par pertence ao produto de dois números ímpares", ou seja "o produto de dois números ímpares é par"); para refutar essa tese, o interrogante, em vez de demonstrar diretamente a sua negação, poderá tentar demonstrar que a X pertence G, para depois concluir – em razão do nosso *topos* – que a X não pertence F. Se, no entanto, a tese fosse que F não pertence a X, para refutá-la o respondente poderia demonstrar que a X não pertence G, e disso concluir que a X pertence F. O *topos*, portanto, como observa Aristóteles, "é útil nas duas direções", isto é, para refutar tanto uma tese afirmativa quanto uma negativa.

Esse exemplo nos permite observar outra característica da discussão dos *topoi*: nela Aristóteles adota uma concepção de alguns predicáveis mais ampla do que a estabelecida pelas suas definições iniciais. Na passagem que acabamos de ler (como de modo geral no II livro; cf. VI, 1, 139a24-139b7, VII, 5, 155a28-36), por "acidente" entende-se qualquer predicado da coisa, não especificamente um predicado contingente ou um que não seja nem gênero, nem próprio, nem definição, como, pelo contrário, exigia a definição. Analogamente, no livro V alguns *topoi* serão compatíveis com uma interpretação que considere como próprio qualquer predicado coextensivo ao sujeito, incluída uma definição, embora em I, 5 o próprio seja concebido como um predicado que é coextensivo ao sujeito sem ser a definição. Essas incoerências sugerem a existência de fases cronologicamente distintas na composição da obra.

Vejamos outro exemplo, do livro IV, sobre gênero:

> Ademais, se a espécie tem um contrário, é preciso investigar; e a investigação assume diversas formas. Em primeiro lugar, se também o contrário [da espécie] pertence ao mesmo gênero, no caso em que o gênero não tenha um contrário: pois é preciso que os contrários pertençam ao mesmo gênero, se por acaso o gênero não tiver nenhum contrário. No caso, porém, em que o gênero tenha um contrário, é preciso investigar se o contrário da espécie está no contrário do gênero; já que é necessário que o contrário da espécie esteja no contrário do gênero, no caso em que o gênero tenha algum contrário. Cada uma dessas coisas é evidente por indução (IV, 3, 123b1-8).

Aristóteles quer dizer que, quando a tese do respondente atribui uma espécie S, dotada de um contrário T, a um certo gênero G, uma estratégia para discutir essa tese consiste em verificar se G tem, por sua vez, um contrário ou não. Se G não tem um contrário, então é necessário que S e T sejam ambos espécies de G (assim por exemplo, S = branco, T = negro, G = cor); do contrário, S não será espécie de G, isto é, a tese do respondente será refutada. Se, no entanto, o gênero G tiver, por sua vez, um contrário H, então é necessário que a espécie contrária T esteja compreendida no gênero contrário H (por exemplo, S = justiça, T = injustiça, G = virtude, H = vício); de outro modo, também nesse caso, S não será espécie de G e a tese será refutada.

Por que Aristóteles fala de "lugares"? Antes de tudo, ele parece conceber um *topos*, enquanto estrutura genérica e abstrata, como uma espécie de recipiente no qual se reúne uma multiplicidade de argumentos concretos. É o que sugere uma passagem da *Retórica*, II,

26, 1403a19, que veremos em nosso capítulo XIII, e é confirmado por Cícero, que definirá os *loci* como "sedes das quais são extraídos argumentos", que ali estavam "encerrados" (*Tópicos*, 7-8). Em acréscimo a isso, porém, há provavelmente outro aspecto da questão. O dialético deverá memorizar um determinado número de *topoi* para ser capaz de utilizar o correto no momento certo; e, de fato, Aristóteles parece ter familiaridade com técnicas mnemônicas baseadas em associar os diversos conteúdos a serem lembrados, agrupados por afinidade, a imagens mentais dos *lugares* no sentido concreto do termo, por exemplo, as salas de uma casa. Isso surge tanto numa passagem dos próprios *Tópicos*, VIII, 14, 163b29-30, quanto em outros lugares (*De memoria* 45a12-16; cf. ainda Cícero, *De oratore* II, 353-358).

Agora é o momento de enfrentar uma questão difícil e controversa, procurando entender a função que Aristóteles atribui à prática que descrevemos até aqui. Com efeito, os *Tópicos* mencionam diversas funções, sem esclarecer muito as suas relações recíprocas.

No livro VIII, capítulos 5 e 11, Aristóteles faz referência a "competição" (*agòn*), "ensino" (*didaskalìa*), "exercício" (*gymnasìa*), "exame" (*peìra*) e "investigação" (*skèpsis*) como possíveis objetivos da discussão dialética. O primeiro termo é o único em que os dois interlocutores não colaboram numa "obra comum" (*koinòn èrgon*): quando a discussão é competitiva, de fato, cada qual procura vencer a qualquer custo, o interrogante fazendo perguntas capciosas e o respondente lançando mão também de táticas de tipo obstrucionista a fim de evitar conceder premissas (VIII, 11, 161a33-b10). Aristóteles não está interessado nesse tipo de discussão, e numa passagem chega a contrapô-lo à discussão dialética, como se no fundo não constituísse uma espécie sua (161a23-24); isso, aliás, é natural, se lembrarmos de que no exórdio da obra ele estabelecera uma distinção entre os silogismos dialéticos e os erísticos. Por outro lado, mesmo o contexto de "ensino" – em que o respondente deve responder sempre sinceramente, com base naquilo em que realmente acredita, e conceder apenas premissas "mais conhecidas" da conclusão, isto é, de tal forma que, ao se passar delas para a conclusão, tenha-se um progresso no conhecimento (3, 159a3-14; 5, 159a28-30) – recebe pouca atenção e não parece constituir o caso paradigmático de dialética. Permanecem "exercício", "exame" e "investigação". Uma discussão dialética pode constituir uma pura e simples ginástica argumentativa (em vista, presumivelmente, de uma das outras finalidades); pode ser conduzida pelo interrogante com a finalidade de examinar e colocar à prova as opiniões do respondente; ou, enfim, pode ser conduzida em plena colaboração pelos dois interlocutores, se estiverem interessados em investigar juntos a plausibilidade de uma tese. As fronteiras entre esses três objetivos parecem mescladas, e é verossímil que uma mesma discussão possa buscar simultaneamente mais de um objetivo: Aristóteles certamente leva em consideração o exemplo de Sócrates, que em alguns diálogos platônicos submete a exame as opiniões do seu interlocutor, mas ao mesmo tempo apresenta esse exame como uma investigação comum (por exemplo, *Láquesis*, 190c-e).

Na verdade, Aristóteles enfrenta a questão das finalidades da dialética já no início da obra, no capítulo I, 2. Aqui ele afirma – de modo não totalmente coerente com o que dirá a seguir no livro VIII – que o tratado é útil para *três* finalidades. A primeira é o exercício, do qual já falamos. A segunda são os "encontros": uma expressão vaga, que se refere talvez genericamente a discussões com qualquer interlocutor que não seja um dialético no sentido técnico ilustrado nos *Tópicos*. A utilidade do tratado desse ponto de vista, comenta Aristóteles, consiste em nos tornarmos capazes de discutir com "os muitos" e procurar persuadi-los usando como premissas as próprias opiniões deles. Por fim, o tratado é útil "para as ciências de caráter filosófico" (*pros tas katà philosophìan epistèmas*), isto é – à luz do uso amplo do termo "filosofia" em Aristóteles –, para as ciências em geral. Esse último ponto requer uma reflexão atenta.

Aristóteles começa a explicar o que entende afirmando que, "se formos capazes de desenvolver uma aporia em ambas as direções, perceberemos mais facilmente o verdadeiro e o falso em cada uma das questões" (101a35-36; cf. mais extensamente VIII, 14, 163a29-b16).

Em outras palavras, o tratado nos ensina a argumentar tanto contra uma tese afirmativa *p* quanto contra uma tese negativa não-*p*, portanto, tanto a favor de não-*p* quanto a favor de *p*; isso nos ajuda a entender qual das duas teses é verdadeira e qual é falsa.

Aristóteles ilustra também um segundo aspecto da utilidade científico-filosófica da dialética:

> Além disso [o tratado é útil] para as coisas primeiras relativas a cada ciência. De fato, com base nos princípios apropriados à ciência em questão, é impossível dizer alguma coisa sobre eles, dado que os princípios são primeiros entre tudo; é necessário tratar deles por meio dos *èndoxa* relativos a cada âmbito. Isso é próprio da dialética ou lhe é apropriado em especial medida, já que esta, em virtude de sua natureza examinadora, tem uma via de acesso aos princípios de todas as disciplinas (I, 2, 101a36-b4).

A passagem recupera a concepção, exposta nos *Analíticos posteriores* (cf. o nosso capítulo V), segundo a qual cada ciência demonstra os seus teoremas deduzindo-os a partir de um determinado número de "princípios", *archaí*, de sua exclusiva pertinência. Como se lê no texto, esses princípios são "primeiros", ou "coisas primeiras", no sentido de que é impossível "dizer" (isto é, demonstrar) alguma coisa sobre algum deles com base nos outros princípios (ou em outras proposições) dentro da mesma ciência. Assim sendo, afirma Aristóteles, somente a dialética é capaz de "tratar" dos princípios de cada ciência. Isso não pode significar que cabe à dialética *descobrir* os princípios de cada ciência: segundo os *Analíticos posteriores*, II, 19, aos princípios chega-se por indução. Em vez disso, como os princípios não podem ser propriamente demonstrados, a ideia é que apenas a dialética é capaz de fornecer alguma *justificação* alternativa. E como Aristóteles se expressa como se a natureza "examinadora" da dialética fosse relevante para tal justificação, pode-se supor que ele pensa num contexto em que os princípios são justificados por meio do exame e da refutação – conduzidos naturalmente a partir de *èndoxa* – da tese de quem os nega.

Os estudiosos compararam essas indicações metodológicas com o modo como Aristóteles procede concretamente nas outras obras. Os resultados dessas comparações, porém, são controversos: alguns concluíram que em Aristóteles a investigação sobre os princípios tem, com efeito, uma natureza fundamentalmente dialética, enquanto outros manifestaram grandes dúvidas a esse respeito. É, antes de tudo, importante levar em conta uma distinção: o fato de que Aristóteles começa com relativa frequência uma discussão com uma revisão crítica de opiniões de filósofos anteriores (assim, por exemplo, em *Física* I, *Metafísica* I e *De anima* I) e que em geral essas opiniões podem ser consideradas *èndoxa* não é suficiente para falar de "dialética" no sentido muito específico que é definido nos *Tópicos* e que aqui nos interessa (embora seja difundido o uso, às vezes adotado também nesse livro, de se referir a esses contextos como "dialéticos" numa acepção mais ampla e genérica). Pois bem, se de um lado parece que a práxis aristotélica nem sempre ou normalmente segue as indicações dos *Tópicos*, de outro lado, em todo caso, pode-se indicar um certo número de pontos de contato, embora nem todos tenham o mesmo significado. Vejamos alguns.

1. No livro III (Beta) da *Metafísica*, Aristóteles começa afirmando a utilidade de "desenvolver aporias" (*diaporêsai*, III, 1, 995a28, o mesmo verbo usado nos *Tópicos* I, 2, 101a35) para a aquisição da sabedoria, e depois ilustra concretamente uma série de aporias que receberão solução nos livros seguintes. Algumas das premissas usadas nessas aporias podem ser consideradas *èndoxa*.

2. Em *Física* I, 2, 184b25-185a20 Aristóteles introduz a tese eleática de que "o que *é* é uno e imutável". Essa tese contradiz um princípio que é "claro com base na indução" e que a ciência da natureza toma como ponto de partida: "as coisas que existem por natureza, todas ou algumas, são sujeitas à mudança". Aliás, a tese eleática colide com o próprio conceito de princípio, pois, se a realidade é una, não tem sentido falar em princípios. Discutir essa tese, portanto, "não

é indagar sobre a natureza" em sentido estrito, assim como não seria tarefa da geometria (bem como de qualquer outra disciplina) defender os seus princípios contra quem os nega; mas, visto que as aporias levantadas pelos eleatas se referem, de todo modo, à natureza, "talvez seja bom discutir brevemente; de fato, essa investigação tem um interesse filosófico". Esse preâmbulo concorda com o modo com que se ilustra em *Tópicos* I, 2 o segundo aspecto de utilidade filosófica da dialética; entre outras coisas, pode ser significativo que ao nosso "discuti-lo" corresponda no grego a forma do verbo *dialègesthai* (do qual deriva o termo *dialektikè*, "dialética"). Mesmo a subsequente refutação de Parmênides e Melisso, que ocupa o restante dos capítulos I, 2-3, se baseará nos instrumentos conceituais dos *Tópicos*, como a distinção entre as categorias e a distinção entre predicação essencial e acidental.

3. Na *Ética a Nicômaco*, VII, 1, 1145b2-7 (cf. *Eth. eud.* VII, 2, 1235b13-18), Aristóteles abre a sua discussão da *akrasìa* ou incontinência com um famoso preâmbulo metodológico no qual descreve o procedimento a ser seguido neste caso "como nos outros" casos (expressão cujo alcance não é claro), que será efetivamente adotado, pelo menos em parte, na discussão subsequente. O primeiro passo do procedimento consistirá em expor "as coisas que aparecem" (*ta phainòmena*, os "fenômenos"): aqui se trata não de dados empíricos, ao contrário do que ocorre em outros lugares (*An. pr.* I, 30, 46a17-22), e sim das opiniões que foram sustentadas a respeito da questão. Portanto, será preciso "desenvolver aporias" (ainda uma forma do mesmo verbo, cf. 1, aqui acima) e, nessa base, "demonstrar preferivelmente todos os *èndoxa* relativos a essas afecções, ou, de outro modo, a maioria e os principais deles; já que, ao se resolverem as dificuldades e se preservarem os *èndoxa*, teria se alcançado uma demonstração adequada". Ou seja, Aristóteles pretende formular uma

proposta que resolva as aporias e ao mesmo tempo se ajuste ao maior número possível de *èndoxa*; ademais, ele parece pensar que esses mesmos *èndoxa* receberão uma espécie de demonstração ou confirmação da sua conformidade com a solução proposta, ao passo que aqueles incompatíveis deverão ser abandonados. Essa ideia de que os *èndoxa* não servem (apenas) como premissas das aporias, mas que eles mesmos estão em discussão e que é tarefa nossa confirmar alguns e rejeitar outros, é uma novidade relevante em relação aos *Tópicos*.

4. Antes do livro VII, o livro I da *Ética a Nicômaco* se desenvolve num variado e cerrado confronto de opiniões respeitáveis, em relação às quais Aristóteles expressa tanto concordância quanto discordância. No capítulo I, 4 ele aponta que "os muitos e os sofisticados" concordam sobre a ideia de que o bem é a felicidade, mas não sobre o que seria a felicidade, e assim ele se propõe a indagar as opiniões principais a esse respeito. Algumas delas (que identificam a felicidade com o prazer, a honra ou a riqueza) são liquidadas bruscamente no capítulo I, 5; em I, 6, submete-se a uma articulada refutação a tese platônica da existência de uma única forma universal do Bem. Mais adiante, I, 8, Aristóteles ressalta, porém, que a sua concepção da felicidade como "atividade da alma conforme a virtude" concorda, pelo menos em parte, com outras concepções correntes. Por fim, em I, 10-11 encontramos duas autênticas aporias, relativas à tese de Sólon de que um homem pode ser julgado feliz somente no fim da vida e à tese de que um homem pode ser feliz ou infeliz também depois da morte. Em ambos os casos, Aristóteles aduz argumentos prós e contras, inclusive um recurso às opiniões comuns (1101a22-24), para depois propor uma solução coerente com a sua concepção.

5. No livro IV, *Gama*, da *Metafísica* (sobre o qual cf. o nosso capítulo XIV) Aristóteles trata daquela ciência universal que

indaga "aquilo que é enquanto é": a filosofia primeira. Um dos princípios dessa ciência, que é necessário pressupor para ter conhecimento de qualquer coisa, é o Princípio da Não Contradição. Desse princípio, observa Aristóteles (IV, 4), não é possível dar uma verdadeira demonstração na forma de uma dedução direta, pois tal demonstração deveria pressupor o próprio princípio. É, porém, possível "demonstrá-lo de forma refutativa" (*elenktikôs apodeixai*), mostrando que negá-lo equivaleria a se reduzir à absurda posição de negar a própria possibilidade de um discurso significante sobre a realidade. A situação é parcialmente semelhante à que parece teorizada em *Tópicos* I, 2 e é ilustrada em *Física* I, 2: um princípio (aqui, porém, não pertencente a uma ciência específica), não podendo ser demonstrado diretamente, é justificado por intermédio da refutação dos seus negadores.

Os textos que vimos agora apresentam semelhanças e diferenças em relação aos *Tópicos*. Eles devem ser lidos, se quisermos tentar uma avaliação geral, também à luz de duas passagens da *Metafísica*, extremamente próximas aos textos mencionados acima. Dessas passagens temos que a dialética, por mais útil que possa ser à filosofia, mantém-se mesmo assim distinta. No capítulo III, 1, 995b20-25, os dialéticos são caracterizados como aqueles que conduzem a sua investigação sobre algumas das mesmas noções pertinentes à filosofia, mas "com base somente nos *èndoxa*"; em IV, 2, 1004b17-26 afirma-se que os dialéticos são superficialmente semelhantes aos filósofos, mas diferenciam-se deles pelos resultados que são capazes de alcançar, enquanto "a dialética é examinadora a respeito das mesmas questões sobre as quais a filosofia é cognoscitiva". Aristóteles, portanto, faz novamente referência à vocação "examinadora" da dialética, como em *Tópicos* I, 2, mas dessa vez apresentando-a como algo que a impede de se identificar com a filosofia. Talvez ele queira dizer que a dialética não produz conhecimento, ao contrário da filosofia, justamente porque a sua atividade examinadora se explicita "com base somente nos *èndoxa*": se examinarmos e refutarmos o nosso interlocutor lançando mão de opiniões respeitadas como premissas, o valor das nossas conclusões dependerá do valor dessas opiniões, que, porém, não terão sido por sua vez submetidas a exame. Como lemos nos próprios *Tópicos*, I, 14, 105b30-31, a filosofia procede "segundo a verdade", a dialética "em relação à opinião". A filosofia deve, portanto, fazer algo a mais. Podemos supor que ela precise, por exemplo, estender a investigação aos próprios *èndoxa*, pronta a rejeitar os incompatíveis com a solução do problema em questão, como na *Ética a Nicômaco*; ou refutar o adversário com base em premissas dotadas de uma força superior à dos *èndoxa* normais, como em *Metafísica* IV, onde a negação do Princípio de Não Contradição se mostra incompatível (nas intenções de Aristóteles) com algo que deveria ser aceito por qualquer interlocutor racional.

Como há se de lembrar, no início dos *Tópicos* Aristóteles distingue o silogismo erístico do silogismo dialético. O silogismo erístico, por sua vez, se subdivide em dois tipos, um dos quais é o meramente "aparente", isto é, aquele que parece ser um silogismo, mas, sendo falacioso, não o é realmente. Esse tipo de argumento é o objeto das *Refutações sofísticas*, sexto e último tratado na ordem tradicional das obras lógicas, provavelmente concebido como uma obra autônoma, mas depois revisto por Aristóteles de forma a constituir o livro conclusivo dos *Tópicos*.

Mais precisamente, o objeto desse tratado deriva – como indica o título – das refutações aparentes, das quais se servem eristas e sofistas para tentar desonestamente vencer as disputas e ganhar uma falsa reputação de sábios. A finalidade, assim como Aristóteles anuncia desde o capítulo I, é identificar os diversos tipos de refutação aparente e ensinar a se defender deles, desmascarando os truques dos sofistas. Com isso, ele dá prosseguimento de forma bem mais explícita e sistemática ao trabalho realizado por Platão no *Eutidemo*.

Vimos acima que, para Aristóteles, a refutação (*èlenchos*) de uma tese p pode ser direta, se se deduz de certas premissas, aceitas pelo sustentador de p, a contraditória não-p da tese, ou indireta, se se deduz da própria *p* uma consequência que contradiz outras premissas aceitas pelo sustentador de *p*. Aristóteles refere-se sinteticamente a esses dois casos quando define a refutação como o "silogismo da contraditória" (6, 168b36-37; 9, 170b1-2 etc.). Se, portanto, o silogismo não é válido, ou a contradição que dele se obtém não é genuína, temos uma refutação não autêntica, mas apenas aparente (10, 171a1-11): um "paralogismo", um raciocínio falacioso.

No capítulo 4, Aristóteles propõe uma célebre distinção entre as refutações aparentes que dependem da "expressão linguística" (*lexis*) e as que são independentes dela. Cada um desses dois gêneros compreende diversas espécies que Aristóteles distingue e ensina a desmascarar no próprio capítulo 4 e nos capítulos seguintes. Nós nos deteremos brevemente apenas nos casos que contêm interesse filosófico específico.

O primeiro gênero inclui a maioria das refutações aparentes. Simplificando a classificação proposta por Aristóteles e ignorando as distinções traçadas por ele, podemos dizer que aqui encontramos, antes de mais nada, as refutações baseadas em diversos tipos de ambiguidades lexicais ou sintáticas (4, 165b30-166b9; cf. caps. 19-21). Aristóteles observa profundamente que a ambiguidade é um fenômeno inevitável: nomes e locuções são de número finito, enquanto os objetos, dos quais os nomes são signos, são infinitos, de modo que há necessariamente nomes e locuções que significam mais coisas (1, 165a6-13). Com efeito, um benefício filosófico do estudo das refutações aparentes consiste justamente em nos tornarmos atentos a "quantos são os modos em que cada coisa se diz", isto é, aos diversos significados de um mesmo termo (16, 175a 5-9). A esse propósito o tratado alude à tese de que os termos "ente" e "uno", *on* e *hen*, "se dizem de muitos modos" (33, 182b13-27). Como antecipamos anteriormente, noutras obras essa tese constitui uma doutrina aristotélica fundamental; voltaremos ao seu significado em nosso próximo capítulo.

Também recaem nesse primeiro gênero as refutações aparentes baseadas na "forma da expressão linguística" (*schema tes lexeos*), ou seja, em semelhanças superficiais entre termos que, na verdade, denotam entidades de tipos diferentes (4, 166b10-19; cf. cap. 22). Aqui Aristóteles confere uma aplicação prática à distinção entre as categorias. Por exemplo, o fato de que "dizer", "correr" e "ver" são, todos eles, verbos de diátese ativa pode levar a crer que o ver seja uma ação como o dizer e o correr, enquanto na verdade ele é uma passividade, como todas as percepções. Em outro exemplo, imagina-se que um sofista pergunta se "aquilo que alguém tinha [antes] e depois não tem [mais], ele o perdeu"; se essa premissa é aceita, o sofista apresenta o caso de alguém que tinha dez dados num determinado momento e nove num momento seguinte: ele, portanto, perdeu aquilo que tinha, isto é, dez dados! A solução da falácia, sustenta Aristóteles, está em distinguir *aquilo que* alguém tem (uma substância) de *quantas coisas* alguém tem (uma quantidade). Com efeito, um erro típico consiste precisamente em tratar como substância algo que não é substância; numa passagem difícil (22, 178b36-179a10), Aristóteles interpreta sob essa luz o famoso argumento do Terceiro Homem contra as formas platônicas.

Vejamos agora o segundo gênero de refutações aparentes, aquelas independentes da expressão linguística. Esse gênero contém diversas espécies que deixaremos de lado, entre elas a baseada numa petição de princípio, isto é, em pressupor aquilo que se deveria provar (5, 167a36-39; cf. cap. 27), e a "dependente do consequente", baseada em pensar erroneamente que, se A segue B, então B segue A (ibid., 167b1-20; cf. cap. 28). Mas comentaremos um pouco duas outras espécies.

A primeira é a refutação aparente "dependente do acidente" (ibid., 166b28-36; cf. cap. 24). Vamos abordá-la concentrando-nos num exemplo famoso, o argumento do Velado, cuja paternidade Diógenes Laércio (II, 108) atribui ao filósofo megárico Eubulides de Mileto. Devemos imaginar uma situação em que o sofista traz perante a sua vítima um desconhecido velado e argumenta da seguinte maneira: você conhece Corisco, mas não conhece esse homem velado; mas o velado é na verdade Corisco; portanto, você conhece e não conhece a mesma pessoa! Segundo uma interpretação plausível, a solução de Aristóteles consiste na ideia de que Corisco e o velado são idênticos num certo sentido, isto é, no âmbito numérico ou acidental, mas não no sentido mais estrito possível, ou seja, também por essência, e no conceito de que apenas coisas idênticas por essência partilham todas as mesmas propriedades. Em outras palavras, Corisco e o homem velado são duas entidades coincidentes, mas essencialmente distintas: por isso posso conhecer um sem conhecer o outro. Este parece ser o sentido das palavras de Aristóteles:

> não é necessário que o que é verdadeiro do acidente seja verdadeiro também do objeto, visto que somente às coisas que são indistinguíveis e unas por essência parecem pertencer todas as mesmas coisas. Mas não é o mesmo [...] para quem se aproxima, ou está velado, o ser daquele que se aproxima e daquele de Corisco. Portanto, não é o caso de que, se conheço Corisco, mas não conheço aquele que se aproxima, eu conheça e não conheça a mesma pessoa (*Soph. el.* 24, 179a37-b4).

Aristóteles pressupõe essa concepção da identidade também em outros lugares e a utiliza para analisar diversos problemas filosóficos: cf., por exemplo, *Física* I, 7 (sobre o qual ver o nosso próximo capítulo), III, 1, III, 3; *De anima* III, 2.

Por fim, na última espécie de refutação aparente que comentaremos, verifica-se uma refutação entre casos em que um predicado pertence a um sujeito "absolutamente" e casos em que lhe pertence "sob um certo aspecto" (5, 166b37-137a20; cf. cap. 25). Por exemplo, um etíope é negro "absolutamente", mas é branco limitadamente aos dentes; não podemos legitimamente concluir que um etíope seja simultaneamente branco e negro. Aristóteles considera como um caso da mesma falácia a confusão entre "ser alguma coisa" (*eînai ti*) e "ser absolutamente" (*eînai haplôs*), ou seja, existir: incide em tal confusão quem argumenta que o que não é (*to me on*, o que não existe) *é*, porque *é* objeto de opinião, ou que alguma coisa não é (não existe) porque não *é* um homem. A distinção entre "ser alguma coisa" e "ser absolutamente" retorna em outros lugares no *corpus* (*An. post.* II, 1-2): por meio dela Aristóteles tenta conceber a relação entre existência e predicação – instituindo entre as duas uma substancial continuidade, ao contrário do que ocorre em geral na lógica contemporânea – e desmontar paradoxos que remontam aos eleatas. Também nesse caso a análise das falácias prossegue *pari passu* com a elaboração dos instrumentos conceituais da filosofia aristotélica.

O capítulo 34 conclui os *Tópicos* e as *Refutações sofísticas* fazendo um balanço das duas obras, aqui apresentadas como uma só. Aristóteles reivindica orgulhosamente ter sido o primeiro a tratar essas questões de modo rigoroso e sistemático; afirma que, antes dele, sobre a dialética "não existia absolutamente nada", a não ser um ensino ministrado por mestres a soldo no campo da erística, baseado em memorizar argumentações inteiras, tidas de relevância geral. Esse método de ensino não transmitia uma *tèchne*, como Aristóteles, pelo contrário, considera ter feito após muitas pesquisas exaustivas. A esse ponto, conclui o filósofo com uma certa teatralidade, fica ao público a tarefa de "ter indulgência pelo que foi negligenciado na investigação metódica e muita gratidão pelas suas descobertas".

Nota bibliográfica

Tópicos e *Refutações sofísticas* são editados por W. D. Ross, *Aristotelis Topica et Sophistici Elenchi*, Oxford University Press, Oxford, 1958. A principal edição e tradução dos *Tópicos*, com rico aparato de notas, é, porém, a organizada por J. Brunschwig: *Topiques*, 2 vols., Les Belles Lettres, Paris, 1967, 2007. Em italiano pode-se consultar G. Colli, citado na bibliografia do cap. V. Útil, apesar de parcial, a tradução de R. Smith: *Topics. Books I and VIII*. Oxford University Press, Oxford, 1997. Sobre as *Refutações sofísticas*, a obra de referência é *Confutazioni sofistiche* (*Organon VI*), introdução, tradução e comentário de P. Fait, Laterza, Roma-Bari, 2007.

Monografias sobre os *Tópicos*: O. Primavesi, *Die Aristotelische Topik*, Beck, Munique, 1996; P. Slomkowski, *Aristotle's Topics*, Brill, Leiden-Nova York-Colônia, 1997. Sobre a natureza dos *èndoxa*, ver P. Fait, "Endoxa e consenso. Per la distinzione dei due concetti in Aristotele", in *Annali dell'Istituto*

Italiano per gli Studi Storici, XV (1998), 15-48; sobre a relação com a doxografia, J. Mansfeld, "Physikai Doxai e Problemata Physica da Aristotele ad Aezio (ed oltre)", in Battegazzore (org.), *Dimostrazione, argomentazione* cit., 311-382.

Sobre as funções da dialética e a sua relação com a filosofia, ver as diversas contribuições de G. E. L. Owen, "Tithenai ta phainomena", in id., *Logic, Science and Dialectics. Collected Papers in Greek Philosophy*, Ithaca, Nova York, 1986, 239-251; E. Berti, *Le ragioni di Aristotele* cit.; id., "L'uso 'scientifico' della dialettica in Aristotele", em *Giornale di Metafisica*, n.s., XVII (1995), 169-190; T. H. Irwin, *Aristotle's First Principles*, Oxford University Press, Oxford, 1988; J. Barnes, "Philosophy and Dialectic", in id., *Method and Metaphysics. Essays in Ancient Philosophy I*, Oxford University Press, Oxford, 2011, 164-173; J. Brunschwig, "Dialectique et philosophie chez Aristote, à nouveau", em N. L. Cordero (org.), *Ontologie et dialectique. Mélanges en hommage à Pierre Aubenque*, Vrin, Paris, 2000, 107-130; D. Frede, "The Endoxon Mystique. What Endoxa are and What They are not", in *Oxford Studies in Ancient Philosophy*, XLIII (2012), 185-215.

Capítulo VII
As categorias e a substância

Aquilo que desde os tempos antigos, e agora e sempre, é objeto de investigação e sempre objeto de dificuldade, isto é, o que é aquilo que é, equivale a isso, o que é a substância.

Aristóteles, *Metafísica* VII, 1, 1028b2-4.

Neste capítulo, falaremos principalmente de dois textos que ocupam posições um tanto diferentes no interior do *corpus* aristotélico. As *Categorias* nos foram transmitidas como o primeiro tratado do *Organon*, isto é (como vimos em nosso capítulo V), o conjunto dos escritos de lógica, considerado como um instrumento conceitual fundamental para toda a filosofia. O livro VII (*Zeta*) da *Metafísica*, no entanto, é um dos tratados em que se articula a obra cujos conteúdos são posteriores aos conteúdos da *Física* na ordem ideal do aprendizado (como talvez o seu próprio nome indique) e ocupam o topo das ciências teóricas.

A tradição que classificou as *Categorias* como uma obra lógica atribuiu-lhe mais precisamente a função de tratar de *termos*, ao contrário de outros textos do *Organon*, cujo objeto, por sua vez, seriam enunciados e argumentos. Veremos a seguir o fundamento de tal interpretação; agora, porém, cabe esclarecer desde o início que nós, como muitos outros leitores modernos, consideramos mais correto ler as *Categorias* como uma obra que, a partir de poucas noções elementares, constrói o esboço de uma ontologia alternativa à platônica. Por isso é sensato estabelecer uma comparação com a *Metafísica*.

A existência de diversas interpretações do objetivo das *categorias* depende em parte de certas peculiaridades enigmáticas desse texto. Alguns manuscritos e fontes antigas trazem outros títulos em lugar de "*Categorias*" (isto é, "*Predicações*"); não há qualquer exposição inicial de Aristóteles sobre as suas intenções, ao contrário do que ocorre usualmente nos outros tratados; sobre os capítulos 10-15, que constituem a segunda parte inteira da obra, há desde a Antiguidade a suspeita de que foram acrescentados aos anteriores somente num segundo momento. Aqui deixaremos de lado as difíceis questões que essa situação comporta para nos concentrarmos na ontologia apresentada na primeira parte.

Um pouco depois do início da obra, no capítulo 2, Aristóteles apresenta uma divisão de todos os entes (*ta onta*) em quatro grandes classes. Antes de examiná-la em detalhe, convém tentar captar o importante sentido filosófico geral, que, seguindo uma famosa análise proposta por Michael Frede, podemos reconstruir dizendo que Aristóteles combina duas grandes distinções. A primeira – que ele herda de Platão – é a distinção entre entidades gerais ou *universais*, de um lado, e entidades particulares ou *indivíduos*, de outro. A segunda – que, por sua vez, é substancialmente uma novidade aristotélica – é a distinção entre *objetos* e *propriedades* dos objetos; ela acompanha a ideia de que as propriedades, para a sua existência, dependem de alguma maneira dos objetos a que pertencem. Cruzando essas duas distinções, obtém-se uma divisão quadripartida de todos os entes em objetos particulares, objetos universais, propriedades particulares e propriedades universais. Como veremos, nos capítulos seguintes Aristóteles ilustrará as características daqueles que aqui chamamos de "objetos", identificando-os com o termo "substâncias", e distinguirá diversos tipos daquelas que aqui chamamos genericamente de "propriedades".

Podemos agora entrar nos complexos detalhes da quadripartição aristotélica. Esta se baseia em dois conceitos fundamentais aos quais Aristóteles faz referência com as expressões "dizer-se-de um sujeito" (*kath'hypokeimènou lègesthai*) e "ser-em um sujeito" (*em hypokeimenoi eînai*). São duas fórmulas que, fora das *Categorias*, Aristóteles utiliza poucas vezes nessas mesmas acepções; para ressaltar o seu caráter técnico e distingui-las de usos não técnicos das mesmas expressões, iremos escrevê-las unindo-as com hífen. Os entes que se-dizem-de um sujeito são *atributos essenciais* de alguma coisa, isto é, atributos que podem ser mencionados em resposta à pergunta "O que é X?", com a qual procuramos uma definição de X ou, pelo menos, uma indicação do gênero ou do tipo de coisa que X é. Aristóteles fornece alguns exemplos: o homem se-diz-de um homem particular como de um sujeito ("– O que é Sócrates? – Um homem."); o animal do homem ("– O que é o homem? – Um animal."); a ciência da gramática ("– O que é a gramática? Uma ciência.").

Vejamos agora os entes que são-em um sujeito. Pelos exemplos, de fato, fica claro que se trata de *atributos não essenciais*, ou *acidentais*, de alguma coisa: aquelas que acima chamamos de "propriedades". Aristóteles fornece uma verdadeira definição delas: "Digo 'em um sujeito' aquilo que, encontrando-se em alguma coisa não como parte, é impossível que seja separadamente daquilo em que é" (2, 1a24-25). Isso, de modo verossímil, significa que um ente X é-em um sujeito se, e somente se, existe um ente Y tal que (I) X é em Y num sentido diferente daquele em que uma parte é em um inteiro, (II) X não pode existir independentemente de Y, isto é, X não existe se Y não existe. Em outras palavras, e mais concretamente, para cada propriedade, ou atributo, não essencial X, há, pelo menos, um objeto Y ao qual ela pertence e em que ela num certo sentido se encontra, não porém como parte sua e do qual ela depende para a sua existência. Assim, por exemplo, a coragem é uma propriedade da alma em geral e, nesse sentido, é na alma, sem, porém, ser uma *parte* da alma; e a coragem não existiria se não existisse a alma em geral (ou seja, se não existissem almas).

Combinando de todos os modos possíveis as teorias de dizer-se-de um sujeito e ser-em um sujeito, Aristóteles distingue quatro tipos de entes:

1. *Entes que se-dizem-de um sujeito, mas não são-em um sujeito.*
São aqueles que chamamos de "objetos universais": por exemplo, o homem e o cavalo, que são atributos essenciais

de alguma coisa (isto é, de todo homem ou cavalo particular), mas não são atributos não essenciais de qualquer coisa (porque tudo o que é um homem ou um cavalo o é essencialmente).

2. *Entes que não se-dizem-de um sujeito, mas são-em um sujeito.* São as propriedades particulares, isto é (parece-se entender, mas a questão é controversa), ocorrências particulares de propriedades, indicadas pelo objeto que as possui: por exemplo, a brancura particular dessa parede, que pode ser cromaticamente idêntica à brancura particular de uma outra parede, mas é, em todo caso, distinta dela simplesmente por pertencer a esta e não àquela. Propriedades desse tipo são frequentemente discutidas na filosofia contemporânea sob o nome de *tropos*.

3. *Entes que se-dizem-de um sujeito e são-em um sujeito*: propriedades universais como a ciência, que é um atributo essencial da gramática e um atributo não essencial da alma.

4. *Entes que nem são-em um sujeito nem se-dizem-de um sujeito*: objetos particulares como um homem ou um cavalo particular, que não são atributos (essenciais ou não essenciais) de qualquer coisa.

A quadripartição aristotélica forneceu uma gramática conceitual fundamental para a ontologia dos séculos seguintes e até os nossos dias. Aristóteles, porém, não se detém aqui. O capítulo 2 continha também uma outra distinção, dessa vez entre dois tipos de expressões linguísticas: "coisas ditas com conexão", ou seja, enunciados declarativos simples (por exemplo, "Um homem corre"), e "coisas ditas sem conexão", ou seja, os termos a partir dos quais esses enunciados são compostos. Essa distinção é desenvolvida no capítulo 4, onde Aristóteles afirma que cada um desses termos denota algo que pertence a uma ou outra de dez grandes classes:

> Cada uma das coisas ditas sem nenhuma conexão significa uma substância ou uma quantidade ou uma qualidade ou um re-

lativo ou um onde ou um quando ou um ser posicionado ou um ter ou um agir ou um sofrer. Para dar uma ideia, substância é, por exemplo, "homem", "cavalo"; quantidade "de dois cúbitos", "de três cúbitos"; qualidade, "branco", "gramático"; relativo, "duplo", "metade", "maior"; onde, por exemplo, "no Liceu", "na praça"; quando, "ontem", "amanhã"; ser posicionado, "está em pé", "está sentado"; ter, "está calçado", "está armado"; agir, "cortar", "queimar"; sofrer, "ser cortado", "ser queimado" (*Cat.* 4, 1b25-2a4).

Já encontramos essa classificação nos *Tópicos*, I, 9 (cf. o nosso capítulo VI). Ali ela era apresentada como uma classificação dos predicados mais gerais que podem ser atribuídos a alguma coisa em resposta à pergunta "O que é?". Aqui, de modo equivalente, ela é introduzida como uma classificação geral de todos os entes, enquanto podem ser significados por expressões linguísticas: as dez classes são, na verdade, os gêneros mais amplos que se podem conceber, aqueles que a tradição aristotélica chamará de "gêneros sumos". Como, ademais, Aristóteles diz que um gênero "se predica" daquilo que cai abaixo dele e usa o termo *kategoria*, "predicação" ou "predicado", também para os gêneros sumos (8, 10b19-23), com o tempo, o termo acabou por designar especificamente esses gêneros, justamente as "categorias". Portanto, quem na Antiguidade atribuiu ao nosso tratado o título de *Kategoriai* pretendia de forma verossímil apresentá-lo como uma discussão dos "predicados" mais gerais ou gêneros sumos. Por outro lado, a antiga interpretação mencionada anteriormente, segundo a qual os objetos das *Categorias* seriam os termos a partir dos quais são compostos os enunciados, baseia-se no papel que os termos desempenham na introdução desses gêneros.

As categorias que Aristóteles mostra considerar mais interessantes – substância, quantidade, relativo, qualidade – são tratadas na obra nos capítulos 5-8; as outras são rapidamente liquidadas no capítulo 9, parte do qual é de autenticidade duvidosa. Nós nos concentraremos no capítulo 5, dedicado à substância.

Como primeira coisa, é necessário refletir sobre o nome. "Substância" é a tradução corrente, mas não literal, do grego *ousìa*, um termo derivado do verbo *eînai*, "ser". Esse verbo tem diversos usos, entre eles o copulativo e o existencial, em que corresponde ao nosso "existir". Esses diversos usos do verbo se refletem nos diversos usos do termo *ousìa*: este pode corresponder ao "ser" copulativo e significar o que alguma coisa *é*, ou pode corresponder ao "ser" existencial e significar alguma coisa que *é*, ou seja, que existe. Nesse segundo uso, uma tradução literal de *ousìa* poderia ser "entidade" ou "realidade". Ora, antes de Aristóteles, Platão empregara esse termo no seu uso existencial para se referir coletivamente às formas como *ousìa*, a verdadeira e autêntica "realidade", se contrapõe ao mundo dos particulares sensíveis (*Fédon* 76d; *Fedro* 247c). Assim, no momento em que Aristóteles nas *Categorias* propõe o que de fato é uma classificação geral de todos os entes e chama de *ousìa* um dos gêneros ou tipos de entes, fica imediatamente claro aos seus leitores que esse gênero deve ocupar um papel privilegiado na classificação, isto é, deve tratar-se do tipo fundamental de ente.

Cientes disso, os leitores se deparam com o início do capítulo 5, onde Aristóteles explica em que coisa identifica a *ousìa*:

> A *ousìa* – a assim chamada mais propriamente, primariamente e em máximo grau – é aquela que nem se-diz-de algum sujeito nem é-em algum sujeito: por exemplo, o homem particular ou o cavalo particular. Por outro lado, chamam-se *ousìai* segundas tanto as espécies em que se encontram as *ousìai* assim chamadas primariamente quanto os gêneros dessa espécie. Por exemplo, o homem particular se encontra numa espécie que é o homem, e o gênero dessa espécie é o animal. Portanto, essas são chamadas *ousìai* segundas: por exemplo, o homem e o animal (*Cat.* 5, 2a11-19).

Portanto, o termo *ousìa* tem, na verdade, dois usos, um primário e um secundário. Ele se aplica a princípio aos objetos particulares como este homem ou aquele cavalo, que não são de maneira alguma atributos de alguma coisa; aqueles que no capítulo 2 constituíam a classe 4 da quadripartição. Esses constituem o tipo primário ou fundamental de *ousìa*, portanto, o tipo fundamental de ente fundamental. O termo *ousìa*, porém, se aplica de modo secundário ou de forma derivada aos objetos gerais como o homem ou o animal, que no capítulo 2 ocupavam a classe 1. A contraposição a Platão é radical e certamente deliberada. A realidade última, está dizendo Aristóteles, é constituída por aqueles objetos particulares aos quais Platão havia atribuído uma realidade imperfeita e de segunda ordem. Por outro lado, algumas entidades universais a que Platão atribuíra o primado, identificando nelas a *ousìa*, podem ainda manter esse título, mas apenas de modo derivado, enquanto atributos essenciais de objetos particulares.

Nesse início está implícito algo que Aristóteles torna claro na continuação do capítulo; se, por um lado, as *ousìai* ou substâncias primeiras não são atributos de alguma coisa, por outro lado, porém, elas contêm atributos, ou melhor, todas as outras entidades são atributos das substâncias primeiras.

> Todas as outras coisas ou se-dizem-das substâncias primeiras como de sujeitos ou são-em elas como em sujeitos. Isso é evidente se se examinar a questão com base em cada exemplo. Por exemplo, o animal se predica do homem, portanto, também do homem particular (pois, se não se predicasse de algum dos homens particulares, tampouco predicaria do homem em geral); ou, mais uma vez, a cor é-no corpo, portanto, também num corpo particular (pois, se não fosse-em algum dos singulares, tampouco seria-no corpo em geral). De modo que todas as outras coisas ou se-dizem-das substâncias primeiras como de sujeitos ou são-em elas como em sujeitos (*Cat.* 5, 2a34-b5).

Essa passagem apresenta aspectos problemáticos, pois não fica claro que ela seja estritamente compatível com a definição de "ser-em um sujeito" apresentada no capítulo 2. De todo modo, é evidente que para Aristóteles as substâncias primeiras são *em última análise* – direta ou indiretamente – os sujeitos de todo atributo e de toda predicação. Disso ele extrai a conclusão de que a existência de todas as outras entidades pressupõe a das substâncias primeiras: "Se, portanto, não existissem as substâncias primeiras, seria impossível que existisse alguma das outras coisas" (*Cat.* 5, 2b5-6). Também aqui Aristóteles está se contrapondo radicalmente a Platão, para quem a existência das formas não depende da existência de particulares sensíveis que as exemplifiquem. Isso surge com especial clareza no *Timeu*, onde as formas são apresentadas como o modelo eterno à semelhança do qual um deus bom decide criar o mundo ordenando um caos primordial. Portanto, na narrativa do *Timeu* as formas existem antes de ser exemplificadas pelas coisas sensíveis, e a sua exemplificação é contingente. Isso é contradito pela conclusão a que chega Aristóteles na passagem das *Categorias* que acabamos de ler, segundo a qual, se não existissem as substâncias primeiras, seria impossível que existissem as outras entidades. Sem dúvida, porém, Aristóteles concederia a Platão que a relação de dependência inversa também deve valer: se não existissem as outras entidades, seria impossível que existissem as substâncias primeiras, porque elas não poderiam existir sem pertencer a uma espécie e a um gênero, sem conter propriedades etc.

Na sequência do capítulo, Aristóteles apresenta diversas características das substâncias primeiras e segundas, e no final ele chega a identificar aquilo que afirma ser o "próprio" (*idion*) da substância, ou seja, uma característica distintiva que pertence a todas as substâncias, e somente a elas:

> Parece acima de tudo ser próprio da substância que algo que é uno e idêntico em número seja capaz de acolher os contrários [...] por exemplo, o homem particular, sendo uno e idêntico, vem a ser ora branco e ora negro, quente e frio, ruim e bom (*Cat.* 5, 4a10-11, 18-21).

Assim, a característica em questão é aquela, presente na substância, de se manter igual a si mesma entre a mudança de uma propriedade para a propriedade contrária. A bem da verdade, a afirmação de Aristóteles desperta certa perplexidade, pois não parece valer *somente* para as substâncias (por exemplo, um mesmo som pode passar de maior para menor intensidade), e tampouco para *todas* as substâncias, mas apenas para as substâncias primeiras, às quais o próprio

Aristóteles parece circunscrever o discurso. De todo modo, é muito significativo que Aristóteles afirme uma tal conexão entre a substância ou *ousìa* – o tipo fundamental de ente – e a mudança, principalmente se lembrarmos a que ponto a filosofia grega havia sido influenciada por Parmênides, que sustentara que "aquilo que *é*" ou o "ente" (*to on*) não pode estar sujeito à mudança, pois a mudança implica o paradoxal conceito do não ser como ponto de partida ou de chegada.

As doutrinas contidas nas *Categorias* – que apresentam sinais de ser uma obra de juventude – sofrem em outras obras, que indícios apontam serem posteriores, diversos desenvolvimentos, alguns dos quais muito relevantes. Um primeiro desenvolvimento consiste no fato de que Aristóteles, em outros lugares, frequentemente associa a distinção entre as categorias à tese segundo a qual "o que é se diz de muitos modos" (*to on lègetai pollachôs*). O ponto dessa célebre tese parece ser o seguinte: coisas que pertencem a categorias diferentes – uma substância, uma qualidade, uma quantidade, um relativo etc. – "são" ou existem de modos fundamentalmente diferentes; a expressão "o que *é*" ou "ente" não denota um supragênero comum acima das categorias, do qual elas constituiriam as espécies. Aristóteles parece até mesmo pensar que, quando dizemos de alguma coisa que "*X é*", ou seja, "*X* existe", o verbo "*é*" assume *sentidos* diferentes segundo a categoria a que *X* pertence, isto é, conforme *X* seja uma substância, uma qualidade, uma quantidade, um relativo etc. Suponhamos, por exemplo, que Sócrates seja uma substância, que ele seja corajoso, que tenha 1,70 metro de altura e seja filho de Sofronisco. Para Aristóteles, isso implica que existem Sócrates, a sua coragem, a sua altura e a sua condição de filho; essas, porém, são coisas de tipos tão diferentes que não há um mesmo sentido genérico em que possamos afirmar que cada uma exista ou seja um ente. Por outro lado, isso não quer dizer que esses diferentes sentidos sejam desprovidos de alguma conexão entre si e que a expressão "ente" seja puramente ambígua. Entre a existência de uma substância, a de uma qualidade, a de uma quantidade etc., há, mesmo assim, certa conexão: as substâncias existem num sentido primário ou fundamental, e todas as outras entidades existem num sentido secundário ou derivado, na medida em que têm alguma relação com uma substância. Em outras palavras, a substância constitui o "significado focal" de "ente", segundo uma conhecida fórmula introduzida por G. E. L. Owen. Mais precisamente, a existência de certa qualidade, de uma quantidade, uma relação, de um determinado local, de uma mudança *consiste* na existência de uma substância que tem determinada qualidade, quantidade ou relação, ou ocupa aquele local, ou sofre aquela mudança.

A posição de Aristóteles é enunciada na seguinte passagem da *Metafísica*, IV, 2, 1003a33-b10:

> O que é se diz de muitos modos, mas com referência a algo de único e a uma única natureza e não por homonímia. Em vez disso, tal como tudo o que dizemos "sadio" dizemos com referência à saúde (alguma coisa enquanto a conserva, alguma outra coisa enquanto a produz, outra coisa enquanto é sinal de saúde, alguma outra coisa enquanto é capaz de recebê-la) [...], assim também o que é se diz, sim, de muitos modos, mas sempre com referência a um único princípio. De fato, algumas coisas são ditas "entes" porque são substâncias, outras porque são afecções da substância, outras porque são vias que levam à substância, ou corrupções, ou privações, ou qualidades, ou produtoras ou geradoras da substância ou daquilo que se diz em relação à substância, ou porque são negações de alguma dessas coisas ou da substância. Por isso também sobre o que não é dizemos que "*é*" o que não é.

Aristóteles se expressa de forma semelhante no livro VII (*Zeta*), capítulo 1, chegando à conclusão – formulada na citação que abre esse nosso capítulo – de que a investigação sobre o que é se reduz definitivamente a uma investigação sobre a substância.

O segundo desenvolvimento que as doutrinas contidas nas *Categorias* têm em outras obras é ainda mais significativo do que o primeiro e assinala maior descontinuidade. Nas *Categorias*, as substâncias primeiras não são submetidas a uma análise sistemática em constituintes mais fundamentais. Aristóteles ali afirma, sim, que as partes das substâncias – como a cabeça ou a mão – são elas próprias substâncias (*Cat.* 5, 3a29-32; 7, 8a13-b24; talvez para justificar que uma propriedade, às vezes, pertence não a uma substância inteira, mas somente a uma parte sua, como no caso de um gato que é no geral de cor negra, mas tem uma pata branca). Aristóteles alude também ao fato de que a alma e o corpo de um homem são substâncias como o homem inteiro (capítulo 2) – talvez justamente enquanto partes do homem. Contudo, essas observações se mantêm episódicas e não se situam numa investigação sistemática. Em outros lugares, porém, Aristóteles desenvolve uma teoria segundo a qual cada uma das substâncias primeiras das *Categorias* é constituída por um componente *material* e um *formal*. A gênese dessa teoria está documentada para nós na *Física*. Trataremos mais amplamente dessa obra em nosso capítulo IX (e já fizemos algumas alusões a ela em nosso capítulo III), mas aqui cumpre estabelecer alguns pontos funcionais para as nossas presentes finalidades.

O livro I da *Física* constitui uma investigação sobre os princípios e as causas da mudança. No capítulo 7, Aristóteles argumenta que em toda mudança é possível identificar um sujeito ou substrato (*hypokeìmenon*) que persiste e para o qual a mudança consiste na aquisição de certa característica ou estrutura (*morphè* ou *eidos*, "forma") que antes lhe faltava. Aristóteles mostra, antes de tudo, que as coisas são assim no caso mais evidente, isto é, no tipo de mudança em que o sujeito persistente é uma substância que perde certa característica não substancial e adquire outra em seu lugar (por exemplo, um homem inculto passa a ser culto, do frio passa-se ao calor, etc.). Esse era o tipo de mudança que ele já comentava nas *Categorias* 5. Mas há outro tipo de mudança sobre o qual as *Categorias* não tinham nada a dizer: a *geração* de uma substância. Na *Física*, Aristóteles mostra que isso também pode ser tratado da mesma maneira, isto é, como um caso em que um sujeito persistente adquire uma certa "forma": uma estátua vem a ser a partir de um bloco de mármore preexistente (o sujeito), do qual é extraída certa figura (a forma); uma casa com determinado número de tijolos (o sujeito) que recebem uma certa organização (a forma); e algo semelhante vale também para as substâncias vivas: "há sempre algo que subjaz, do qual vem a ser aquilo que vem a ser, como, por exemplo, as plantas e os animais a partir da semente" (I, 7, 190b3-5). Contudo, no caso desse segundo tipo de mudança, é evidente que a forma não será uma característica ou uma estrutura qualquer, mas aquela em virtude da qual a nova substância que se gera é aquilo que é. Aristóteles faz referência a ela como "aquela da qual se dá a definição" (191a13; cf. II, 3, 194b27, "a definição da essência") e assume como alguma coisa óbvia que ela e o sujeito são princípios não só da geração de uma substância como também do seu ser:

> Se, portanto, as coisas que são por natureza têm causas e princípios, dos quais como constituintes primários elas são e vieram a ser, não acidentalmente, mas cada uma o que é dita ser segundo a substância, então é manifesto que toda coisa vem a ser a partir seja do sujeito, seja da forma (*Física* I, 7, 190b17-0).

Mais adiante, no mesmo capítulo, Aristóteles dá uma especificação importante sobre a natureza do sujeito persistente:

> Quanto à natureza subjacente, ela é cognoscível por analogia. De fato, assim como o bronze está para a estátua, ou a madeira está para a cama, e a matéria e o que é informe antes de adotar forma está para qualquer outra coisa que tem forma, da mesma maneira a natureza subjacente está para uma substância (191a7-11).

Essa passagem é importante por duas razões. Em primeiro lugar, Aristóteles esclarece que o sujeito não é tanto uma entidade determinada quanto uma *função* presente em toda mudança e revestida a cada vez por entidades diferentes. Em segundo lugar, a passagem (pelo menos conforme o texto dos manuscritos, que despertaram dúvidas para alguns editores, mas que aqui seguimos) contém uma ocorrência do termo *hyle*, "matéria". Trata-se de uma palavra que, na origem, significa "madeira" e que Aristóteles transforma num termo técnico para indicar a matéria da qual – em composição com a forma ou a essência – é constituído um objeto particular concreto.

Portanto, em *Física* I, 7 descobrimos que as substâncias primeiras das *Categorias* podem ser concebidas como compostos de matéria e forma. Na verdade, porém, a introdução dessa ideia leva Aristóteles a uma mudança de perspectiva mais radical. A princípio, trata-se apenas de uma dúvida que é lançada no final do capítulo: "Se substância é a forma ou o sujeito, ainda não está claro" (191a19-20). Essa dúvida pode parecer surpreendente: não se dissera que a substância é o composto cujos elementos constituintes são matéria e forma? Aristóteles parece considerar natural, uma vez identificados esses dois elementos, supor que um deles – ou ambos – seja ontologicamente mais fundamental do que o seu composto. A *Física*, porém, não trata a questão, evidentemente porque não é da alçada da ciência da natureza. Para saber mais a esse respeito, temos de passar à *Metafísica*.

Segundo uma perspectiva hoje difundida entre os estudiosos, o que chamamos de *Metafísica* parece ser, na verdade, constituído por uma série de tratados originalmente independentes entre si, reunidos por editores antigos numa única obra. Em particular, é verossímil que os atuais livros VII, VIII, IX constituíssem na origem uma obra em si, à qual Aristóteles faz referência com o título *Sobre a substância e sobre aquilo que é* (*Metaph*. X, 2, 1053b17-18; cf. IX, 1, 1045b31-32, IX, 8, 1049b27-28). Com efeito, os livros VII-VIII são dedicados a uma ampla discussão da substância, tão profunda quão complexa e, por vezes, obscura.

Já vimos anteriormente que o livro VII inicia reafirmando, no capítulo I, a prioridade da substância sobre as outras categorias e anunciando uma investigação sobre o que seria a substância. O capítulo 3 identifica quatro candidatos a assumir o papel de substância:

> seja a essência [*to ti en eînai*], seja o universal [*to kathòlou*], seja o gênero [*to genos*] parecem ser substância de cada coisa e, o quarto entre eles, o sujeito [*to hypokeìmenon*] (*Metaph*. VII, 3, 1028b34-36).

Antes ainda de tomarmos em consideração os quatro candidatos, um primeiro aspecto notável dessa passagem é o fato de falar da "substância de cada coisa" (*ousìa* [...] *hekàstou*). Até então, estávamos acostumados a nos deparar com enunciados da forma "X é uma substância", mas agora a questão filosófica relevante parece se apresentar por meio de enunciados da forma "X é a substância de Y", o que pode parecer uma significativa mudança de perspectiva em relação às *Categorias*, em que se dizia de um homem particular ou de um cavalo particular que ele era uma substância *tout court*, não a substância *de* alguma outra coisa.

Perante esse dilema, uma solução amiúde adotada pelos intérpretes consiste em supor que Aristóteles, na *Metafísica*, assume tacitamente como objeto de investigação as substâncias primeiras das *Categorias* e se pergunta em virtude de quê coisa cada uma delas é uma substância, isto é, qual é o fator responsável pela sua substancialidade. Esse fator seria concebido por Aristóteles como a *substância de* cada substância primeira. Em outras palavras, se X é uma substância, então, há alguma coisa que é a substância de X, e é isso o que Aristóteles pretende questionar na *Metafísica* VII.

Essa solução, porém, encontra uma séria dificuldade: em todo o livro VII, Aristóteles oscila entre uma e outra formulação da questão da substância, como se para ele não houvesse nenhuma diferença entre perguntar se X é uma substância e perguntar se X é a substância de alguma outra coisa. Isso levou Michael Frede e Günther Patzig a sugerir uma interpretação alternativa, que nós também consideramos preferível: se (e somente se) X é uma substância, então há alguma coisa da qual X é substância; *toda substância é substância de alguma coisa* (e vice-versa). Esse "alguma coisa" seria o objeto sensível bruto que nos fornece a experiência antes que intervenha a análise filosófica: Sócrates, suponhamos, que é simultaneamente feito de carne e ossos, homem, filósofo, atarracado, tem 1,70 metro de altura, é filho de Sofronisco etc. No momento em que submetemos esse objeto a uma investigação filosófica, operamos uma distinção entre os diversos elementos (no sentido mais amplo e genérico possível) dos quais ele é composto e nos perguntamos qual deles é o elemento fundamental, o que Sócrates realmente é, qual é a sua *ousìa* ou substância; além disso, ao procedermos assim, pressupomos que a *ousìa* ou substância de Sócrates será ao mesmo tempo descritível como uma *ousìa* ou substância em absoluto, isto é, como um ente fundamental. Isso significa que nesse contexto o termo *ousìa* é derivado do verbo *eìnai*, "ser", tanto num uso copulativo (*ousìa* como aquilo que uma coisa *é* realmente) quanto no uso existencial (*ousìa* como aquilo que *é* ou existe de modo fundamental; o uso que nos parecera mais relevante num primeiro momento).

Se assim for, o sentido da lista de quatro possíveis candidatos para o papel de substância com a qual se abre o capítulo VII, 3, parece ser o seguinte: perante um objeto particular do senso comum, podemos, em linha de princípio, supor que a sua *ousìa* ou substância é (I) a sua essência, (II) um universal que ele exemplifica, (III) um gênero sob o qual ele recai, ou (IV) o seu "sujeito". A seguir, examinaremos o que o livro tem a dizer sobre cada um desses candidatos.

Aristóteles aborda em primeiro lugar o "sujeito" ou substrato (*hypokeìmenon*, como nas Categorias e na Física) e observa que esse candidato, por sua vez, requer uma distinção conceitual:

> O sujeito é aquilo do qual se dizem outras coisas, enquanto ele não se diz mais de nenhuma outra coisa. Por isso é preciso tratar dele em primeiro lugar, pois parece, mais do que qualquer outra coisa, ser substância aquilo que é sujeito de modo primário. E assim é dita num sentido a matéria, num outro sentido a forma, num terceiro aquilo que é constituído por elas. Por "matéria" entendo, por exemplo, o bronze, por "forma", a configuração, e por "aquilo que é constituído por elas", a estátua, o composto (*Metaph*. VII, 3, 1028b36-1029a5).

Portanto, Aristóteles toma como ponto de partida a ideia das Categorias de que o conceito de substância coincide, antes de tudo, com o conceito de um sujeito último, que, por sua vez, não é predicado de outro. No entanto, à diferença do que ocorre nas Categorias, ele agora pensa que o conceito de sujeito último não é de interpretação unívoca e que é possível indicar como sujeito último tanto (a) a matéria, quanto (b) a forma, assim como (c) o objeto resultante da composição das duas. Desses três aspirantes a sujeito, o terceiro é o mais próximo da substância primeira das *Categorias*, e está claro em que sentido ele pode ser considerado um sujeito último. À primeira vista, é muito menos claro em que sentido a forma pode ser considerada sujeito. Contudo, se supusermos que a forma de uma coisa é o que a coisa é realmente, a sua *ousia* ou substância, então pode ser plausível considerá-la como o verdadeiro sujeito dos atributos da coisa. Mas permanece o fato de que, a rigor, a forma não pode ser um sujeito *último*, mas no máximo... penúltimo, porque a forma é, por sua vez, predicada da matéria.

Na sequência da passagem (VII, 3, 1029a7-26), Aristóteles se concentra no primeiro aspirante a sujeito, a matéria. Se ser um sujeito último constituísse o único requisito da substância, diz ele, então a matéria seria a principal (o texto, na verdade, diz "a única", menos precisamente) candidata ao papel. Aqui, por "matéria" Aristóteles entende algo especial, isto é, aquilo que permanece de um objeto depois de abstraídos *todos* os seus atributos, inclusive a extensão tridimensional: algo que por si é absolutamente indeterminado, que é determinado por aqueles atributos e os toma como sujeito. Parece tratar-se da chamada "matéria primeira" pelos comentadores aristotélicos (e pelo próprio Aristóteles em alguns contextos, por exemplo, *Metaph.* VIII, 4, 1044a15-25).

Contudo – argumenta Aristóteles –, é impossível que essa matéria seja substância a título principal, porque, na verdade, é preciso levar em conta outros dois requisitos da substância, além do requisito de ser sujeito:

> A quem, portanto, considerar a questão dessa maneira, resulta que a matéria é substância. Mas isso é impossível: de fato, também parecem pertencer à substância, mais do que a qualquer outra coisa, ser algo separado e um "esse algo". Por isso a forma e aquilo que é constituído por ambas pareceriam ser substância mais do que a matéria (*Metaph.* VII, 3, 1029a26-30).

O primeiro dos dois requisitos adicionais é que a substância deve ser uma entidade "separada" (ou "separável", *choristòn*), isto é – entende-se –, independente ou autônoma, e isso num sentido que deve valer tanto para o composto matéria-forma quanto para tão somente a forma. Em outro lugar, Aristóteles nos diz que a forma é separada apenas conceitualmente ou "por definição" (*Phys.* II, 1, 193b4-5; *Metaph.* VIII, 1, 1042a29): isto é, a forma – pelo menos no âmbito das coisas sensíveis – não é separada no sentido de poder existir independentemente de uma determinada matéria, mas apenas no sentido de poder ser concebida ou definida sem referência a outra coisa. Isso está de acordo com os capítulos 10-11 da *Metafísica* VII, em que Aristóteles sustenta precisamente que a definição de alguma coisa deveria ser apenas definição da forma e não conter referências diretas à matéria em que uma certa forma se realiza. Por outro lado, o sentido conceitual em que a forma é separada será presumivelmente também o sentido em que o composto matéria-forma é, no mínimo, separável.

O segundo requisito adicional a que uma substância deve atender consiste em ser um "esse algo" (*tòde ti*). Tal expressão faz parte do jargão técnico aristotélico, sem, no entanto, que o seu significado jamais fique inteiramente explícito. Parece, em todo caso, que a ideia é a de um indivíduo ("esse") pertencente a uma espécie determinada ("algo"). Muito bem, a matéria não é um indivíduo de uma espécie determinada, porque, como vimos, ela não tem atributos intrínsecos; aliás, pode-se até sustentar que não é de maneira alguma um indivíduo por si, mas apenas na medida em que está unida a uma certa forma e é a matéria de certa substância.

Recapitulando, uma substância será (I) um sujeito de atributos, (II) separado, (III) individual e dotado de atributos essenciais. Em suma, a forma e o composto matéria-forma atendem a esses requisitos mais do que a matéria, embora a matéria atenda predominantemente ao requisito (I). Portanto, levando-se tudo em conta, a forma e o composto são, com maior justeza, substância da matéria.

Entre esses dois tipos de substância, porém, Aristóteles estabelece uma hierarquia adicional: a substância composta de matéria e forma é "posterior" em relação à forma (VII, 3, 1029a31). Isso evidentemente implica que a forma seja *anterior*. A anterioridade em questão é de tipo causal: Aristóteles quer dizer que o composto é substância em virtude da forma, e não vice-versa. Em outra passagem no livro VII, ele chega a afirmar que a forma é a "substância primeira" (*prote ousìa*, ibid. 7, 1032b1-2; 11, 1037a28), sugerindo implicitamente que o composto é, por sua vez, a substância segunda. Assim, a terminologia introduzida nas *Categorias* recebe um significado totalmente novo. Nas *Categorias*, a substância primeira era este ou aquele homem cavalo particular, enquanto as substâncias segundas eram as espécies e os gêneros da substância primeira (homem, cavalo, animal). A *Metafísica* VII, porém, considera como substância primeira a forma do composto matéria-forma que é esse homem particular e como substância segunda o composto mesmo.

No capítulo 17, Aristóteles reafirma a identificação entre a substância e a forma ou essência de um ponto de vista diferente, qual seja, partindo da ideia de que a substância é um princípio (*arché*) e uma causa ou razão (*aitìa*). Para Aristóteles, isso significa que a substância deve constituir uma resposta a uma pergunta do tipo "Por que...?". Ora, "o porquê se indaga sempre nestes termos: por que uma coisa pertence a uma outra?" (1041a10-11). Isto é, a pergunta versa sempre sobre um conteúdo de forma predicativa: "Por que *X* é *Y*?". A esse tipo de pergunta pode-se remeter também a busca de uma definição, "O que é *Y*?":

> (...) claramente indaga-se por que a matéria é algo determinado. Por exemplo, por que essas coisas são uma casa? Porque a elas pertence a essência de casa. E por que essa coisa é um homem, ou por que esse corpo se encontra nessa condição? De modo que se procura a razão pela qual a matéria é algo determinado; e essa é a substância (1041b5-9).

Em outros termos, um objeto não é igual à mera soma dos seus elementos materiais, mas contém algo mais – não um elemento como os outros – em virtude do qual ele é aquilo que é; esse fator ulterior é a forma-substância.

O que é composto por algo de tal modo que o todo seja unitário não é como um monte, mas como uma sílaba. Mas a sílaba não é os seus elementos e *BA* não é igual a *B* e *A*, nem a carne é igual a fogo e terra (pois, se esses se dissolvem, aquelas coisas não existem mais – entendo a carne e a sílaba –, mas os elementos da sílaba existem, assim como o fogo e a terra). Portanto, a sílaba é algo: não só os seus elementos, a vogal e a consoante, mas também outro algo; e a carne não é só fogo e terra, ou calor e frio, mas também outro algo [...] pareceria que isso é algo e não um elemento, e que é causa de que essa coisa seja carne e essa outra seja uma sílaba; e assim para os demais casos. Essa é a substância de cada coisa, pois essa é a causa primária do seu ser (1041b11-28).

Voltemos agora à lista dos quatro candidatos a adotar o papel de substância, enumerados no início do capítulo 3: essência, universal, gênero, sujeito. Aristóteles partiu de uma discussão do sujeito, mas com isso veio a falar da forma. Esta, de fato, coincide com a essência. O universal e o gênero são discutidos principalmente no capítulo 13. Ali Aristóteles inicia esclarecendo imediatamente que, na verdade, rejeita esses candidatos.

Alguns consideram que o universal, mais do que qualquer outra coisa, é causa e é princípio: por isso é preciso tratar disso também. Pois bem, parece impossível que qualquer uma das coisas ditas universalmente seja substância (VII, 13, 1038b6-9).

Aristóteles menciona o universal (*to kathòlou*), mas não o gênero; isso porque o gênero constitui um caso particular de universal e os argumentos contra a substancialidade do universal valem automaticamente também contra a substancialidade do gênero. Entre esses argumentos, citaremos apenas os dois primeiros.

Em primeiro lugar, é substância de cada coisa aquela que é exclusiva de cada coisa, aquela que não pertence a outra; inversamente, o universal é comum [...]. Ademais, diz-se substância aquilo que não se diz de um sujeito; inversamente, o universal sempre se diz de algum sujeito (VII, 13, 138b9-16).

O primeiro argumento depende da assunção (que Aristóteles não discute) de que a substância de uma coisa deve pertencer-lhe de maneira exclusiva, o que não pode valer para o universal. O segundo argumento, por sua vez, baseia-se na ideia de que a substância deve ser sujeito e não predicado. Trata-se, como sabemos, de uma ideia que remonta às *Categorias*; contudo, aqui, como também no capítulo 3, ela se apresenta de uma forma parcialmente mudada, pois aqui Aristóteles não parece deixar em aberto a possibilidade de que um universal seja substância, mesmo que a título secundário. Num outro plano, é útil também notar que a expressão "dizer-se de um sujeito" agora não faz mais referência especificamente à predicação essencial, mas exprime genericamente a relação entre qualquer universal e aquilo que o exemplifica.

Chegando a esse ponto, já podemos enfocar um dos principais problemas interpretativos gerados pelo livro VII. Vimos que Aristóteles ali sustenta que a substância deve ser identificada a princípio com a forma. Por outro lado, encontramos também claras indicações de que a substância é um indivíduo, seja porque ela é um "esse algo" (*tode ti*), seja porque nenhum universal é substância. Outros elementos de evidência textual também seguem na mesma direção: por exemplo, no capítulo 1, 1028a26-27, lemos que as entidades nas outras categorias têm por sujeito ou substrato "a substância e o particular". Assim sendo, deveria seguir-se que *a própria forma é individual*: por exemplo, o composto matéria-forma particular que é Sócrates tem uma forma que é somente sua e é distinta da forma de Cálias ou da de Corisco. Ademais, é o que parece confirmado pelo fato de que a forma e a substância de um ser vivo compõem a sua alma, como Aristóteles afirma em outra passagem (cf. o nosso capítulo XI), como aqui no livro VII (10, 1035b14-16; 1037a5).

A questão é que outras passagens, no entanto, sugerem que a *forma é universal* e é a mesma para todos os indivíduos da mesma espécie.

Consideremos, por exemplo, este texto:

O homem e o cavalo e as coisas que assim se aplicam aos singulares, mas são universais, não são substância, e sim uma espécie de composto constituído por essa fórmula definitória e essa matéria considerada como universal. Singular é, por outro lado, Sócrates, composto pela matéria última e assim também para os outros casos (VII, 10, 1035b27-31).

Aristóteles aqui está falando daqueles universais que, nas *Categorias*, eram considerados substâncias segundas e nos diz que esses universais, tal como os indivíduos que os exemplificam, podem ser concebidos como compostos de matéria e forma: compostos universais e abstratos, em vez de particulares e concretos (cf. VII, 8, 1033b24-26; 11, 1037a5-10). Aqui torna-se importante a expressão "considerada como universal". Se ela se referisse somente à matéria, mencionada logo antes, e não também à forma ou ao composto, então, Aristóteles estaria dizendo que a mesma forma (literalmente *logos*, "fórmula definitória") entra em composição tanto com a matéria particular e concreta, com a qual constitui os homens particulares, quanto com a matéria "considerada como universal" e abstrata, com a qual constitui a espécie homem. A forma seria, portanto, universal. Essa interpretação condiz tanto com outra passagem do livro VII (8, 1033b19-1034a8) quanto com o fato de que nessa mesma passagem Aristóteles prossegue afirmando que Sócrates é singular somente em virtude de ser "composto pela matéria última", isto é, pela matéria concreta, como se a forma não fosse corresponsável pela singularidade de Sócrates.

O fato de que, na passagem que acabamos de ler, se faça referência à forma por meio da expressão *logos* nos remete a outro aspecto da questão. Uma definição exprime a essência de alguma coisa; e a essência de uma coisa é idêntica à sua forma. Por outro lado, Aristóteles afirma, poucas linhas abaixo (10, 1035b34-1036a9; cf. 15, 1039b27-1040a7), que "a fórmula definitória é do universal" e que para os compostos particulares de matéria e forma "não há definição", porque eles contêm matéria, que "é por si incognoscível". Isso parece novamente implicar que a forma ou a essência é universal.

Isso nos é confirmado no início do capítulo 11: "A definição é do universal e da forma" (1036a28-29).

Aristóteles parece, portanto, preso numa contradição. A questão é de difícil solução e se torna mais complicada porque o próprio termo *eîdos* pode indicar tanto a forma quanto a espécie. Para tentar pelo menos atenuar a força da contradição, podemos talvez partir (como fizeram diversos estudiosos) da hipótese de que todos os exemplares da mesma espécie têm formas *numericamente distintas, mas qualitativamente iguais* umas às outras: a forma ou a alma de Sócrates, a de Cálias e a de Corisco são ocorrências ou réplicas individuais de um tipo geral – a forma da espécie – e se individualizam e se distinguem umas das outras apenas por estarem unidas a porções distintas de matéria. Com efeito, para Aristóteles a alma de todos os homens é estruturalmente igual. Além disso, podemos supor que Aristóteles, em alguns contextos, assume séria e literalmente a existência do tipo geral do qual as formas individuais são réplicas e, em outros contextos, porém, considera-o como mera abstração. Nos contextos do segundo grupo, Aristóteles pode, de todo modo, manter firmemente a tese de que a definição e o conhecimento têm por objeto o universal: essa tese, com efeito, pode também significar simplesmente que a definição é universalmente verdadeira de todas as idênticas formas individuais da mesma espécie e que essa verdade universal é aquilo que conhecemos. Tal parece ser a posição de Aristóteles num outro livro da *Metafísica* (XII, 5, 1071a19-29), onde afirma que não existem entidades como o homem universal, que entidades singulares distintas têm causas e princípios singulares e distintos e que "a tua matéria, a forma e a causa motora é diferente da minha, mas elas são idênticas pela descrição universal".

É bom ter em mente que a *Metafísica* VII não é a última palavra de Aristóteles sobre a substância, e isso por duas razões. Em primeiro lugar, o livro mantém em posição marginal um aspecto importante da reflexão de Aristóteles sobre esse tema, qual seja, a ideia de que a relação entre a matéria e a forma de uma substância sensível deve ser concebida como um caso particular de relação entre potência e ato. Esse aspecto surgirá claramente no livro VIII; a distinção entre potência e ato será depois objeto de uma discussão sistemática no livro IX, como veremos em nosso capítulo IX. Em segundo lugar, no decorrer do livro VII, Aristóteles nos assinala diversas vezes (por exemplo, em 17, 10414a7-9) que a discussão das substâncias sensíveis é preliminar a uma futura discussão de outro gênero de substâncias, não sensíveis. Veremos em nosso capítulo XIV onde e até que ponto ele mantém essa promessa.

Nota bibliográfica

As traduções da *Física* são retiradas de Aristóteles, *Fisica. Libri I e II*, trad. e ed. F. Repellini, Bruno Mondadori, Milão, 1996, com algumas modificações. Para uma bibliografia sobre a *Física*, remetemos aos capítulos VIII e IX.

Há duas edições críticas das *Categorias*: a de L. Minio-Paluello, *Aristotelis Categoriae et Liber De Interpretatione* cit., e a mais recente de R. Bodéüs, Les Belles Lettres, Paris, 2001. Em italiano estão disponíveis as traduções comentadas de G. Colli (*Organon*, Adelphi, Milão, ³2003) e de M. Zanatta (Bur, Milão, 1989). Importante o comentário de J. L. Ackrill (*Categories and De interpretatione*, citado na bibliografia do cap. V). Os estudos de M. Frede estão reunidos nos seus *Essays in Ancient Philosophy*, University of Minnesota Press, Minneapolis, 1987. Um enquadramento recente in G. Matthews, "Aristotelian Categories", em G. Anagnostopoulos (org.), *A Companion to Aristotle*, Wiley-Blackwell, Malden-Oxford-Chichester, 2009.

Da *Metafísica* em geral há duas edições críticas: a de W. D. Ross (*Aristotle's Metaphysics*, Oxford University Press, Oxford, 1924, 2 vols.), acompanhada por um comentário fundamental, e a de W. Jaeger (*Aristotelis Metaphysica*, Oxford University Press, Oxford, 1957). Há uma nova edição em andamento, organizada por O. Primavesi. Traduções italianas: G. Reale, *Introduzione, traduzione e commentario della Metafisica di Aristotele*, Bompiani, Milão, 2004; org. C. A. Viano, Utet, Turim, ²2005.

Sobre o "significado focal", ver G. E. L. Owen, "Logic and Metaphysics in Some Earlier Works of Aristotle", em id. *Logic, Science and Dialectics. Collected Papers in Greek Philosophy*, Duckworth, Londres, 1986, 180-199.

Para *Metaph.* VII em especial, é indispensável a edição comentada organizada por M. Frede e G. Patzig (*Metaphysik Z*, Beck, Munique, 1988; trad. ital. *Il libro Z della Metafisica di Aristotele*, Vita e Pensiero, Milão, 2001). Ver também os estudos de M. Frede nos *Essays in Ancient Philosophy* citados acima (principalmente "Substance in Aristotle's Metaphysics", 72-80); E. Berti, "Il concetto di 'sostanza prima' nel libro Z della *Metafisica*", em *Rivista di Filosofia*, LXXX (1989), 3-23, reed. em id., *Aristotele. Dalla dialettica alla filosofia prima*, Bompiani, Milão, ²2014; M. Mignucci, "In margine al concetto di forma nella *Metafisica* di Aristotele", em A. Bausola e G. Reale (orgs.), *Aristotele. Perché la Metafisica*, Vita e Pensiero, Milão, 1994, 146-170; P. Donini, *La Metafisica di Aristotele*, Carocci, Roma, 2007; M. Burnyeat, *A Map of Metaphysics Zeta*, citado na bibliografia do cap. II.

Capítulo VIII
A natureza:
os princípios e as causas

Escrevia Aristóteles na *Metafísica* que, "se não existe qualquer outro tipo de substância além das compostas segundo a natureza, a física (*physikè*) seria a ciência primeira" (VI [*Epsilon*], 1, 1026a27-29). Por ora, deixemos de lado o caso-limite da existência de substâncias não naturais porque imóveis e do respectivo conhecimento sobre elas que retiraria à física o primado no campo das ciências teóricas. Independentemente disso, é indubitável que a física – isto é, a filosofia da natureza – ocupa em Aristóteles uma posição primária: provavelmente em sentido cronológico se, ao que parece, o grande tratado de filosofia natural (justamente a *Física*) tiver sido composto na juventude; mas principalmente pela amplitude e profundidade das análises teóricas que lhe são dedicadas e pela vastidão das pesquisas sobre o mundo natural que o filósofo teria empreendido ao longo de toda a sua existência.

Ao abordar esse crucial âmbito de investigação (uma tarefa que, sem dúvida, ele considerava decisiva para o seu programa filosófico), Aristóteles devia em primeiro lugar assumir o controle teórico de uma tradição de pensamento dúplice e conflitual sobre a *phỳsis*. De um lado, havia os naturalistas pré-socráticos (que Aristóteles costumava chamar justamente de *physiològoi*), com a sua ousadia visionária, as persistentes personificações míticas das forças naturais, o pensamento tão inovador e poderoso quanto, aos olhos de Aristóteles, conceitualmente confuso e indisciplinado. Do outro lado, havia o platonismo, que provocara uma ruptura entre duas concepções opostas da natureza. Esta, por um lado, constituía o campo da geração, dos fenômenos espaciotemporais, *portanto*, da irregularidade, da errância desordenada própria do mundo empírico, não suscetível de conhecimento estável e rigoroso; por outro lado, porém, "natureza" significava o nível normativo das formas ideais imóveis e eternas. Disso resultava para o platonismo o difícil (aliás, segundo Aristóteles, insolúvel) problema de estabelecer algum tipo de relação entre esses dois níveis de *phỳsis*: a hipótese de "participação" do empírico no ideal, a de "imitação" ou, ainda, a da produção do mundo natural por obra de uma divindade demiúrgica pareciam a Aristóteles, como vimos, nada mais do que "metáforas poéticas", inúteis para a construção de um saber científico sério sobre a natureza.

Aristóteles pretendia resgatar dessa tradição complexa os aspectos positivos, ao mesmo tempo inaugurando uma concepção da natureza radicalmente inovadora. Contra o platonismo, Aristóteles reconhecia aos esforços dos *physiològoi* o desbravamento, ainda que incerto e confuso, de um caminho para uma compreensão dos "princípios" e dos "elementos" primeiros do mundo natural; por outro lado, contra os naturalistas pré-socráticos, ele validava a posição, própria do platonismo, de que o saber era construído em formas conceitualmente rigorosas, agora, porém, subtraídas ao isolamento no mundo das formas ideais e estendidas a todo o mundo físico.

A primeira medida aristotélica era tanto discreta quanto teoricamente revolucionária. A "natureza", tão rica de personificações míticas na tradição dos antigos, era agora concebida como o campo dos "entes por natureza" (*ta physei onta, Phys.* II, 1, 192b8) ou, mais sinteticamente, das "coisas por natureza" (*ta physei*, ibid. I, 2, 185a13). A introdução da forma adverbial *physei* significa basicamente que agora "natureza" designa o modo de ser, o sistema de propriedades comuns a uma classe de entes, e que a sua unidade pode ser apenas analógica. É verdade que a linguagem aristotélica não rompia todas as ligações com a tradição *physiològoi*, porém restabelecia, às vezes, a aparência de uma *physis* unitária e personificada, como, por exemplo, no recorrente axioma biológico segundo o qual "a natureza não faz nada em vão" (cf., por exemplo, *De part. an.* II, 13, 658a8). Contudo essa redação compactada não significa senão o princípio de que nos corpos vivos não existem órgãos inúteis ou pleonásticos. Com efeito, a disseminação da natureza na extensão das "coisas naturais" constituía para Aristóteles uma premissa necessária para o desenvolvimento de uma investigação rigorosa sobre as propriedades que delimitam esse âmbito da realidade e, acima de tudo, para a construção de uma ciência que, como toda ciência, compreendesse as suas "causas" e os seus "princípios" (*Phys.* I, 1, 184a10 ss.). Aqui estava em jogo uma aposta decisiva: a possibilidade de mostrar, contra o platonismo, que o mundo das "coisas por natureza" é dotado de consistência ontológica e de princípios de ordem suficientes para torná-lo objeto de um saber estável, universal, epistemicamente legítimo, e não apenas de uma opinião (*doxa*) incerta e mutável.

Isso continua verdadeiro *apesar* da primeira característica comum que define os entes por natureza enquanto tais. Trata-se de entes que apresentam um componente material e que *por isso* estão intrinsecamente vinculados aos processos de geração (*gènesis*) e de transformação espaciotemporal (*kìnesis*); esse aspecto diferencia o âmbito da natureza do âmbito dos entes eternos e imóveis porque imateriais (os objetos das matemáticas, de um lado, e os da teologia, de outro). A sua segunda característica comum, porém, é que eles têm em si mesmos o princípio da própria transformação (isso vale, de modos diversos, tanto para os organismos vivos quanto, como veremos, para os elementos inorgânicos e para os astros). Isso diferencia os entes por natureza dos produtos artificiais, que também participam da matéria, mas recebem do exterior a "geração" (nesse caso, fabricação) e o impulso ao movimento (*Phys.* II, 1).

Movimento não significa, em todo caso – respondia Aristóteles a Platão –, errância sem lei e ordem. Os processos de transformação que envolvem estruturalmente os entes por natureza são ordenados, em diversos sentidos que a teoria precisa mostrar. Mas o primeiro deles já se faz evidente à nossa familiaridade com o mundo. Esses processos são *regulares*, isto é, tendem a se repetir de modo constante. No campo da natureza (com a única exceção dos corpos astrais), não são possíveis processos totalmente necessários e invariantes, devido à margem de irredutível indeterminação apresentada pela matéria; a regularidade significa, porém, que eles ocorrem, segundo uma recorrente fórmula aristotélica, "na maioria dos casos" (*hôs epì to polỳ*), que não exclui desvios excepcionais e anômalos (*tèrata*) do curso normal dos processos, mas permite, mesmo assim, a construção de enunciados científicos razoavelmente estáveis e universais (podemos dizer que um ser humano ao nascer tem dez dedos em cada mão, embora em alguns casos excepcionais isso não ocorra). Assim, usando uma expressão eficiente, Aristóteles reafirmava em diversas ocasiões que "aquilo que é segundo a natureza o é no todo ou em sua maioria" (*De part. an.* III, 2, 663b27-29; *Phys.* II, 8, 198b35 ss.; *De caelo* I, 10, 279b18 ss.).

Como já dissemos, porém, a via principal para a legitimação epistemológica de um saber sobre a natureza, para Aristóteles, só podia consistir na compreensão dos "princípios" e das "causas" que fundam a explicação das "coisas por natureza", nas suas estruturas e nos seus processos. A pesquisa sobre os princípios ocupa o livro I da *Física*, a pesquisa sobre as causas ocupa o livro II do mesmo tratado, que assim se situam entre os maiores textos teóricos do *corpus* aristotélico.

A "via", o método a ser seguido nessa investigação, era claramente indicada no início da obra: trata-se de partir da análise daquilo que é "mais conhecido e mais seguro para nós" para chegar àquilo que é "mais conhecido e mais seguro por natureza" (I, 1, 184a16-18). Trata-se, em outros termos, de partir da nossa familiaridade imediata com o mundo, que se nos apresenta sempre como um conjunto compósito e indistinto, para chegar a individuar as estruturas simples que subtendem à totalidade complexa de que temos experiência (184a24 ss.) e que a tornam pensável e compreensível. Em primeiro lugar, portanto, é preciso olhar bem a natureza, porque ela, se "observada, basta por si só para dissipar os erros" (I, 8, 191b33 ss.). Isso vale sobretudo para a negação do movimento sustentada pelos eleatas com o seu monismo: "Seja por nós estabelecido que todas ou algumas das coisas por natureza estão em movimento: fica claro pela indução" (I, 2, 185a12-14). Isso basta para excluir o eleatismo do âmbito da pesquisa física (ibid., 184b25 ss.), embora depois Aristóteles não resista à tentação de discutir as teses eleáticas também num plano estritamente dialético. Contudo, em segundo lugar, "as coisas que foram ditas" sobre a natureza, as opiniões dos predecessores sobre os princípios fazem parte integrante da complexidade que nos é conhecida e é submetida a esclarecimento teórico, e com efeito Aristóteles passa-as em revista e submete-as a uma discussão cerrada ao longo de todo o livro I da *Física*.

Os velhos *physiològoi* haviam concebido os princípios no sentido literal da palavra *arché*, que significa tanto "origem" quanto "comando". Tinham, portanto, amplamente personificado as forças que geram e governam os movimentos da natureza, como o Amor e o Ódio de Empédocles, ou o Intelecto de Anaxágoras. Além disso, haviam por vezes confundido os "elementos" (*stoicheîa*, componentes primeiros da matéria) com os princípios. Eles haviam, por fim, oscilado entre a hipótese (eleática) de um princípio unitário e a hipótese (atomística e anaxagórica) de um número infinito de princípios, mas nenhuma das duas é capaz de explicar os movimentos da natureza. Contudo, submetendo as suas diversas opiniões a um tratamento de extrema dissecação conceitual, Aristóteles chega, enfim, a reconhecer que, "obrigados pela própria verdade", eles transmitiram pelo menos uma aquisição válida e compartilhada: todos acabam, de fato, por dizer que os princípios consistem nos "contrários" (I, 5, 188b26-30). Com esse lance hermenêutico, Aristóteles atingia o nível desejado da pesquisa sobre os princípios, transpondo-a da questão sobre as forças ativas nos processos naturais para a questão sobre a estrutura comum que permite compreendê-los e descrevê-los.

Entretanto somente os "contrários" não bastam para identificar essa estrutura. Eles descrevem a transformação como passagem de uma polaridade negativa a uma positiva, que no limite se configura como uma passagem do não-ser ao ser; agora, o ser, por admissão universal, não pode nascer do não ser. É preciso, então, pensar na passagem de um não-ser X a um ser X, isto é, da ausência (*privação*) de uma certa determinação (*forma*) à sua aquisição. Mas essa determinação formal (portanto, predicativa) deve ser referida a um sujeito, que serve de *substrato* (*hypokeìmenon*) do processo. A descrição correta dos processos não terá, então, a fórmula binária do tipo "um não-culto torna-se culto", ou "um homem torna-se culto", mas sim a ternária "um homem (*substrato*) não-culto (*privação*) torna-se culto (*forma*)" (*Phys.* I, 7).

No entanto, uma exceção parece ser o fenômeno crucial daquilo que Aristóteles chama de "geração absoluta" (*gìgnesthai haplôs*), isto é, o vir a ser de uma substância, por exemplo, o nascimento de um homem: aqui parece não valer a forma ternária e predicativa dos processos de aquisição de uma determinação formal por parte de um sujeito-substrato. Trata-se, contudo, de uma exceção ilusória, segundo a argumentação aristotélica (ibid. 7, 190b1-6). Uma estátua não nasce do nada, mas, sim, de um material que preexiste a ela, por exemplo, o bronze; diremos, então, que um bronze desprovido de forma assume a forma de Hermes. O mesmo para o homem: um homem nasce de uma semente espermática que preexiste a ele e que vem assumir ao término do desenvolvimento embrionário a forma de um homem.

Agora compreende-se melhor a extraordinária novidade teórica introduzida por Aristóteles com a sua redefinição das *archaì* no confronto dialético com a tradição dos naturalistas. Os três princípios têm uma aplicabilidade universal porque a sua unidade é de tipo não substancial (não são *coisas* determinadas), mas só *posicional*, concepção essa a que os pré-socráticos nunca conseguiram chegar. Qualquer *coisa* particular pode ocupar o lugar do substrato (a madeira que se torna mesa, Sócrates que se torna culto, a semente que se torna carvalho), assim como qualquer determinação formal (e sua respectiva ausência) pode ocupar o lugar da forma (e sua respectiva privação).

Pode-se dizer, de modo geral, que o substrato é "matéria", *hyle* (como vimos no capítulo V, esse termo significa primariamente madeira, "material de construção"). Mas não se trata de uma matéria primeira unívoca (aqui reside, entre outras coisas, o erro dos platônicos, que não distinguiram entre substrato e privação e, portanto, voltaram a cair num esquema binário, opondo diretamente "matéria" e "forma", *Phys.* I, 9, 192a9-11).

A natureza subjacente (*hypokeimène*) é cognoscível *por analogia*. Tal como o bronze está para a estátua, ou a madeira está para a cama, ou a matéria e aquilo que é desprovido de forma, antes de assumi-la, estão para aquilo que é possível numa forma, assim ela está para a substância, isto é, para o indivíduo determinado e aquilo que é. Ela é, portanto, *um* princípio, sem ser *una nem um ente* no sentido do indivíduo determinado (I, 7, 191a7-13).

Essas palavras esclarecem que a unidade apenas *posicional* dos princípios na estrutura dos processos naturais permite tratá-los de modo conceitualmente unificado (como se cada um deles fosse *uno*) somente se se tiver em mente que se trata de uma unificação analógica e não substancial.

Aristóteles estava plenamente ciente da potência teórica desfraldada na análise dos princípios. Sintetizando as consequências, ele menciona várias vezes as posições superadas, contrapondo-lhes a fórmula repleta de orgulho (talvez juvenil) "mas nós dizemos...", "mas nós afirmamos..." (I, 8, 191a34, b13). Sem dúvida, o resultado mais importante dessa análise era ter mostrado que o mundo da *gènesis*, dos movimentos naturais, apesar da sua imensa variabilidade, não está abandonado a uma desordem caótica e não se subtrai a uma compreensão racional: com efeito, esses movimentos repetem, em todo caso, um esquema estrutural unificado (por analogia de posição), que os torna perfeitamente decifráveis.

Há de se ter notado que vinha surgindo na definição dos princípios um par conceitual, o de matéria e forma (*hyle/eîdos*), destinado a ter um papel estratégico na análise ontológica (ou meta-física) da estrutura das substâncias naturais, que Aristóteles teria conduzido no livro VII [*Zeta*] da *Metafísica* (cf. o nosso capítulo V). Se, portanto, a *Física* "exporta" para a *Metafísica* esse dispositivo teórico, parece inversamente importar da *Metafísica* outro dispositivo, igualmente relevante: o que se expressa no par de potência e ato (*dynamis/enèrgeia*). Esse par está pressuposto no tratado sobre a natureza, onde se afirma que o ente por natureza é propriamente ele mesmo mais quando está em ato do que quando está em potência (*Phys.* II, 1, 193b6-8), mas a sua completa tematização teórica é, porém, empreendida no livro IX [*Theta*] da *Metafísica*, geralmente considerado de composição posterior à *Física*. É evidente, portanto, que o par ato/potência devia desde o início fazer parte, de forma mais ou menos elaborada, do dispositivo aristotélico de conceitualização da natureza. Os pares matéria/forma e potência/ato, embora em certos aspectos possam se sobrepor, na verdade se diferenciam pelo menos por uma razão importante. O primeiro deles, de fato, descreve a estrutura estática das substâncias naturais, a sua "anatomia" teórica. O segundo, por sua vez, descreve a dinâmica de formação dessas substâncias, a sua "fisiologia", e, justamente por isso, constitui em Aristóteles uma extraordinária *lei de ordem* dos processos naturais.

Essa sua função aqui se fará evidente numa exposição, ainda que sumária, da discussão empreendida sobretudo nos capítulos 6-8 do livro IX da *Metafísica*. Aristóteles ali declarava, antes de tudo, num texto, a dizer a verdade, não desprovido de dificuldade, que também aos conceitos de potência e ato, assim como aos princípios (e, iremos ver, às "causas"), cabe uma forma de unidade somente analógica.

> O ato é o existir da coisa não do modo como dizemos que é em potência. Dizemos em potência, por exemplo, um Hermes na madeira e uma semirreta na reta, dado que ela poderia ser subdividida; e denominamos cientista mesmo quem não está especulando, desde que seja capaz de especular; o outro termo, por sua vez, indica o ato. O que pretendemos dizer é evidente por indução nos casos particulares, e não é preciso buscarmos a definição de todas as coisas, mas também *sermos capazes de captar a analogia*: isto é, tal como quem constrói está para quem é capaz de construir, assim também quem está desperto está para quem dorme e quem vê está para quem está com os olhos fechados, mas tem visão, e o que é extraído da matéria está para a matéria, e o produto acabado está para aquele não trabalhado. Dessas diferenças correlatas, chamamos o primeiro membro com a denominação de ato, e o outro é a potência. Contudo nem todas as coisas são ditas em ato do mesmo modo, mas por analogia [*Metaph*. IX (*Theta*), 7, 1048a30-b9, trad. Donini].

Estabelecido o caráter analógico dos conceitos de ato e potência, a análise aristotélica das suas relações estabelece uma série de *axiomas de ordem* do devir que podemos resumir da seguinte maneira:

1. Nada pode ser em ato se antes não era em potência (para que uma coisa se realize é preciso que ela seja *não-impossível*).
2. Mas o ato é anterior à potência, segundo (A) a ordem conceitual, (B) a substancial e, pelo menos num sentido, também (C) a cronológica (*Metaph*. IX, 8). A anterioridade de tipo (A) é deste tipo: podemos dizer que esse material é potencialmente uma casa somente se já tivermos a noção de casa; a anterioridade de tipo (B) consiste no fato de que a atualização representa o fim dos processos de geração (a casa é anterior aos seus materiais porque estes são reunidos e predispostos em vistas da sua construção); por fim, a anterioridade de tipo (C) existe no nível da espécie, não no âmbito do indivíduo (é verdade que o sêmen, isto é, Sócrates em potência, preexiste a Sócrates, mas para que houvesse o sêmen era preciso haver o pai de Sócrates; portanto, o ato "homem" preexiste à potência "sêmen").
3. Nem tudo que é em potência se torna ato; a passagem se realiza na natureza somente se "nenhum dos fatores externos o impede" (IX, 7, 1049a10 ss.; nem de todas as sementes de carvalho nasce um carvalho, e podem existir materiais de construção que são potencialmente uma casa, mesmo que essa casa não seja construída). Trata-se de uma consideração importante, que introduz uma possibilidade de dispersão nos processos de atualização das potencialidades, em suma, uma espécie de "princípio de indeterminação" do devir que torna menos linearmente necessária a sequência ato-potência-ato.

Apesar dessa última advertência, o par potência/ato age como um poderoso dispositivo de ordem na explicação dos processos naturais. O movimento que leva da potência ao ato é denominado por Aristóteles, com um eficiente neologismo, como *entelècheia*, indicando que ele já traz em si o fim (*tèlos*) ao qual está destinado (*Phys*. III, 201a27-29; cf. aqui o capítulo IX). Podemos estar certos de que de uma semente de carvalho não nascerá nada além de um carvalho; para cada uma das realidades que encontramos em nossa experiência do mundo, podemos estar certos de que se trata da efetivação de uma potencialidade inscrita na ordem das coisas e, vice-versa, podemos ler todo o campo do devir como um sistema de processos ordenadamente destinados a realizar as suas potencialidades. Isso permite a Aristóteles descartar a hipótese de que o mundo seja regido por uma casualidade desprovida de lei, segundo a tese que ele atribui aos atomistas, e que não seja passível de um saber estável e seguro, como asseveravam os platônicos. Veremos mais adiante (no capítulo XII) como a extensão do dispositivo de ordem potência/ato do mundo da *gènesis* natural ao mundo antropológico da história e da política tem em Aristóteles efeitos fortemente conservadores, que, por outro lado, correspondiam aos seus olhos à exigência teórica de um plano de ordem da natureza.

Como vimos, o conceito de ato frequentemente coincide, na descrição aristotélica, com os conceitos de "forma" (a assunção da forma por parte do substrato constitui, de fato, a realização dos processos) e de "fim" (o fim dos processos é a realização das potencialidades inicialmente inerentes ao processo). Por outro lado, a forma (*eidos*) e o fim (ou a finalidade, *tèlos*) são parte integrante da teoria das causas que Aristóteles desenvolve no livro II da *Física*, depois de ter dedicado o livro I à pesquisa sobre os princípios. Ao contrário dessa última, a análise causal não é antecedida por um grande confronto dialético com os predecessores. Mas Aristóteles já conduzira esse confronto no livro I [*Alpha*] da *Metafísica*, composto provavelmente no mesmo período da *Física*. Naquela ocasião, Aristóteles havia esboçado uma espécie de história da filosofia natural, de Tales aos pitagóricos e aos platônicos, centrada, justamente, nos progressivos desenvolvimentos da pesquisa sobre as causas, destinada a culminar na teoria aristotélica completa. Pode-se também falar de uma *história natural da filosofia*: no movimento histórico da pesquisa, como nos processos naturais, o ato precede a potência, porque a teoria definitiva orienta o processo (os predecessores se moveram sob a pressão da "própria verdade") e porque ela permite construir uma visão unificada do pensamento dos predecessores entendido justamente como percurso rumo à pesquisa das causas, independentemente das suas intenções originais e das suas efetivas linguagens teóricas.

Na verdade, além dos predecessores filosóficos declarados, o pano de fundo teórico da teoria causal de Aristóteles inclui muitas outras fontes: os historiadores como Heródoto e Tucídides, os médicos "hipocráticos", as linguagens políticas e judiciárias, em que *aitìa* indicava a responsabilidade, a imputabilidade de eventos e condutas, e *aitìos*, o seu responsável, ou, eventualmente, o culpado. Provavelmente esse pano de fundo complexo contribui para explicar as características peculiares que o conceito de causa (*aitìa*) apresenta em Aristóteles. Quando falamos de causas, referimo-nos àquilo que produz ou explica a ocorrência de um fenômeno: dizemos, por exemplo, que a atração lunar é a causa das marés, que um certo vírus é a causa da gripe, ou que o ciúme é a causa de um crime. Aristóteles também compartilhou essa concepção de causa quando escreveu "em geral, causa é aquilo que produz o que é produzido e transforma aquilo que é transformado" (*Phys*. II, 3, 194b31 ss.). Esta, porém, é apenas *uma* das modalidades possíveis para expressar a causa, aquela que indica *to poioûn*, isto é, na linguagem dos comentadores de Aristóteles, a "causa eficiente". Nele, o termo *aitìa* mantém, de fato, um significado mais amplo, mais rico, menos unívoco e linear do que a nossa noção de causa (que coincide, como vimos, com apenas um dos modos da causalidade teorizados por Aristóteles). *Aitìa* pode, portanto, significar propriamente "causa", como aquilo de que depende a verificação de um fenômeno, mas também "explicação" de um evento ou "razão" de um comportamento.

Essa amplitude, aliás, é necessária para Aristóteles porque a análise causal, segundo o seu pensamento, se destina a explicar *todas* as dimensões estruturais de *coisas* (como esse animal, essa estátua) e *eventos* (como a guerra persa, o meu passeio matinal). Desse ponto de vista, é fácil compreender como conhecer as causas, para Aristóteles, equivalia, a princípio, a *explicar* as coisas e os eventos de que elas são causas (mas ele não traçava, ao contrário do que fariam os estoicos, uma distinção nítida entre *explicação* e *causação real*, de modo que *aitìa* pode incluir esses dois significados, ainda que o primeiro seja nitidamente predominante na *Física*). Mesmo na construção da sua análise da causalidade, Aristóteles partia da concretude fenomênica do uso linguístico. Trata-se de compreender os tipos de resposta que são dados à pergunta sobre o "por quê? (*dia ti*)" de coisas e eventos. Eles são necessariamente plurais, porque, como de hábito adverte Aristóteles, "as causas se dizem de muitos modos" (*Phys.* II, 3, 195a29). O primeiro tipo consiste em dizer "aquilo do qual se gera uma coisa como seu constituinte interno", "do que é feita", como o bronze para a estátua. O segundo tipo consiste em indicar o "o que é", a sua forma (*eidos*) ou essência, como Zeus representado na estátua. O terceiro tipo de resposta se refere "àquilo de que deriva o primeiro princípio do movimento ou da imobilidade", indica "quem fez a coisa", como o escultor para a estátua, ou o pai para o filho. O quarto tipo é representado pela enunciação do escopo ou da finalidade (*tèlos*), da destinação e da função, indicando, em suma, "para o que serve": a estátua para o culto do deus, o meu passeio para a saúde (ibid. 7, 198b14-21). Portanto, seguindo a ordem, são tipos de respostas que a tradição esquematizou como enunciação da "causa material", da "causa formal", da "causa eficiente" e da "causa final". Uma resposta à pergunta sobre o "porquê" que seja capaz de enunciar todos os quatro modos da causalidade oferece uma explicação completa de todas as dimensões estruturais que compõem uma coisa ou um evento. Naturalmente, também nesse caso os modos da causalidade são unificáveis somente por analogia: não existem uma única matéria, uma única forma, um único agente nem um único fim. Ao bronze da estátua correspondem, num organismo vivo, órgãos e tecidos; ao deus representado corresponde a forma específica, homem ou cavalo; ao escultor, o pai; à destinação religiosa, a conservação da espécie.

Cumpre também dizer que não é possível em todos os casos fornecer uma resposta completa. Os entes geométricos, por exemplo, não têm matéria nem finalidade; a única causa que os explica é a forma (triângulo ou quadrado). Tampouco o movimento dos corpos inorgânicos, como por exemplo a queda de uma pedra, pode ser explicado com base em sua finalidade, mas somente pelo peso da matéria de que são compostos. Entretanto, de modo geral, Aristóteles está convencido de que a explicação finalista, onde for possível, é a melhor e a mais satisfatória, porque "a natureza é fim (*tèlos*) e 'o que em vista do qual' (*hou hèneka*)" (Phys. II, 1, 194a28 ss.). O que significa essa enigmática asserção, e por que Aristóteles considera a finalidade como o modo privilegiado de explicação causal? É evidente que, no campo das ações humanas, o fim em vista do qual elas são empreendidas tem uma eficácia explicativa superior: à pergunta "Por que entraram em guerra?", a resposta "para dominar" é mais satisfatória do que a resposta "porque foram provocados" (causa eficiente: ibid. 7, 198a19 ss.). O mesmo vale para o modelo técnico, ao qual Aristóteles frequentemente recorre para esclarecer os processos naturais, embora esteja convencido de que as técnicas não fazem mais do que imitar a natureza. Explicar uma estátua com a intenção de representar Zeus no templo é mais satisfatório do que dizer somente "havia bronze", embora sem material não fosse possível haver estátua.

Contudo, segundo Aristóteles, o campo onde o primado da finalidade se manifesta de modo mais evidente e onde a explicação teleológica é cognoscitivamente mais rica é constituído pela natureza viva. Aqui o axioma do caráter finalista de estruturas e processos desempenha uma dupla função. De um lado, constitui uma *garantia de sentido*, que exclui – contra os atomistas – a desordem e a casualidade no devir natural e integra, assim, o princípio de legalidade do devir constituído pelo par potência/ato: os processos naturais, portanto, não são apenas sequências regulares de atualizações de potencialidade, mas, além disso, são dirigidos a um fim que é constituído pelo estado melhor do organismo vivo em via de formação ("o 'o que em vista do qual' tende a ser o melhor e a finalidade de todo o resto",

Phys. II, 3, 195a24ss.). Deve-se ressaltar que se trata sempre do estado de indivíduos cuja principal tarefa biológica consiste na reprodução da própria espécie. Não existe em Aristóteles (pelo menos no campo das ciências da vida) nenhum finalismo universal e tampouco interespecífico: toda forma viva tem como fim apenas o seu próprio desenvolvimento e a conservação específica (ibid. 7, 198b8 ss.; cf. *De incessu an.* 708a11 ss.). Por exemplo, a posição anômala da boca dos tubarões, que lhes dificulta a predação de outros peixes, não é tanto destinada à salvação desses últimos quanto *justificada* pela necessidade de evitar que os próprios tubarões pereçam vítimas da sua voracidade (*De part. an.* IV, 13, 696b24-32).

Por outro lado, o axioma finalista tem também um importante papel heurístico na ciência da natureza viva. Ele permite assumir que todo órgão se destina a desempenhar uma função, que a sua estrutura é explicável com base na função a que se destina e, por fim, que não existem órgãos supérfluos ou redundantes. Esses princípios teóricos são decisivos na construção da anátomo-fisiologia de Aristóteles e lhe permitem, entre outras coisas, importantes conquistas comparativas (por exemplo, a explicação das brânquias dos peixes como análogas aos pulmões dos mamíferos atendendo à função respiratória).

A aplicação da teoria causal ao campo da natureza viva, onde tem a tarefa de explicar a estrutura de realidades existentes (ou propriamente de *justificá-las* mostrando a sua plena funcionalidade), determina, porém, uma reestruturação e uma simplificação sua. Os quatro tipos de explicação causal podem, com efeito, ser reduzidos a dois, porque três deles, nesse ambiente particular, tendem a se unificar. "Frequentemente três causas se reduzem a uma: de fato, o 'o que é' e o 'o que em vista do qual' são uma coisa só, e aquilo de que deriva o movimento como causa primeira é igual a elas por espécie. De fato, um homem gera um homem" (*Phys.* II, 7, 198a24-27). Obviamente essa redução é possível do ponto de vista da espécie – mas é justamente no nível da espécie, *eidos*, que se move o discurso da ciência –, não do ponto de vista do indivíduo. A finalidade do desenvolvimento de um homem é realizar plenamente a forma "homem", mas o agente que inicia o processo, o pai, é, por sua vez, um homem, especificamente igual ao filho (pense-se, por contraste, na situação dos objetos fabricados: o escultor não é igual à estátua, e a finalidade pela qual ela é produzida é diferente da forma que lhe é dada).

As quatro causas são, assim, reduzidas a uma polaridade em que três delas (forma, fim e agente), não anuladas, mas unificadas no processo de formação da substância viva, se opõem à quarta, isto é, tão somente a "matéria". Nas obras biológicas, esse par polar é traduzido na assunção de dois grandes pontos de vista, que bastam para interpretar a variedade estrutural e genética dos organismos vivos: há, de um lado, o ponto de vista da orientação finalista, o "melhor", em que se expressa o funcionamento dinâmico do sistema agente-forma-fim; de outro, o "necessário" (*ianankaîon*), isto é, a dimensão material, a corporeidade em si mesma não finalizada que constitui o suporte indispensável daquele funcionamento. No entanto, Aristóteles não reproduzia desse modo a oposição estática entre forma e matéria, que havia criticado pela sua incapacidade de explicar a *gènesis*. Com efeito, a necessidade material era, pelo menos em parte, reconduzida ao ponto de vista da finalidade graças à teoria da "necessidade hipotética" ou condicional (*Phys.* II, 9, 199b34-200a15; *De part. an.* I, 1, 642a10).

A matéria de que são compostos os organismos vivos (aliás, os artefatos também) não está propriamente em oposição à sua orientação finalista. Geralmente é adequada a desempenhar as funções finalizadas do organismo: assim como uma serra para cortar madeira deve ser de ferro, a toda função vital corresponde o tipo de tecido mais adequado ao seu desempenho, por exemplo, a dureza óssea dos dentes para a mastigação, ou a maciez da epiderme para o tato (*De part. an.* I, 1, 642a6-13; 645b14-20). O que existe por "necessidade hipotética" é, portanto, indispensável às funções finalizadas e não se contrapõe em linha de princípio à dimensão formal-final. Mas, mesmo fora do âmbito da necessidade hipotética, os dois pontos de vista causais, o da matéria/necessidade e o da forma/fim, normalmente se integram na análise aristotélica dos fenômenos naturais e, na sua interdependência, servem para explicar racionalmente a relação indissolúvel que liga a estrutura material do corpo e das suas partes com as respectivas funções. Pode-se dizer que a explicação finalista encontra o seu maior sucesso quando consegue mostrar a sua convergência prospética com a explicação necessária ou material. Veja-se, por exemplo, a explicação da presença dos cabelos: "Entre todos os animais, o homem é o que tem a cabeça mais densa de pelos, de um lado por necessidade, por causa da fluidez do cérebro e das suturas [...]; de outro lado, em função da proteção, para que os pelos recubram a cabeça" (*De part. an.* II, 14, 658b2-7). Ainda mais explícito é o caso dos chifres dos touros. Do ponto de vista da orientação finalista, eles constituem armas ofensivas e defensivas úteis ao animal. Aristóteles acrescenta: "Disse-se, portanto, para que é finalizada a natureza dos chifres [...]. Exporemos agora qual é o ordenamento da natureza necessário e como a natureza segundo a forma valeu-se das suas consequências necessárias em vista de um fim" (III, 2, 662b21-24). Desse ponto de vista, os chifres são explicados como excrescências devidas à abundância de materiais terrosos, portanto, de tecidos ósseos, presentes no corpo de alguns grandes animais herbívoros; essa explicação integra a outra, que justifica a utilidade dos chifres para a sobrevivência do animal. Há casos, porém, em que os dois pontos de vista não se mostram integráveis, e a explicação segundo a finalidade deve ceder passagem à explicação segundo a necessidade. Por exemplo, o excessivo crescimento dos chifres dos cervos, em virtude de sua necessidade material, é nocivo ao animal (663a10 ss.); este é um dos casos em que a matéria "necessária" apresenta uma inercialidade própria que não se presta à orientação finalista, prova da resistência da matéria à dotação de forma e à atividade com vistas a uma finalidade.

O finalismo aristotélico constitui, portanto, um ponto de vista causal-explicativo privilegiado, um esquema heurístico poderoso, porém disposto a aceitar limitações à sua capacidade de explicar estruturas e processos dos organismos; e não pretende constituir uma explicação unívoca do mundo natural, pois, de todo modo, não vai além dos limites da espécie. Não se trata, portanto, de uma visão *providencialista* universal, que não permite exceções, como seria mais tarde desenvolvida pelo estoicismo: a unidade do *tèlos* é apenas analógica, como a dos princípios e dos outros modos da causalidade.

Todavia, antes de chegar à sua conclusão, a discussão sobre as causas no livro II da *Física* tinha de enfrentar, numa espécie de longo parêntese (do capítulo 4 ao capitulo 6), um desafio teórico que corria o risco de abrir uma rachadura perigosa na concepção aristotélica da causalidade e no primado que concedia à causa final. Tratava-se substancialmente do seguinte: dizemos que algumas coisas acontecem por acaso (ou "sorte", *tyche*: são, portanto, fatos fortuitos), e que outras coisas acontecem no âmbito da "espontaneidade" (*autòmaton*, isto é, por sequências "automáticas" não dotadas de uma finalidade). A esse uso linguístico haviam correspondido, na tradição naturalista, posições teóricas que consideravam o acaso e a espontaneidade como "causas" a pleno título: assim, Empédocles havia falado em geração "casual" de formas vivas e os atomistas haviam, segundo Aristóteles, descrito os movimentos celestes como consequentes de um sistema mecanicista desprovido de sentido e de finalidade. Como se vê, estavam em jogo os princípios de ordem e de sentido que Aristóteles havia introduzido na compreensão da natureza; além do mais, também estava em jogo a própria possibilidade de uma ciência da natureza, pois considerar o acaso e a espontaneidade como causas em sentido próprio seria devolver o devir àquela desordem caótica que os platônicos consideravam impermeável à ciência.

As operações conduzidas por Aristóteles visavam a circunscrever essas ameaças e desarmar o potencial crítico, sem, contudo, negar totalmente aquele papel causal que o uso linguístico atribui ao acaso e à espontaneidade. O primeiro movimento consistia em observar que esse papel está excluído do campo dos fenômenos que ocorrem "na maioria das vezes", isto é, dos fenômenos segundo a natureza, limitando-se aos fenômenos desprovidos de qualquer regularidade. Não é por acaso que de uma semente de carvalho nasce um carvalho, nem é espontâneo o movimento regular dos astros.

O segundo movimento aristotélico consiste em separar os dois âmbitos, que têm em comum o fato de que, neles, os eventos fortuitos resultam do cruzamento, não intencional nem finalizado, de duas cadeias causais distintas. O âmbito da *tyche* diz respeito ao âmbito das ações intencionais. Se vou à praça para visitar o mercado e encontro um devedor, o recebimento do crédito é fortuito, porque não pertence à minha finalidade (visitar o mercado). No entanto, não deixa de ter uma relação com a ação finalizada: ela realiza uma finalidade acidental, "concomitante" (*symbebekòs*) em relação à prefixada (II, 5, 197a5 ss.). O âmbito de *autòmaton* compreende, por sua vez, fatos não intencionais. Realizam-se "espontaneamente" coisas que *poderiam* ter como causa o finalismo natural, mas que ocorreram de forma apenas acidental. A queda de uma pedra, fato totalmente natural, mata um homem, embora a queda não fosse finalizada para isso, realizando, assim, uma finalidade acidental e só aparente. Desse modo, a análise aristotélica podia se encerrar sem negar inteiramente o papel do acaso e da espontaneidade, mas despotenciando-o tanto por extensão (limitada aos fenômenos totalmente irregulares) quanto por autonomia (porque se trata sempre de efeitos de algum modo *parasitários* em relação à estrutura causal ordenada e regular, ibid., 197a32-35).

A compreensão das coisas da natureza e do seu devir pode, assim, continuar a se fundar nos quatro modos de responder à pergunta "por quê?" e, principalmente, onde seja possível, no reconhecimento do seu *sentido* com vistas a um fim.

Nota bibliográfica

Sobre a filosofia da natureza em geral ver, além dos livros já citados de F. Solmsen e W. Wieland, T. H. Irwin, *I principî primi di Aristotele*, trad. ital. citada na bibliografia do cap. II.

A edição de referência da *Física*, com amplo comentário, é a editada por W. D. Ross, Oxford University Press, Oxford, 1936.

Sobre a *Física*, ver três importantes coletâneas de ensaios: L. Judson (org.), *Aristotle's Physics. A Collection of Essays*, Oxford University Press, Oxford, 1991; F. De Gandt e P. Souffrin (orgs.), *La Physique d'Aristote et les conditions d'une science de la nature*, Vrin, Paris, 1991; L. Cardullo e G.

Giardina (orgs.), *La Fisica di Aristotele oggi. Problemi e prospettive*, CUECM, Catânia, 2005. Sobre a teoria das causas, ver Sorabji, *Necessity, Cause and Blame*, Duckworth, Londres, 1980; M. Frede, "The Original Notion of Cause", in id., *Essays in Ancient Philosophy*, citado na bibliografia do cap. VII, 125-150; C. Natali, "AITIA in Aristotele. Causa o spiegazione?", in H. Chr. Günther e A. Rengakos (orgs.), *Beiträge zur Antiken Philosophie. Festschrift W. Kullmann*, Steiner, Stuttgart, 1997, 113-124; id., "Problemi della nozione di causa in Aristotele, con particolare attenzione alla causalità finale", in *Quaestio*, II (2002), 57-75. Sobre a teologia, ver D. Quarantotto, *Causa finale sostanza essenza in Aristotele*, Bibliopolis, Nápoles, 2005; M. R. Johnson, *Aristotle on Teology*, Clarendon Press, Oxford, 2005. Encontra-se um percuciente comentário aos dois primeiros livros da *Física* nos dois volumes de G. Giardina, *I fondamenti della fisica. Analisi critica di Aristotele, Phys. I*, CUECM, Catânia, 2002; id., *I fondamenti della causalità naturale. Analisi critica di Aristotele, Phys. II*, CUECM, Catânia, 2006.

Capítulo IX

O corpo do mundo e os seus movimentos

> Há dois problemas perante os quais qualquer pessoa se encontraria em dificuldades. Deve-se tentar dizer a respeito o que nos parece certo, considerando esse esforço digno de respeito mais do que sinal de soberba, se se nutre o desejo – devido à sede de conhecimento – de ter soluções mesmo que modestas dos problemas que mais nos colocam em dificuldades.
>
> Aristóteles, *De caelo* II, 12, 291b24-28.

Há, como sabemos, uma estreita implicação entre natureza e transformação/movimento (*kínesis*). Aristóteles dizia, aliás, de maneira bastante eficiente, que "a transformação é como a vida (*zoè tis*) para todos os entes que existexm por natureza" (*Phys.* VIII, 1, 250b14 ss.); portanto, escrevia ele no início do livro II da *Física*, não saber o que é a *kínesis* significava ignorar tudo sobre a própria natureza (III, 1, 200b12-15). Na reflexão aristotélica, a questão assumia a forma de uma pergunta estratégica: quais devem ser as estruturas de fundo da transformação e do movimento para que o corpo móvel do mundo possa ser pensado como um cosmo fechado, finito, ordenado? Ou, inversamente: pois, sendo o mundo um cosmo fechado, finito, ordenado, que estruturas assumem os movimentos e as transformações que constituem a sua "vida"? As respostas aristotélicas a essa questão se articulam em torno de dois eixos: o epistemológico, que tem o seu fulcro nos livros III-IV da *Física*, e o cosmológico, desenvolvido nos tratados *Sobre o céu* e *Sobre a geração e a corrupção*, mas também nos livros VII e VIII da própria *Física*.

A definição mais geral de *kìnesis* formulada por Aristóteles, que ganha mais eficácia graças à aparente natureza de oxímoro, correspondia perfeitamente à exigência implícita nas perguntas ora indicadas. "A transformação é o ato (*entelècheia*) daquilo que é em potência enquanto tal" (*Phys.* III, 1, 201a10 ss.). Trata-se, portanto, de uma processualidade orientada e compreendida como passagem de uma potencialidade pura e estática para uma realização completa e igualmente estática. Assim, por exemplo, o que é construível está em ato no processo de construção, que se move entre o polo somente potencial dos materiais de construção e o polo atualizado, não mais potencial, da casa construída. Essa condição de "atualidade" processual, orientada, mas incompleta, expressa perfeitamente a estrutura dos entes de natureza e, sobretudo, da natureza viva, cuja potencialidade já está sempre no caminho da realização, como a semente do carvalho, e cuja atualização, de resto, já é potencialidade de outro, como o pai do filho. Trata-se, enfim, do máximo de ordem possível num mundo que não pode ser imóvel por causa de sua corporeidade (ou, em outros termos, do máximo de platonismo possível num mundo heraclitiano onde "tudo flui").

A coextensão de *kìnesis* à natureza inteira faz com que existam obviamente diversas formas desse processo (aliás, já tivemos de apresentar o termo com uma dupla tradução – transformação e movimento). A análise dessas formas é reiteradamente empreendida por Aristóteles em vários textos da sua filosofia da natureza (*Física*, III, 1-3; *Sobre a geração e a corrupção* I, 1-5; *Céu* IV, 3; *Categorias* 14). O dispositivo das categorias lhe oferecia, para esse fim, uma preciosa grade de leitura. Há, em primeiro lugar, uma transformação que se refere à própria substância: trata-se do vir a ser ou do cessar de ser da substância, da sua "geração e corrupção", *gènesis* e *phothorà* (como vimos, Aristóteles a descreve também como "geração absoluta"). Essa forma principal de transformação se refere, em primeiro lugar, ao nascimento e à morte dos organismos vivos e, portanto, é sobretudo de pertinência biológica (*De gen. corr.* I, 3). Há também as transformações referíveis às categorias de quantidade e qualidade, "crescimento e diminuição" no primeiro caso, "alteração" no segundo: são comuns aos organismos vivos e aos elementos materiais de que são formados. Há, por fim, a transformação segundo o local: aqui *kìnesis* volta a assumir o seu significado próprio de *movimento local*, ou "translação". Embora obviamente os vivos também se movam, essa forma de transformação é especialmente relevante, como veremos, para todos os níveis da cosmologia, dos elementos primários aos astros celestes.

Duas são as condições que, segundo Aristóteles, permitem pensar o movimento e pensá-lo como "vida" de um cosmo unitário. A primeira é a negação da existência do vazio e a consequente concepção do mundo como um corpo cujas partes são contíguas (*echòmena*) entre si, isto é, têm sempre um limite em contato com outras partes, embora não se trate em sentido estrito de um corpo contínuo (*synchès*), cujo limite de uma parte se identifica com o da parte contígua (*Phys.* V, 3; IV, 4). A segunda condição é que não exista o infinito (pelo menos em ato) e que o cosmo possa ser pensado como uno e finito, isto é, inteiro, completo e perfeito (*tèleion, Phys.* III, 6, 207a1-16). Se o espaço e o tempo fossem concebidos como conjuntos infinitos de pontos discretos, isto é, separados pelo vazio, teria razão Zenão com os seus paradoxos: nenhum movimento seria possível, porque percorrer um segmento espacial mesmo que mínimo, mas composto de infinitos pontos, demandaria, em todo caso, um tempo infinito (portanto, Aquiles jamais alcançaria a tartaruga). E, como a velocidade de um corpo em movimento é inversamente proporcional à resistência do meio em que se move, um corpo em movimento no vazio se deslocaria a uma velocidade incomensurável em relação à velocidade dos corpos que se movem num meio. Além do mais, no vazio, corpos de tamanhos diferentes se moveriam com a mesma velocidade – uma consequência absurda para Aristóteles, não para a física galileana! (ibid. IV, 8, 216a11-219). Antes mesmo de serem refutáveis dialeticamente, essas consequências da hipótese da existência do vazio são, aliás, contestadas pelos fatos observáveis (Aquiles alcança a tartaruga, nenhum corpo tem velocidade incomensurável), por isso a hipótese é insustentável e o mundo deve ser concebido como um corpo composto de partes contíguas (ibid., 6-9).

Quanto ao infinito, admitir a sua existência em ato comportaria duas concepções igualmente inaceitáveis, porque incompatíveis com a visão de um cosmo ordenado: que o corpo do mundo seja infinito, e/ou, como sustentara Demócrito, que existam infinitos mundos. Para Aristóteles, era necessário delinear uma teoria do infinito que evitasse a explosão do cosmo realizado na sua finitude sem, contudo, anular totalmente os seus traços, mas sim convertendo-os numa dimensão interna da finitude do cosmo: nascia, assim, a concepção do *infinito potencial* que representa um dos pontos mais altos da filosofia aristotélica. A série de números naturais resulta, portanto, infinita por adição: não existe um número infinito, mas é infinitamente possível indicar um número maior do que qualquer número dado. O *continuum* espacial é, por sua vez, infinitamente divisível: todo segmento dado pode ser ulteriormente dividido sem que o processo possa jamais se deter num segmento infinitamente pequeno. Inversamente, as partes obtidas por divisão podem ser indefinidamente somadas, sem que se obtenha, assim, algum comprimento infinito, mas apenas uma recomposição do segmento original (*Phys.* III, 6, 206b3 ss.).

O *continuum* temporal é infinito em ambos os sentidos, por adição (pode-se sempre conceber um instante posterior a qualquer instante dado) e por divisão. O caráter anômalo que é conceitualmente próprio do pensamento do infinito consiste nisto: ao contrário das outras potencialidades naturais, o infinito jamais pode se atualizar (justamente porque o infinito em ato é impensável), portanto, mantém-se sempre no estado de um processo interminável. Num âmbito cosmológico, por outro lado, o infinito se caracteriza sobretudo como a infinita *repetição* dos processos da natureza e dos céus, fornecendo, assim, contra os atomistas, a garantia de permanência da ordem do mundo (*Phys.* III, 4-8).

O esclarecimento teórico das questões do vazio e do infinito se mostrava preliminar à definição das coordenadas em que se inscreviam o movimento, o espaço e o tempo, que se devem pensar como dimensões contínuas e só potencialmente infinitas. Aristóteles não aceitava uma visão tridimensional do espaço de tipo euclidiano. Em vez disso, contrapunha a ela a noção de "local", *tòpos*: o local não é em si mesmo um corpo, mas é pensável somente em relação à existência de corpos em movimento no interior do cosmo. O local de um corpo é constituído pelo limite interno, isto é, pela superfície, do corpo que o contém. Essa concepção da colocação espacial dos corpos se torna possível pela assunção da contiguidade das partes que formam o corpo do mundo; por outro lado, o caráter finito desse corpo faz com que ele não tenha local, pois no seu exterior não há nenhum corpo que o contenha (*Phys.* IV, 1-5). A teoria aristotélica do local-espaço apresenta uma importante saída numa direção cosmológica. Existem, de fato, dimensões absolutas do espaço; em primeiro lugar, a dimensão alto/baixo e, de modo derivado, a dimensão direita/esquerda (determinada pela posição em relação ao eixo vertical), de modo que se pode falar de um "alto" e de um "baixo" do mundo. Essa distribuição vertical do espaço cósmico é determinada, como veremos, pela direção do movimento "natural" dos corpos graças à nossa leveza (que leva em direção ao alto) ou ao nosso peso (que faz cair para baixo): cf. *De caelo* IV, 3; *Phys.* IV, 4-5.

Quanto ao tempo, ele não é movimento, mas não existiria se não houvesse entes em movimento. A temporalidade é, portanto, coextensiva ao campo das "coisas da natureza"; fora dela ficam os entes eternos e imóveis (divinos ou matemáticos que sejam). O tempo é contínuo como o movimento, e é potencialmente infinito tanto em direção ao futuro quanto em direção ao passado (o que é exigido, como veremos, pela eternidade do cosmo e dos movimentos que o constituem). A continuidade e a infinitude potencial do tempo se radicam naquele seu núcleo de base que é o instante presente e que chamamos de "ora" ou "agora" (*nyn*, latim *nunc*): "O *nyn* é a continuidade (*synècheia*) do tempo" (*Phys.* IV, 13, 222a10). "Tal como o *agora* é fim e princípio do tempo, mas não do mesmo tempo, mas fim do passado e início do futuro – como o círculo que na mesma parte é, em certo sentido, côncavo e convexo –, assim também o tempo estará sempre no princípio e no fim" (ibid., 222a33 ss.). A duplicidade do instante presente produz a divisão estrutural do tempo segundo "o antes e o depois": o tempo é, portanto, segundo a célebre fórmula aristotélica, "o número do movimento segundo o antes e o depois" (ibid., 11, 219b2). O tempo, por isso, representa a dimensão *numerada*, isto é, mensurável, quantificável, do movimento, assim como o local constituía a determinação espacial. Há, contudo, uma diferença importante. Ao contrário do local, o tempo é estreitamente ligado à alma, porque a atividade de numerar e mensurar é uma função própria da alma. Aliás, escreve Aristóteles, podemos nos perguntar "se haveria ou não o tempo se não houvesse a alma" (ibid., 14, 223a21 ss.). A resposta é problemática: negativa de um lado, porque justamente nada na natureza pode numerar a não ser a alma; positiva de outro, porque a estrutura temporal do "antes/depois" está inserida no movimento, e é possível que haja movimento mesmo sem alma. O tempo, portanto, não está apenas no sujeito, tampouco apenas no objeto, mas constitui, antes, uma articulação entre os movimentos do mundo natural, cuja estrutura ontológica é distribuída pelo nexo entre potência e ato, e o modo como nós o apreendemos, produzindo uma compreensão sua medida e disposta em sequências ordenadas.

De outro ponto de vista, porém, o tempo constitui a conexão entre a esfera astral e o mundo sublunar da natureza e dos homens. O nexo é, nesse caso, favorecido pela experiência cotidiana e pelo uso linguístico habitual. A medida do tempo é, com efeito, dividida em anos, estações, meses, dias, e o que permite essa medida é o movimento da esfera celeste, isto é, principalmente do Sol. Fala-se, de fato, do "ciclo" das coisas humanas e de todas as coisas que se movem por natureza, e tudo isso não faz senão remeter à conexão de fundo entre a temporalidade, a sua medição e o céu astral (*Phys.* IV, 14, 223b22-32). Fundar a temporalidade do mundo sublunar no movimento circular da esfera celeste (que fornece, por assim dizer, as suas unidades de medida) significava para Aristóteles uma garantia adicional do caráter finito, fechado, repetitivo, portanto, ordenado, dos movimentos que dão vida ao cosmo; significava, além do mais, garantir que as regiões em que o mundo fora subdividido não fossem desprovidas de comunicação entre si nem dos vínculos hierárquicos necessários.

Esse mundo, como já vimos, é articulado em dois níveis, ou melhor, em duas esferas. A primeira é a esfera dos astros, com os seus movimentos circulares eternos e imutáveis, capaz de marcar os ritmos da natureza inteira (já essas características e esse tipo de causalidade permitem considerar a esfera celeste como "divina"). A segunda é constituída pelo mundo da natureza sublunar, cujos movimentos são retilíneos, suscetíveis de nascimento e morte, e caracterizada pela presença estrutural da matéria corruptível, com o inevitável gradiente de desordem que ela comporta. Essa segunda esfera tem, contudo, um interesse relevante porque constitui o âmbito ao qual pertence a natureza viva e no qual se desenrola a vida humana: é, portanto, num sentido forte, o *nosso mundo*.

A exposição da vertente cosmológica da física aristotélica pode se iniciar de modo conveniente "a partir de baixo". A matéria se apresenta ao conhecimento já sempre qualificada, parcialmente formada. Nesse primeiro e fundamental nível de organização situam-se as quatro *dynàmeis*, qualidades, propriedades ou estados da matéria: quente e frio (propriedades ativas), sólido e fluido, ou seco e úmido (os termos *hygròn* e *xeròn* são traduzíveis das duas maneiras), que por sua vez são passivos. No mesmo nível se situam, ademais, os quatro elementos (*stoicheîa*), ar, água, terra e fogo (um quinto elemento, que Aristóteles chamava de "primeiro corpo" e que a tradição denominou "éter", está ligado, como veremos, à região astral do cosmo aristotélico, enquanto as qualidades e os elementos de que estamos falando constituem a matéria da esfera sublunar).

Como facilmente se vê, Aristóteles depreende a *dynàmeis* e a *stoicheîa* da tradição empedocliana, em explícita oposição às alternativas propostas por Demócrito e pelo *Timeu* de Platão (*De caelo*, livro III; *De gen. corr.* II, 1-3). O primeiro formulara a hipótese da existência de partículas materiais indivisíveis (os átomos), desprovidas de qualidade, separadas pelo vazio e movidas por um movimento inercial; o devir e o perecer dos corpos resultariam de processos de agregação (por colisão) e separação dos elementos atômicos. Quanto a Platão, o *Timeu* sustentara que os elementos empedoclianos não são as "letras" (justamente *stoicheîa*) de que é composto o texto do mundo, mas sim agregados de letras, isto é, sílabas. Ar, água, terra e fogo são, de fato, redutíveis a sólidos elementares (esferas, cubos, pirâmides), por sua vez analisáveis nos triângulos retângulos isósceles e escaleno de que são gerados.

Essas duas teorias parecem a Aristóteles incapazes de explicar a composição efetiva dos corpos naturais e, a princípio, a dos vivos, com os seus processos regulares de reprodução, crescimento e morte. Do ponto de vista epistemológico, tanto Demócrito quanto Platão propõem uma concepção da natureza excessivamente reducionista, abstrata, matematizante, distante das propriedades observáveis dos corpos; com os seus elementos não qualitativos e discretos, impossibilitam, ademais, a concepção do corpo do mundo como um conjunto coeso, essencial para Aristóteles. A sua opção em favor da física qualitativa de matriz empedocliana daria a essa tendência uma ampla hegemonia na ciência e na filosofia da natureza da antiguidade (embora posições de derivação atomista nunca tenham deixado de se contrapor a ela).

Cumpre dizer que Aristóteles não conduz em lugar algum uma verdadeira demonstração do primado dos quatro *stoicheîa* e das quatro *dynàmeis*, limitando-se em geral a uma refutação das teses rivais. A razão disso reside provavelmente na evidência fenomênica que, em certo sentido, impõe o reconhecimento deles. Ar, água, terra, fogo estão ostensivamente presentes por toda parte na natureza, e ainda mais as propriedades ou camadas dos corpos, como quente e frio, fluido e sólido; evidentes e persuasivas, as mudanças de estado produzidas pelas duas qualidades ativas, como a evaporação, a liquefação, a solidificação por congelamento e assim por diante. A experiência visual e tátil do mundo natural, dos estados térmicos dos corpos, faz dos elementos e das qualidades *fenômenos* capazes de se impor à construção da teoria científica. E o seu papel é confirmado pela observação dos corpos vivos – decisiva para Aristóteles – cujos tecidos se mostram imediatamente compreensíveis como resultados da sua composição (*systasis, De part. an.* II, 1): assim, ossos e tendões apresentam um predomínio de materiais frios e terrosos, o sangue tem um predomínio de calor e fluido aquoso, e assim por diante. E isso é ulteriormente convalidado pelo processo de nutrição, em que elementos e qualidades são assimilados aos tecidos compostos por eles (*De gen. corr.* II, 8).

A partir daí, Aristóteles desenvolve, por um lado, no texto *Sobre a geração e a corrupção*, uma espécie de química dos elementos e das qualidades e, por outro lado, no tratado *Sobre o céu*, uma cinemática cosmológica. A primeira se funda no quadrado que esquematiza a produção dos elementos a partir das qualidades primárias:

$$\begin{array}{ccc} quente & > fogo < & seco \\ \wedge & & \vee \\ ar & & terra \\ \wedge & & \wedge \\ úmido & > água < & frio \end{array}$$

As transformações recíprocas dos elementos, que dão lugar aos materiais inorgânicos e principalmente aos tecidos dos corpos vivos e aos processos da sua nutrição, ocorrem por transição de um par de qualidades para o par seguinte do esquema, por exemplo, quente/úmido a úmido/frio, que comporta a condensação do vapor aéreo em água, ou do frio/seco ao quente/seco, que produz a combustão dos materiais terrosos.

Por outro lado, os elementos oferecem a Aristóteles, no âmbito físico-cosmológico, a base para a construção de uma complexa teoria da ordem dos movimentos primários. A jogada crucial consiste em atribuir aos elementos, além das qualidades primárias, um valor ponderal: assim, o fogo é leve, a terra é pesada, o ar e a água são intermediários entre eles. O peso dos elementos determina a direção do seu "movimento natural" (isto é, desde que não seja impedido ou invertido por causas externas, como, por exemplo, o lançamento de uma pedra para o alto), segundo o eixo alto/baixo do universo (que, de um ponto de vista esférico, pode se traduzir em periferia/centro). Portanto, o fogo tenderá a se mover para o alto, isto é, para a abóbada celeste, e a terra para baixo, isto é, em direção ao nosso planeta e ao seu centro. Se fossem livres para se mover e não se misturar nos corpos compostos, os elementos se disporiam, portanto, em quatro esferas concêntricas: do exterior para o interior, a esfera do fogo, do ar, da água e da terra (*De caelo* IV, 3). Esse esquema oferece no seu conjunto uma explicação satisfatória da distribuição principal da matéria no cosmo, assim como é observável nela, e também dos movimentos espontâneos dos corpos no seu interior (a queda dos terrosos, a ascensão da chama e do ar, o escorrer das águas entre céu e terra e na superfície terrestre).

Assim se formam uma camada superior (diríamos atmosférica) quente e seca, composta de ar e fogo, que é alimentada pelas exalações emitidas pela esfera inferior por efeito do calor solar, e uma camada inferior, fria e úmida porque composta de terra e água, que exala vapores por efeito do aquecimento da água. O ciclo da chuva depende do resfriamento sofrido por essa exalação; em bases semelhantes podem-se explicar os movimentos do ar que dão lugar aos ventos e os movimentos da terra dos quais se originam os terremotos. O aquecimento solar, variável segundo os ciclos sazonais, é a principal razão dos fenômenos meteorológicos e também daquelas mudanças climáticas e geológicas de longa duração que Aristóteles descreve numa extraordinária passagem dos *Meteorológicos* (I, 14).

Em última instância, a causa das próprias transmutações dos elementos é precisamente o movimento anual do Sol no círculo da eclíptica, do qual dependem os ciclos sazonais e as variações de temperatura (*De gen. corr.* II, 10-12): o movimento solar representa, portanto, a articulação que une, no único mundo, a esfera celeste e a esfera terrestre.

No entanto, há entre os dois níveis uma diferença substancial. Todos esses movimentos da esfera sublunar são retilíneos, incompletos e se referem a corpos compósitos. O caso da esfera dos astros é diferente.

Se existe um movimento simples e o movimento circular é simples e o movimento de um corpo simples é simples e o movimento simples é próprio de um corpo simples (*haploûn*) [...] é necessário que haja um corpo simples que, em virtude de sua própria natureza, contenha a propriedade de se deslocar em movimento circular (*De caelo* I, 2, 269a2-7).

Aristóteles, então, formula a hipótese da existência de um quinto elemento, de natureza ígnea, mas diferente do fogo sublunar, o "éter", que constitui a matéria dos astros. Eles devem conter um componente material, pois se movem (e são visíveis), mas, como o seu movimento circular é eterno, a matéria astral deve ser igualmente eterna, ao contrário da matéria dos elementos sublunares, que se apresenta sempre como compósita e sujeita aos processos de transformação, geração e corrupção (isto é, de nascimento e morte). Daí, para Aristóteles, a necessidade de introduzir uma espécie de "construto teórico", justamente o "éter", imposta pela exigência de fechar o esquema cosmológico de correspondência entre tipos de movimento e respectivos elementos; o "éter" serve de eixo de transição entre física terrestre, cosmologia e astronomia.

Abordando esse novo âmbito de reflexão, no livro I do tratado *Sobre o céu* Aristóteles – em cerrada discussão dialética com as teses rivais – enfileira energicamente os parâmetros segundo os quais se deve pensar o mundo (aqui entendido, sem dúvida, como "universo"). Trata-se de uma totalidade perfeita (*téleion*), a cuja completude nada falta porque nada é excluído dele, e deve ser concebida como um corpo tridimensional (capítulos 1-2). O "todo"-mundo, além disso, é finito, porque no infinito não há completude perfeita (5-7), é único porque se trata de uma forma que organiza a totalidade da matéria existente (8-9), e é eterno (aqui, uma polêmica áspera contrapõe Aristóteles a Platão; pelo menos segundo uma interpretação literal do *Timeu*, Platão havia sustentado que o universo, embora destinado a uma duração ilimitada, fora, porém, gerado no tempo, tese que Aristóteles não tem dificuldade em refutar como absurda nos capítulos 10-12). Mas a esses parâmetros acrescentou-se outro, de importância decisiva na concepção aristotélica do universo: a sua esfericidade, argumentada com base na perfeição da forma esférica e da sua relação com o movimento circular observável dos astros (II, 4).

Com esse último desenvolvimento, Aristóteles introduz uma novidade epistemológica radical na sua discussão cosmológica. Se até aqui ele havia explorado todas as potencialidades explicativas da velha noção empedocliana dos elementos-qualidade, agora ele recorre a uma das inovações científicas mais recentes: a construção de uma astronomia esférica, de base geométrica, levada a termo, no âmbito acadêmico, principalmente por Eudoxo. Dela Aristóteles deriva a concepção de um universo formado por esferas concêntricas que giram em torno da Terra imóvel, que terá, como veremos, consequências relevantes não só para a sua cosmologia como também para a sua metafísica. Nessa ordem de questões, em todo caso, a natureza dos "fenômenos" que Aristóteles descreve e explica também parece se alterar. Está distante o âmbito dos fenômenos sensíveis, observáveis ou táteis, que constituía o material de trabalho da física "sublunar". Aqui, pelo contrário, estamos principalmente diante dos fenômenos que fazem parte dos *legòmena* e dos *èndoxa*, das opiniões difundidas e respeitadas, das teses cosmológicas rivais, das crenças populares sobre a divindade dos céus. Assim, a abordagem dialética vem substituir em ampla medida a referência à evidência sensível com a qual podiam contar, por exemplo, as várias declinações da teoria dos elementos-qualidade.

Essas múltiplas referências – à astronomia matemática, aos adversários a refutar, aos *èndoxa* a confirmar na medida do possível – inevitavelmente geram dificuldades e tensões na argumentação cosmológica que Aristóteles desenvolve no texto *Sobre o céu*. Dos astrônomos como Eudoxo ele deriva o modelo de um movimento dos astros devido ao movimento das esferas em que estão fixados, esferas que induzem reciprocamente o seu próprio movimento, por contato, a partir da esfera das estrelas fixas, a mais externa, até as esferas dos planetas (entre eles, o Sol) e a esfera da Lua. Esse modelo é importante para Aristóteles porque lhe permite uma refutação eficiente da tese platônica que atribuía o movimento dos astros à "vontade" cósmica da alma do mundo. No entanto, segundo Aristóteles, o mundo é plenamente capaz de funcionar sem a intervenção de uma função da alma externa a ele.

O movimento dos astros ocorre sem esforço e de forma natural, não precisa de nenhuma "violência que o obrigue" a realizar movimentos diferentes dos naturais, ou de um Atlas que sustente o céu (*De caelo* II, 1, 284a15-23); é-lhe ainda menos necessária, acrescenta Aristóteles com uma ponta de ironia, uma alma (como a platônica) que se fatigue no esforço insone de garantir o movimento de um céu renitente (ibid., 284a27-35). Na verdade, "nenhum astro se move por um movimento devido a uma alma (*èmpsychon*) nem forçado"; os astros, ademais, não se movem por si, mas por obra das esferas em que estão fixados (II, 9, 291a22-28). O argumento de Aristóteles nessa última conclusão é o recurso a um *phainòmenon* um tanto bizarro: se os astros se movessem por si, o atrito com a massa de ar e de fogo que ocupa a faixa superior do universo produziria um barulho não apenas perceptível por nós como também tão violento que provocaria efeitos catastróficos na Terra.

No entanto, Aristóteles, por outro lado, não tem nenhuma intenção de se opor à crença tradicional e amplamente difundida na divindade dos astros (quase um século antes, Anaxágoras fora processado e exilado por uma acusação desse tipo). Pelo contrário, ele invoca como testemunha, enquanto *phainòmenon*, a convicção de que "todos, entre os bárbaros e os helenos, acreditam nos deuses", como confirmação da sua teoria de que os astros são divinos e eternos (*De caelo* I, 3, 270b4-11); a divindade dos astros fora sustentada por Aristóteles nos escritos destinados à publicação (I, 9, 279a30-35), e o testemunho dos *èndoxa* em seu favor, dessa vez referente à tradição que provém dos "homens originais e antiquíssimos", é reafirmado no próprio cerne da cosmoteologia aristotélica (*Metaph.* XII [*Lambda*], 8, 1074a38 ss.). Os astros, portanto, como divindades pessoais, levam por toda a eternidade a vida (*zoè*) melhor e perfeitamente autossuficiente (*De caelo* I, 9, 279a21 ss.); o céu no seu conjunto é dotado de alma (èmpsychos), e por isso tem em si, como um ser vivo, o princípio do seu movimento (II, 2, 285a29 ss.).

Essa atribuição de vida e, portanto, de alma aos astros e ao céu constitui, à primeira vista, uma contradição com a tese antiplatônica de que o movimento astral não demandaria a intervenção constritiva de uma alma cósmica. A contradição pode ser atenuada, se não removida, pela consideração de que Aristóteles está rejeitando a concepção de um sujeito (justamente a alma platônica) heterogêneo em relação ao cosmo, que governa os seus movimentos segundo um desígnio autônomo próprio, que se opõe às potencialidades de desordem inerentes à matéria constituinte do corpo do mundo. Em vez disso, mantém-se aceitável para Aristóteles uma visão da alma como dimensão vital interna dos corpos astrais, que são princípios do próprio movimento natural, ordenado igualmente ao de todos os demais seres vivos. Além disso, pensar nos astros como seres vivos, dotados de alma e corpo e com um movimento natural próprio, permite que Aristóteles supere, pelo menos no âmbito dialético, algumas aporias geradas pela sua abordagem cosmológica.

A primeira delas consiste na dificuldade de pensar que o mundo – como Aristóteles considera irrenunciável – apresenta dimensões absolutas (alto/baixo, direita/esquerda), embora o universo deva ser concebido como esférico. Se, porém, o "céu" no seu conjunto é pensado como um ser vivo, dotado de alma e de princípio próprio de movimento, pode-se concluir que ele será, tal como todos os seres vivos, organizado segundo o alto e o baixo, a direita e a esquerda; que esse espaço esteja inscrito numa esfera não elimina, segundo Aristóteles, a articulação dimensional (*De caelo* II, 2, 285a29 ss.).

A segunda aporia é mais complexa. No seu sistema astronômico, que Aristóteles segue no *De caelo*, Eudoxo atribuía ao céu das estrelas fixas, que é o mais externo, um único movimento; a cada um dos planetas sucessivos, ou seja, gradualmente mais internos, atribuía quatro movimentos diferentes; ao Sol e à Lua, que estão mais próximos da Terra, atribuía apenas três; a Terra, enfim, era considerada imóvel. Tudo isso se fazia necessário pela exigência de reduzir as irregularidades observáveis no movimento dos planetas a um modelo geométrico que permitisse continuar a concebê-lo como regular e uniforme, segundo a instância platônica. As irregularidades aparentes, portanto, eram atribuídas ao fato de que a órbita de todo planeta resulta da composição do movimento de diversas esferas homocêntricas. Porém, assim fica faltando, observa Aristóteles, uma relação direta entre a ordem dos planetas e a complexidade e a multiplicidade dos seus movimentos; em outros termos, não encontramos neles um aumento de irregularidades que seja proporcional à sua distância do céu mais externo.

A resposta de Aristóteles é surpreendentemente antropomorfa, aliás, em geral "biomorfa". A atividade dos astros deve ser pensada como a de seres vivos como os homens, os animais e as plantas. Entre os vivos, quem goza da perfeição, como um deus, não precisa realizar nenhuma ação, ou pode realizar apenas uma; quem pode alcançar fins próximos à perfeição, como o homem, realiza, no entanto, numerosas ações para esse fim; quem, porém, não pode aspirar a isso realiza poucas ações, ou nenhuma ação. E eis como os resultados dessa análise são aplicados à aporia astronômica de matriz eudoxiana. O céu das estrelas fixas, que realiza um único movimento, pertence para Aristóteles ao primeiro nível; os planetas mais externos, dotados cada qual de quatro movimentos distintos, pertencem ao segundo nível; o Sol, a Lua e a Terra, por fim, entram no terceiro grupo (*De caelo* II, 12, 292a18ss.).

Essa sobreposição de uma espécie de "escala natural" ao modelo astronômico eudoxiano, com vistas a explicar as suas dificuldades com base nas diferentes atitudes dos vivos, gera, porém, um paradoxo do qual Aristóteles parece não ter se dado conta, ou que considerou irrelevante: o paradoxo de atribuir diferentes graus de perfectibilidade aos astros para explicar os seus movimentos complexos, ao mesmo tempo que se insiste vigorosamente na sua condição divina, como se entre os deuses fosse possível estabelecer uma hierarquia de perfeição, levada ao ponto de negar a alguns deles, como o Sol e a Lua, até mesmo a possibilidade de se aproximar da perfeição do primeiro céu. Aqui cabe notar que, discutindo e retificando o modelo eudoxiano no capítulo 8 do livro XII [*Lambda*] da *Metafísica*, Aristóteles não mencionou de forma alguma essa aporia e muito menos a solução "biomorfa" proposta no *De caelo*.

Uma outra aporia, também mais grave no plano teórico, se mostra, certamente não de forma explícita, precisamente na relação entre o *De caelo* e a discussão cosmoteológica do próprio livro XII da *Metafísica*, onde Aristóteles apresenta a sua célebre teoria do motor imóvel. A concepção dos astros, em especial da esfera das estrelas fixas e do conjunto celeste como divindades vivas, comporta que também lhes seja atribuído o movimento (que, aliás, é explicado justamente por causa da sua natureza de seres vivos). "A atividade de deus é a imortalidade, isto é, uma vida (*zoè*) eterna, de modo que é necessário que a deus caiba um movimento eterno", o circular (*De caelo* II, 3, 286a9 ss.). Contudo, se o céu e os astros são viventes que têm em si o princípio do seu próprio movimento, qual é a função cosmológica de um "primeiro motor", teorizado no livro VIII da *Física* e no XII da *Metafísica*? E ainda: a divindade é em si mesma dotada de um movimento peculiar próprio; por que, então, aquele "primeiro motor" é, pelo contrário, "imóvel"? Abordaremos esses problemas, que indicam, se não uma contradição, pelo menos uma mudança de perspectiva na cosmologia aristotélica, no capítulo XIV.

O movimento eterno e ordenado do céu encerra, em todo caso, a ordem do cosmo aristotélico. Um cosmo finito, único, perfeitamente completo e, acima de tudo, dotado de vida em todas as partes: o movimento é a vida da natureza; os astros, que constituem a sua unidade de medida, são animados e vivos; o Sol constitui a articulação que une a esfera celeste à esfera sublunar, governando o ciclo de transformações dos seus elementos primeiros, que, por seu lado, formam a matéria viva. Os aspectos qualitativos e até zoomórficos da física, da "química" e da cosmologia de Aristóteles, a sua ligação imediata, de um lado, com a experiência de observação e, de outro lado, com as crenças difundidas, fizeram com que tenham sido frequentemente consideradas como a vertente mais infeliz do seu pensamento ("infantil e primitiva", nas palavras de Thomas Kuhn). Por outro lado, foi precisamente essa ligação que garantiu o seu sucesso e a sua influência duradoura. O esforço obstinado em dar conta de um imenso espectro de dados da experiência no quadro unificado de uma imagem do cosmo capaz de atender a profundas exigências de ordem, unidade, fechamento era digno, isso sim, do poder do pensamento aristotélico.

Nota bibliográfica

Sobre os temas deste capítulo, ver a título introdutório os ensaios de S. Broadie, T. Scaltas, M. J. White, U. Coope, in Anagnostopoulos (orgs.), *A Companion to Aristotle*, citado na bibliografia do cap. VII. Importantes em geral R. Sorabji, *Time, Creation and the Continuum*, Duckworth, Londres, 1983; id., *Matter, Space, and Motion*, Duckworth, Londres, 1988; S. Waterlow, *Nature, Change and Agency in Aristotle's 'Physics'*, Clarendon Press, Oxford, 1982. Em especial sobre a questão do espaço e do tempo, J. Moreau, *L'espace et le temps selon Aristote*, Antenore, Pádua, 1965; R. Brague, *Du temps chez Platon et Aristote*, PUF, Paris, 1982. Sobre os elementos e as qualidades, cf. G. Freudenthal, *Aristotle's Theory of MaterialSubstance. Heat and Pneuma, Form and Soul*, Oxford University Press, Oxford, 1995, além dos ensaios reunidos em C. Viano (org.), *Aristoteles Chemicus*, Academia Verlag, Sankt Augustin, 2002; ver também J. Althoff, *Warm, Kalt, Flüssig und Fest bei Aristoteles. Die elementärqualitaten in den zoologischen Schriften*, Steiner, Stuttgart, 1992.

O mais amplo comentário ao *De caelo* é agora o organizado por A. Jori, *Aristoteles. Über den Himmel*, Akademie Verlag, Berlim, 2009 (versão reduzida em italiano editada por Rusconi, Santarcangelo, 1999); edição de referência aos cuidados de P. Moraux, Les Belles Lettres, Paris, 1965. Sobre a relação entre cosmologia e teologia no *De caelo*, na *Física* e na *Metafísica*, ver C. Natali, *Cosmo e divintà*, Japadre, L'aquila, 1974. O mais extenso comentário ao *De generatione et corruptione* é agora o organizado por M. Rashed, *Aristote. De la génération et la corruption*, Les Belles Lettres, Paris, 2005, mas ainda é útil o comentário de H. H. Joachim, Clarendon Press, Oxford, 1922; ver ainda os ensaios reunidos em F. De Haas e J. Mansfeld (orgs.), *Aristotle's on Generation and Corruption I*, Oxford University Press, Oxford, 2004; e G. Giardina, *La chimica fisica di Aristotele*, Aracne, Roma, 2008. Sobre as duas obras, ver também F. Repellini, *Introduzione a 'De caelo. De generatione et corruptione' di Aristotele*, Utet, Turim, 1985.

Capítulo X
O vivente e a alma

> É preciso declarar as determinações próprias do animal, descrevendo o que é, o que é cada uma e todas as suas partes [...]. Se, após tudo isso, é alma ou uma parte da alma ou algo que não pode ser sem alma [...] cabe ao naturalista tratar e ter ciência da alma, se não na sua totalidade, pelo menos de quanto nela faz com que o animal seja aquilo que é [...]. De modo que, também desse ponto de vista, quem estuda a natureza deverá falar mais da alma do que da matéria, tanto mais porque a matéria é natureza graças à primeira.
> Aristóteles, *De partibus animalium* I, 1, 641a.

> As afecções da alma são formas contidas na matéria [...]. Por essa razão é, sem dúvida, tarefa do naturalista tratar da alma [...]. O naturalista e o dialético, porém, definirão cada uma dessas afecções de modo diferente. Por exemplo: o que é a cólera? Enquanto o dialético a definiria como "desejo de vingança" ou algo semelhante, o naturalista a definirá como "ebulição do sangue e do calor próximos ao coração". O naturalista indica a matéria; o dialético, a forma e a essência.
> Aristóteles, *De anima* I, 1, 403a.

I

A natureza viva – plantas e animais – constituía para o saber aristotélico um vasto continente, até então praticamente inexplorado, a ser investigado sistematicamente e a ser anexado ao desenho da enciclopédia, um pouco como foi a América para os viajantes e os conquistadores europeus do Renascimento.

De certo ponto de vista, pode-se dizer que as grandes estruturas conceituais elaboradas por Aristóteles (a teoria das causas, o finalismo, os pares ato/potência, forma/matéria, substância/atributos) serviam como um sistema de projeção cartográfica capaz de *constituir* esse continente na sua configuração e na organização dos seus processos fundamentais. De modo recíproco, também é verdade que essas mesmas estruturas, perante a complexa realidade do vivo, vinham se afinando e se definindo melhor, assumindo sua forma definitiva; por essa razão, os grandes tratados zoológicos de Aristóteles interagem, numa relação de dependência biunívoca, com as suas principais obras teóricas, da *Física* aos livros centrais da *Metafísica*.

Era justamente a falta de uma instrumentação teórica adequada que havia impedido, segundo Aristóteles, que os seus predecessores chegassem a uma compreensão satisfatória do mundo da natureza viva. Aos naturalistas pré-socráticos, como Empédocles e os atomistas Leucipo e Demócrito, ele objetava que a sua tendência de reduzir os fenômenos biológicos aos componentes da matéria, fossem elementos ou átomos, havia impossibilitado trazer à luz a legalidade específica dos processos vitais: por exemplo, a regularidade dos ciclos reprodutivos não pode ser explicada pelos movimentos casuais dos átomos, e a estrutura dos órgãos só pode ser compreendida a partir da finalidade das funções que se destinam a cumprir. Nesses dois casos, somente a abordagem teleológica da filosofia aristotélica da natureza, com a correta relação entre as diversas causas que ela intui, pode servir como instrumento heurístico adequado a esse campo de conhecimento.

Quanto ao platonismo, Aristóteles levantava, em primeiro lugar, uma crítica de ordem axiológica, como vimos no capítulo terceiro: a desvalorização do saber naturalista se baseava no pressuposto de que os processos naturais são desprovidos da ordem invariante que garante a beleza exemplar dos processos astrais, que por sua vez são a manifestação visível do mundo ideal. Mas isso, contestava Aristóteles no livro I do *De partibus animalium*, decorre apenas da incapacidade dos platônicos de compreender que também a natureza viva é governada por uma ordem finalista, por uma legalidade imanente que a torna um âmbito de conhecimento dotado de peculiar "beleza" e de nobreza própria, desde que se saiba reconhecê-las.

Desses pressupostos nasce o imenso trabalho que Aristóteles conduziu para explorar o novo continente do saber. Os tratados referentes a ele ocupam cerca de um terço da obra aristotélica e constituem, sem dúvida, uma das maiores heranças do seu pensamento: negligenciado em vantagem da metafísica e da lógica na Antiguidade tardia e na Idade Média, ele foi plenamente reconhecido a partir do Renascimento e acompanhou a formação das ciências biológicas modernas.

Mas a esse imponente *corpus* científico Aristóteles antepunha uma espécie de "prólogo" filosófico, o tratado *Sobre a alma* (embora, a bem da verdade, trate-se de um prólogo em sentido conceitual e não estritamente cronológico, pois esse escrito é tanto uma premissa teórica quanto um resultado do trabalho da pesquisa biológica e é contemporâneo aos tratados referentes a ela).

Do nosso ponto de vista, pode parecer surpreendente que um texto de natureza psicológica como aquele sobre a alma possa servir de premissa ao campo de saber biológico. A surpresa deriva da concepção moderna de alma como "mente" ou como entidade espiritual, e frequentemente como prerrogativa exclusiva da espécie humana. Não é essa a concepção de alma própria de Aristóteles; para ele, que aliás estava elaborando teoricamente uma atitude muito difundida na tradição grega, "alma" (*psychè*) é, de fato, coextensiva à vida, representando o conjunto das faculdades ou funções próprias dos corpos orgânicos enquanto tais, portanto, "o princípio dos viventes" (*De an*. I, 1, 402a6).

Essas faculdades representam outros tantos estratos que se articulam na alma. Os vegetais dispõem apenas das funções de nutrição, crescimento e reprodução; a alma deles, portanto, é "vegetativa" (*phytikòn*) ou nutritiva (*threptikòn*). Os animais têm, além disso, a faculdade perceptiva, que é indispensável ao movimento voluntário – sua alma é, pois, também "perceptiva" (*aistheitikòn*). Os homens, por fim, dispõem de inteligência e pensamento, portanto, de uma alma "racional" (*logistikòn*). Os estratos superiores da alma não poderiam existir sem os inferiores (não se percebe se não se alimenta, não se pensa se não se percebe), e, inversamente, esses últimos são finalizados, nos vivos que apresentam uma organização mais complexa, conforme a funcionalidade dos primeiros (II, 3, 415a2 ss.; III, 12).

Fica claro, então, como a psicologia, enquanto teoria de uma alma pensada nessa coextensão ao vivo, pode desempenhar o papel de ciência biológica geral e de premissa ao *corpus* das grandes obras zoológicas. Quanto a essas últimas, a concepção da alma como conjunto estratificado de faculdades/funções próprias dos corpos vivos tem, ademais, um papel heurístico decisivo, ligando numa relação teleológica a anátomo-fisiologia dos órgãos à psicologia das faculdades. A estrutura somática dos grandes aparelhos (nutritivo, reprodutivo, perceptivo, motor) pode ser explicada em referência às funções "psíquicas" para as quais servem como suporte instrumental (nutrição, reprodução, percepção/pensamento, movimento voluntário). Todo o campo do vivente torna-se assim compreensível como a série ordenada das relações órgão/função e dos processos a que dão origem (uma ordem que nem o materialismo atomista nem o idealismo matematizante dos platônicos puderam explicar, segundo Aristóteles).

Apesar dessa sua função programática, ou talvez exatamente por causa dela, o tratado *Sobre a alma* é um dos escritos mais tortuosos e problemáticos de Aristóteles. Aqui o filósofo conduzia um ardente confronto dialético não só com as doutrinas dos seus predecessores, dos pitagóricos a Platão, mas também e principalmente com as dificuldades e as incertezas que surgem no seu próprio campo de investigação e são tão grandes quão ambiciosa e inovadora é a sua intenção teórica. No pano de fundo estava também o diálogo com os outros grandes escritos filosóficos aristotélicos, desde os livros VII-IX e XII da *Metafísica* ao livro II da *Física* e à *Ética a Nicômaco* (sobretudo no livro II do *De anima*) e naturalmente com as obras zoológicas, em especial com o livro I do *De partibus animalium*.

A definição de alma, proposta por Aristóteles no início do livro II da obra, após a discussão sobre as teses dos predecessores, mesmo assim, aparece claramente formulada. A alma é mesmo uma substância (*ousìa*), mas não no sentido platônico de uma entidade separada do corpo; pelo contrário, ela é substância no sentido de "forma (*eîdos*) de um corpo natural que tem a vida em potência" (II, 1, 412a20), ou também – tal como a posse do conhecimento é primária em relação à sua utilização – "ato primeiro de um corpo natural [...] dotado de órgãos" (412a27 ss.). Portanto, a alma é para o animal o que é a visão para o olho (412b18 ss.): disso se segue com toda a clareza que a alma não é separável do corpo vivo, tanto quanto a visão não o é do olho (sem olho não há visão e sem visão o olho não é propriamente tal). A alma não é um corpo, mas não existe sem um corpo (II, 2, 414a19-22); é preciso, ademais, que haja uma mútua adequação entre o tipo de alma e a estrutura do corpo, cuja função vital é representada por ela (a alma perceptiva não poderia existir num corpo desprovido de sentidos). Tudo isso torna evidentemente absurda a teoria pitagórica, empedocliana e platônica de uma reencarnação das almas; além de a alma não sobreviver à morte do corpo, ela tampouco poderia "vestir" um corpo qualquer como se troca de roupa (I, 3, 407b11 ss.; II, 2, 414a22-27).

Desde o início da obra, Aristóteles insistia decididamente no vínculo indissociável que liga a alma ao corpo.

> No que se refere à maioria das afecções da alma, tem-se que a alma não sofre nem não opera nada independentemente do corpo, como é o caso da cólera, da coragem, do desejo e, em geral, da sensação, ao passo que o pensamento se assemelha acima de tudo a uma afecção própria da alma. Se, porém, o pensamento é uma espécie de imaginação (*phantasìa*) ou não opera sem a imaginação, então, tampouco ele poderá ser independente do corpo. Assim, se entre as atividades ou afecções da alma houver alguma que lhe seja própria, a alma poderá ter uma existência separada; mas, se não houver nenhuma que lhe seja própria, não será separável (I, 1, 403a5-12).

Assim, dizia Aristóteles de modo eficaz que as afecções da alma são *lògoi enyloi*, conceitos imanentes à matéria (403a25). Especialmente iluminador o exemplo de uma paixão como a ira. Ela é suscetível tanto de uma descrição conceitual (dialética), como "desejo de vingança", quanto de uma descrição física, como "aquecimento e ebulição do sangue ao redor do coração". "O físico – escrevia Aristóteles – indica a matéria; o dialético, a forma e a essência" (I, 1, 403a29-b2). É claro que não haveria ira sem o aumento da temperatura sanguínea, mas esta, por si só, ainda não é ira (do mesmo modo, não haveria uma casa sem tijolos, mas os tijolos por si sós não definem uma casa, que é "abrigo para as intempéries", o que indica a forma e o fim do empilhamento de tijolos): o estudioso da natureza deverá levar em conta ambos os aspectos, abordando os processos psicossomáticos na sua unidade articulada.

Até aqui, a posição de Aristóteles se apresentava claramente como uma forma moderada de *ilemorfismo*. Por um lado, rejeitava a oposição entre alma imortal e corpo mortal traçada por Platão, por exemplo, no *Fédon*, antecipando, assim, também uma crítica ao futuro dualismo cartesiano de *res cogitans* e *res extensa*; por outro lado, rejeitava também o reducionismo organicista das funções psíquicas ao substrato somático, próprio dos naturalistas pré-socráticos e dos médicos antigos, que viria a ser vigorosamente retomado por Galeno e ainda em nossos dias por uma parte das neurociências.

Mas não sem incertezas e aporias teóricas. A aparente solidez desse quadro de pensamento era, de fato, eivada por uma dúvida, que Aristóteles formulava com uma certa cautela. "*Parece* que o intelecto (*nous*) advém como uma certa substância e não se corrompe" (I, 4, 408b18 ss.); "o intelecto *talvez* seja algo mais divino e impassível (*apathès*)" (408b29); "está, portanto, claro que a alma (ou algumas partes suas, se por sua natureza ela é divisível em partes) não é separável do corpo, visto que a atividade de algumas partes suas é o ato das partes correspondentes do corpo. Contudo, nada impede que pelo menos algumas partes sejam separáveis, enquanto não são ato de nenhum corpo" (II, 1, 413a3-7). Tudo isso, acrescentava Aristóteles, ainda não está claro (àdelon). A bem da verdade, parecia ser claro, já que se asseverara que o pensamento (nous) não pode existir sem "representações" (ou imaginação, phantasìa), que a phantasìa é o sedimento da percepção e que a percepção não pode existir sem os respectivos órgãos dos sentidos. A dúvida aristotélica assinala, porém, uma persistente incerteza teórica sobre o ponto crucial da posição do nous em relação à corporeidade, ponto esse que voltará a ser tematizado, como veremos, nos capítulos 4 e 5 do livro II do De anima.

Por ora, pondo de lado a aporia, o discurso aristotélico se desenvolve seguindo o seu eixo principal, o exame das faculdades/funções da alma. No início há aquilo que podemos definir como o "grau zero" do psíquico, a faculdade vegetativa (isto é, de nutrição, crescimento e reprodução): ela pertence, como sabemos, a todas as formas da natureza orgânica, constituindo o próprio princípio da vida.

Mais complexa, naturalmente, é a discussão da faculdade perceptiva. Já expusemos no quarto capítulo a dinâmica do processo que conduz da sensação primária ao pensamento e ao conhecimento. Aqui basta lembrar que todo órgão sensorial dispõe da capacidade receptiva de acolher as formas sensíveis simples que lhe são apropriadas (cor para a visão, som para a audição, cheiro para o olfato, grau para a temperatura e dureza para o tato). O "sensível próprio" ativa a capacidade perceptiva no órgão; no ato perceptivo, o sensível e o órgão sensorial se fundem como dois polos de uma única realidade, como a marca que o sinete imprime na cera (II, 424a17-21). Todo ato perceptivo requer um meio, através do qual o sensível alcança o órgão próprio: serão o ar e a água para as sensações a distância, a carne para o tato que se exerce por contato com a epiderme (e a sensação presumivelmente é transmitida para a região cardíaca): cf. II, 6.

O tato é o sentido necessário à vida, porque nos oferece as informações ambientais indispensáveis à sobrevivência, ao passo que os outros sentidos são "em vista do bem", isto é, de uma melhor qualidade da própria vida (III, 12-13). O privilégio que Aristóteles, nessas passagens, concedia à sensação tátil contém alguns paradoxos interessantes. Com efeito, normalmente ele considerava que a sensação "mais cognoscitiva" era a visão e que a audição era igualmente essencial como o sentido que permite o ensino do mestre ao discípulo. No *De anima*, porém, o filósofo chegava a formular a tese materialista segundo a qual o homem é o mais inteligente dos animais porque dispõe de um sentido do tato muito mais preciso do que todos os outros (II, 9, 421a21-23). A afirmação é surpreendente à luz da célebre refutação aristotélica do materialismo de Anaxágoras. Ele sustentara que o homem é o mais inteligente dos animais graças ao processo das mãos, enquanto Aristóteles, sobre a base do axioma teleológico (é a função que cria o órgão, não vice-versa), replicava-lhe que o homem tem as mãos porque é o mais inteligente (*De part. an.* IV, 10, 687a8-23).

A delimitação do objeto próprio da sensação somente aos "sensíveis próprios" servia a Aristóteles para garantir a infalibilidade do ato perceptivo, que constitui – tanto contra o idealismo platônico quanto contra o materialismo de Demócrito – o fundamento empírico sobre o qual se baseia todo o edifício do conhecimento. A não ser por doença dos órgãos dos sentidos, nunca me engano quando digo "vejo branco" ou "sinto doce" (III, 3, 428b18-22). O erro pode nascer quando pronuncio juízos complexos do tipo "esse branco é o filho de Diares" ou "esse doce é mel".

Essa delimitação, porém, obrigava Aristóteles a sustentar que existem duas classes importantes de percepções que devem ser consideradas "acidentais" ou concomitantes (*katà symbebekòs*), no sentido de que se produzem junto aos atos perceptivos primários. A primeira classe compreende os chamados "sensíveis comuns" (isto é, não próprios de nenhum sentido), que são o movimento, o tamanho, a figura, o número, a diferença entre dois sensíveis próprios. A segunda classe compreende os objetos compósitos, que resultam da soma de vários sensíveis: por exemplo, o filho de Diares ou o mel (II, 6). A essas classes se soma um terceiro tipo de percepção, a consciência de perceber. A faculdade de perceber esses sensíveis "acidentais" e complexos é chamada de "percepção comum" (*koinè aìsthesis*), ou "primeira faculdade perceptiva" (II, 6; III, 1; III, 2, 426b17-29).

Nascia aqui, porém, uma nova e relevante dificuldade, que parece não ter recebido uma solução unívoca por parte de Aristóteles.

A essa faculdade perceptiva comum, cuja função, como se viu, é decisiva porque dela depende a imagem do mundo em que vivemos (objetos complexos que têm figura, movimento e assim por diante), além da consciência de perceber, corresponde um órgão de sentido específico, um "sensorial comum" (*koinòn aisthetèrion*)? O *De anima* parece voltado para uma resposta negativa (425a14): a percepção comum representaria, portanto, a unidade do processo perceptivo, que se articula nos diversos sentidos, mas que a cada momento coordena e integra os seus dados, produzindo, assim, a unificação entre os objetos complexos percebidos e a consciência da própria percepção. A posição aristotélica nos parece ser outra na *Parva naturalia*, escritos breves que integram o tratado psicológico principal examinando fenômenos psicofisiológicos particulares (a percepção, o sono, a memória, os sonhos, a respiração). Aqui Aristóteles tendia a indicar o coração como o princípio unificador da alma perceptiva (*Resp.* 469a5), alinhado com o cardiocentrismo predominante no *De partibus animalium*, onde, de fato, reafirmava o papel do coração como princípio da percepção (II, 10, 656a26-28; III, 4, 666a34-35). Todavia, não parece infundado supor que uma análise mais atenta dos processos perceptivos, como a conduzida no *De anima*, possa ter levado Aristóteles a atenuar ou a precisar melhor os seus postulados cardiocêntricos, preferindo confiar o papel da percepção comum não a outro órgão específico, mas, sim, à capacidade de unificação e de integração do processo perceptivo na sua complexa atuação.

A posição de eixo articulador entre os processos perceptivos e o pensamento é ocupada pela faculdade da *phantasìa* (representação ou imaginação). A imagem (*phantasma*) deriva do dado perceptivo (*aisthema*), que ela conserva "sem matéria", mesmo quando a percepção não está mais em ato (III, 8, 432a9-10; 3, 427b15). Em outros termos, a percepção se transforma numa representação mental, que torna disponíveis as impressões sensoriais à rememoração; o raciocínio prático e a consequente tendência de agir perseguindo um objetivo valem-se eles também de representações dos objetos desejáveis ou temíveis (ibid., 7, 431a14-17).

Onipresente na vida psíquica, a faculdade da *phantasìa* – que, ao contrário da percepção dos sensíveis próprios, é suscetível de erro, isto é, de fornecer imagens ilusórias – é indispensável ao exercício do pensamento. Ela produz, por assim dizer, um filtro e uma estabilização do material sensorial, transformando-o em "formas sensíveis", dizia Aristóteles, a partir das quais o trabalho do pensamento extrai as "formas inteligíveis" (noéticas) que são implícitas a elas (ibid., 7, 431b2; 8, 432a5 – a partir da representação da imagem sensível, o *phantasma*, de um cavalo, o *nous* obtém, portanto, a forma universal de cavalo, a sua definição de essência). Sobre esse nexo entre sensação, imagens e pensamento Aristóteles se expressava sem incerteza:

> Visto que não há coisa alguma, como parece, que exista em separado das grandezas sensíveis, as formas inteligíveis (*noetà*) se encontram nas formas sensíveis [...]. por esse motivo, se não se percebesse nada, não se apreenderia nem se compreenderia nada e, quando se pensa, é necessário que simultaneamente se tenha presente uma imagem. De fato, as imagens são como as sensações, exceto pelo fato de serem desprovidas de matéria (III, 8, 432a3-10).

Enfrentando a crucial discussão sobre a faculdade intelectiva (*nous* é traduzido tradicionalmente por "intelecto", mas também é possível vertê-lo por "pensamento"), Aristóteles partia de um estrito paralelismo entre o processo do pensamento e o processo da sensação, com a relevante diferença de que o primeiro não é atuado por nenhum órgão somático em particular. Portanto, o intelecto está para as formas inteligíveis assim como a faculdade perceptiva está para as formas sensíveis (III, 4, 429a13-18). Ele constitui uma potencialidade receptiva, passiva (por isso, Aristóteles o definia como *nous pathetikòs*, "intelecto passivo"), que não está em ato antes de pensar as formas inteligíveis, como uma placa de cera ainda não gravada, mas capaz de receber a escrita (403a1-2). Quando essa potencialidade se realiza no ato de pensar, o pensamento (*nous*) se identifica com o seu objeto pensado (*noùmenon*), literalmente *torna-se* a forma pensada (ibid., 430a4), tal como uma ciência é igual aos objetos de conhecimento sobre os quais versa.

Em outros termos, o ato de pensamento dá lugar a uma fusão entre sujeito e objeto, em que a polaridade ativa é a objetiva: são as formas inteligíveis que ativam a potencialidade cognoscitiva do *nous*, assim como eram os sensíveis que ativavam a potencialidade perceptiva dos órgãos dos sentidos.

O intelecto passivo, apesar de não estar ligado a nenhum órgão somático, é, segundo Aristóteles, individual e moral (III, 5, 430a24-5), em razão da sua estreita ligação com o processo perceptivo e as imagens dele derivadas, sem os quais não haveria nenhuma atividade de pensamento.

Até aqui, a descrição da faculdade intelectiva confirmava o paralelismo com a perceptiva. Mas nesse ponto – em poucas linhas do capítulo 5 do livro III do *De anima* – Aristóteles colocava uma questão teórica cuja solução, que permaneceu amplamente problemática no tratado, iria ocupar os comentadores da Antiguidade até os nossos dias. Ela pode ser formulada da seguinte maneira: o que determina a passagem das formas inteligíveis da potência ao ato, isto é, torna o pensável objeto efetivo de pensamento? E, paralelamente, o que determina a passagem do *nous* da potência ao ato, isto é, torna a sua potencialidade de pensar efetivamente pensante? Deve-se tratar de algo análogo ao que é a luz para a visão: ela torna as cores visíveis em objeto de visão e a potencialidade de ver do olho em ato de visão (III, 5, 430a15-17).

Para responder a essa pergunta, Aristóteles introduzia um intelecto diferente do receptivo e passivo: um *nous*, portanto, que desenvolvesse a função de uma causa eficiente. Enquanto o intelecto passivo é capaz de se tornar "todas as coisas", graças à sua identificação com as formas pensadas no ato de pensar, esse outro intelecto "ativo" é capaz de "produzir todas as coisas", no sentido de tornar pensadas as formas pensáveis e pensante o intelecto passivo, e é – acrescentava Aristóteles – uma "espécie de *hèxis*", isto é, uma disposição, uma capacidade ou vestimenta (430a14-15). Esse intelecto, ao contrário do passivo, é, segundo Aristóteles – e aqui reside o aspecto mais problemático e desconcertante da sua teoria –, "separável [do corpo], impassível e não mesclado, por essência em ato" (430a17-18), por isso, "imortal e eterno" (430a23). Aristóteles não diz mais nada, e essas suas afirmações são de difícil interpretação, porque, à primeira vista, chocam-se com a ligação, reafirmada diversas vezes, do pensamento com as imagens e a sensação, portanto, com a corporeidade, e também com a afirmação nesse mesmo capítulo de que mesmo o intelecto "produtivo" ou "ativo" está "na alma" (430a13), e, como sabemos, a alma é o conjunto das funções vitais de um corpo orgânico.

Dessa dificuldade nasceu uma controvérsia exegética secular, que se polarizou em torno de duas linhas interpretativas. De um lado, uma tendência antiga e respeitada, que remonta a Alexandre de Afrodisia e é sustentada por muitos estudiosos modernos (entre eles, por exemplo, Michael Frede), identifica o intelecto ativo com o *nous* divino que Aristóteles atribuía ao primeiro motor imóvel no capítulo 7 do livro XII da *Metafísica* (a esse respeito, ver aqui o capítulo XIV). Com efeito, a descrição aristotélica do intelecto divino como eterno, impassível, sempre em ato, separado, apresenta muitos traços em comum com a de *De anima*. Contudo, objeta-se que, enquanto o *nous* divino é um ente transcendente, uma substância e um sujeito pensante, o intelecto ativo é, por sua vez, uma capacidade, uma condição (*hèxis*); ademais, Aristóteles havia esclarecido que o sujeito do pensamento não é o *nous* nem a alma, mas o homem que pensa por meio da alma (I, 4, 408b11-15). Além disso, é difícil pensar que o pensamento divino, que tem a si mesmo como único objeto, possa intervir diretamente em todos os atos singulares de pensamento de cada indivíduo humano.

No extremo oposto, há a linha que remonta a Tomás de Aquino (ela também sustentada por estudiosos modernos como Lloyd Gerson), segundo a qual o intelecto ativo é uma faculdade da alma individual, o estado ativo do pensamento. A ela contrapõe-se que, assim, volta-se a atribuir à alma individual aquela condição de imortalidade que Aristóteles negara explicitamente, pelo vínculo indissolúvel que liga a própria alma ao corpo.

Recentemente, propôs-se uma terceira solução, que pretende superar as aporias inerentes a essas duas linhas interpretativas. Esta foi formulada de modo diverso por Charles H. Kahn e Enrico Berti, mas remonta, em certos aspectos, a perspectivas exegéticas já presentes em Temístio e Averróis. O intelecto ativo consistiria no patrimônio de saber e de verdade eternos acumulado pela espécie humana; ele é em ato e produtivo, porque precede e põe em movimento o processo de aprendizagem que todo indivíduo humano realiza, passando da potencialidade do conhecimento ao seu processo atual, e é naturalmente imortal, porque sobrevive à morte dos indivíduos. Quando Aristóteles escrevia no *De generatione animalium* que as outras faculdades psíquicas se formam durante o desenvolvimento do embrião, "somente o *nous*, no entanto, provém de fora e somente ele é divino, porque a atividade corpórea não possui nada em comum com a sua atividade" (II, 3, 736b27-29), ele pretenderia dizer, portanto, que "o exterior" do qual provém a inteligência é o patrimônio de conhecimento que preexiste à atividade psicossomática de cada um.

Essa tese exegética apresenta, sem dúvida, a vantagem de não incorrer nas aporias e nas contradições que as outras duas linhas acabariam por introduzir no pensamento aristotélico.

No entanto, cumpre dizer que a linguagem de Aristóteles assinala energicamente uma certa transcendência do processo do pensamento em relação ao plano normal da interação alma/corpo sobre o qual se desenvolve a sua teoria psicológica. Desse ponto de vista, o capítulo do *De anima* (III, 5) é aparentado a outros locais aristotélicos que parecem ultrapassar ou forçar os limites do contexto teórico em que estão inseridos. Trata-se do capítulo 7 do livro X da *Ética a Nicômaco*, em que se afirma a superioridade da forma de vida filosófica em relação à "política" que constitui o objeto predominante do tratado, em termos de "imortalidade" e de afinidade com o divino; e do já citado capítulo 7 do livro XII da *Metafísica*, em que Aristóteles parece realizar a passagem da ontologia e da cosmologia do primeiro motor imóvel para a teologia propriamente dita. Mais adiante, falaremos sobre as questões que, assim, se colocam. Mas é possível observar desde já que esses três capítulos despertaram nos comentadores de todas as épocas uma atenção incomparavelmente superior à sua presença um tanto limitada no conjunto do *corpus* aristotélico, sendo considerados por alguns como o ápice culminante da filosofia de Aristóteles, por outros como desvios marginais e aporéticos em relação à sua orientação predominante.

Seja como for, a introdução do intelecto ativo no quadro da psicologia aristotélica não pode ser ignorada nem subestimada no seu alcance problemático. Ao mesmo tempo, não pode toldar a estrutura teórica de sustentação dessa psicologia: a estreita ligação e a interação entre dimensão psíquica e dimensão somática, que constitui a marca da natureza dos organismos vivos; a extensão em diversos níveis da atividade psíquica ao mundo da vida em toda a sua amplitude; no caso do ser humano, a estreita implicação mútua de sensação, representação e pensamento com a radicação corpórea e, portanto, a consequente mortalidade da alma individual em todas as suas funções.

II

A teoria da alma, portanto, servia como prólogo àquele estudo da natureza viva que Aristóteles apresentara como conclusão do seu percurso enciclopédico na introdução do tratado de meteorologia. Ele escrevera:

> Depois que tivermos examinado tal campo [a meteorologia], veremos se é possível explicar, segundo o plano adotado, os animais e as plantas de um ponto de vista tanto geral quanto particular; uma vez expostos esses argumentos, talvez chegue ao fim o empreendimento a que nos propusemos no início (*Meteor.* I, 1).

Esse empreendimento ficou provavelmente incompleto, porque parece que a botânica não pôde entrar na sua enciclopédia, deixando uma lacuna que seria preenchida pelo grande discípulo de Aristóteles,

Teofrasto. Em compensação, a zoologia aristotélica estava destinada a um imenso desenvolvimento. Os escritos de tema zoológico constituem, de fato, cerca de um terço de todo o *corpus* aristotélico. As obras são as seguintes: *Historia animalium (Pesquisas sobre os animais)*, em dez livros (mas os dois últimos são provavelmente compilações de aulas), uma grandiosa coletânea de informações tanto anátomo-fisiológicas quanto etológicas referentes a cerca de quinhentas espécies animais; *De partibus animalium (Sobre as partes dos animais)*, em quatro livros, tratado em que são lançadas as bases da anátomo-fisiologia comparada; *De generatione animalium (Sobre a reprodução dos animais)*, em cinco livros, sobre a natureza e os modos da reprodução animal (*De partibus* e *De generatione* são arroladas entre as mais importantes obras teóricas escritas por Aristóteles); uma série de pequenos tratados sobre questões de fisiologia, como o *De incessu (Sobre a locomoção)* e o *De motu (Sobre o movimento)*, sobre a locomoção, e outros, como o *De respiratione (Sobre a respiração)* e o *De sensu (Sobre a sensação)*, que estão incluídos na coletânea de escritos naturalistas reunidos sob o título de *Parva naturalia*.

A serena sobriedade com que Aristóteles traçava o seu programa de trabalho não presta contas adequadas da extraordinária novidade do evento científico que em grande parte ele viria a realizar. Graças a ele, pela primeira vez o saber teórico conquistava de modo sistemático o terreno da natureza viva, e a herança aristotélica iria dominar nesse âmbito pelo menos até o início do século XIX e, em alguns aspectos, até mesmo além.

Esse terreno não se mantivera totalmente inexplorado antes de Aristóteles. Havia importantes traços de saber naturalista em Empédocles (a sua teoria dos quatro elementos primários da matéria, água, ar, terra e fogo, com as respectivas qualidades, fluido/sólido, frio/quente, viria a ser adotada por Aristóteles), em Anaxágoras, mesmo em Parmênides, certamente nos escritos de Demócrito que não chegaram a nós. Por outro lado, eram mais escassos os materiais biológicos e zoológicos encontráveis nas obras de medicina dos séculos V e IV (depois reunidas no *Corpus hippocrapticum*), cujos autores haviam se concentrado principalmente nos aspectos clínicos do saber médico, nas quais não há praticamente nenhum conhecimento anatômico sistemático.

Assim, era problemática, mas também em certos aspectos imprescindível, a herança que Aristóteles recebia do pensamento platônico e acadêmico. Havia, por um lado, um método geral de ordenamento, o diairético e dicotômico, que podia ser aplicado à taxonomia zoológica, como Platão havia pelo menos aflorado no *Político* e que talvez Espeusipo tivesse desenvolvido de modo mais sistemático no seu tratado *Sobre as semelhanças*. O próprio Aristóteles iria aplicar esse método ao ordenamento do campo dos animais na *Historia animalium*, mas a seguir, no livro I do *De partibus*, o tomaria como objeto de uma severa crítica teórica. Em segundo lugar, havia no *Timeu* uma teoria das relações entre alma e corpo que constituía o embrião da psicofisiologia filosófica. Assim, Aristóteles não poderia prescindir do *Timeu*, mas considerá-lo mais como a inauguração de um âmbito problemático do que como um texto capaz de oferecer respostas científicas aos problemas levantados.

Todavia, no que se refere especificamente aos conhecimentos sobre os animais, o sucesso de Aristóteles se baseava numa decisão de grande abertura intelectual; ele interpelava diretamente os primeiros depositários daqueles conhecimentos (ausentes dos saberes escritos), criadores, pescadores, caçadores, açougueiros. Suas experiências práticas forneciam a Aristóteles preciosas observações e informações sobre as quinhentas espécies animais, aproximadamente, que ele menciona nos seus tratados: a morfologia, a etologia, a reprodução, em alguns casos a estrutura dos órgãos internos. A *Historia animalium* é baseada em boa parte nessas informações dos especialistas, que Aristóteles recolheu principalmente na área do arquipélago jônico e do interior macedônio, embora não faltem observações diretas suas, que, como veremos, representam em alguns casos um desenvolvimento decisivo no conhecimento dos animais.

A todos esses seus predecessores Aristóteles dirigia críticas de importância decisiva. Aos pré-socráticos, censurava que "eles não conheciam a essência (*to ti ên eînai*), isto é, o modo de definir a substância (*ousìa*)" (*De part. an.* I, 1, 642a24-26). Isso significa que eles não haviam compreendido a estrutura fundamental da realidade e dos processos naturais, isto é, a relação entre matéria e forma, necessidade e finalidade. Por conseguinte, consideravam somente a dimensão material desses processos, ignorando a sua orientação finalista e a especificidade ontológica. A Platão e aos platônicos Aristóteles censurava o privilegiamento do saber matemático e astronômico e do mundo eidético, em detrimento do conhecimento da natureza e dos seus processos, não conseguindo compreender que neles também há uma ordem finalista que legitima a sua dignidade epistemológica e ontológica: mesmo em relação aos viventes mais humildes,

> a natureza que os forjou oferece imensas alegrias a quem saiba compreender as suas causas, isto é, que seja autenticamente filósofo [...], porque não o acaso, mas a finalidade está presente nas obras da natureza, e o fim (*tèlos*) em vista do qual elas se formaram ou vieram a ser está na dimensão da beleza (*De part. an.* I, 5, 645a7-26).

Uma segunda crítica, como vimos, se referia mais especificamente à concepção da alma como substância separada do corpo, própria do platonismo. Essa concepção impede compreender a própria natureza da vida, que consiste na interação entre uma matéria corpórea e uma estrutura psíquica que constitui as suas funções vitais. Quanto ao procedimento dicotômico, de um lado ele produzia, segundo Aristóteles, agrupamentos "artificiais" dos animais, que não correspondiam às suas formas específicas (*ousìa-eîdos*), como os "animais aquáticos", que compreendiam os peixes e uma parte das aves; de outro lado, fragmentava a unidade dessas formas em grupos diferentes, como os polvos entre aquáticos e terrestres (*De part. an.* I, 24).

No que se refere, por fim, aos seus informantes "técnicos", a crítica aristotélica lançava luz sobre o fato de que, por mais preciosos que pudessem ser os seus conhecimentos, eles eram limitados pela sua destinação prática: "Nenhum deles observa algum fato com finalidade cognoscitiva" (*De gen. an.* III, 756a33). Há, portanto, casos cruciais em que o filósofo-cientista deve se substituir pessoalmente aos seus auxiliares ocasionais. Discutindo a ignorância dos predecessores sobre a origem das veias e a sua relação com o coração, Aristóteles observava:

> A causa dessa ignorância está na dificuldade de realizar observações sobre essas partes: nos animais mortos, de fato, a natureza das veias principais não é evidente, porque são principalmente elas que cedem tão logo tenha-lhes saído o sangue [...]. Nos animais vivos, ademais, é impossível observar a distribuição das veias, porque estão naturalmente situadas no interior. De modo que aqueles que realizaram as observações sobre animais mortos e cortados [pelos açougueiros] não viram as origens das veias maiores, enquanto aqueles [os médicos] que as realizaram em homens extremamente emagrecidos apontaram as origens das veias com base no que aparecia externamente [...]. A observação (*theorìa*) é difícil e, se se tiver um efetivo interesse por esses problemas, só é possível reunir adequadamente informações apenas nos animais mortos por sufocamento depois de tê-los feito emagrecer (*Hist. an.* III, 2, 511b13-23; ibid. 3,513a12-15).

Trata-se de uma passagem em que Aristóteles introduzia uma novidade científica de grande importância: se se tem um objetivo teórico e não prático, a observação deve ser realizada segundo regras metódicas precisas (nesse caso, a asfixia serve para impedir o defluxo rápido do sangue dos vasos que se segue à sua incisão e faz colapsar as veias, dificultando a compreensão do seu percurso).

No caso dos animais, a observação metodicamente regulada costuma comportar o recurso àquela dissecação anatômica que fora ignorada pelos predecessores e viria a ser o eixo de sustentação do saber zoológico de Aristóteles. Segundo suas intenções, devia-se entender que a finalidade da introdução da anatomia (que na época helênica teria efeitos revolucionários também no âmbito médico), mesmo passando pela observação do cadáver, era a de compreender o animal vivo e "animado".

Segundo o axioma central da epistemológica aristotélica, mesmo a pesquisa biológica deve ser conduzida em dois níveis: "parece que o ponto de partida deve consistir [...] em reunir os fenômenos relativos a cada gênero e depois devem-se expor as causas" (*De part. an.* I, 1, 640a13-15). Trata-se da relação canônica entre o nível dos *hoti* (os fatos) e dos *dioti* (a explicação causal), que constitui a infraestrutura de toda ciência (a esse respeito, ver aqui o capítulo V). Na visão aristotélica madura da função dos seus tratados zoológicos, a *Historia animalium* respondia à primeira exigência; os grandes tratados anátomo-fisiológicos, como o *De partibus* e o *De generatione*, à segunda. No campo biológico, a relação entre os dois níveis é estreitíssima: não há saber biológico sem uma adequada observação (nisso consiste o que foi definido como empirismo aristotélico), mas a observação não será adequada se não for orientada por um ponto de vista teórico condizente, que especifique os "princípios próprios" do campo da natureza viva.

A realidade central dos fenômenos biológicos é a substância (*ousìa*), que, pelo menos nesse âmbito – ao contrário do que ocorre na *Metafísica* (cf. aqui, capítulo VII) –, Aristóteles apontava com segurança na forma específica (*eîdos*). Não existe na natureza nada que seja superior e inclusivo em relação à espécie: existem o homem e o cavalo, mas os gêneros animal ou quadrúpede são somente abstrações conceituais. A forma é o limiar de descontinuidade que estrutura e organiza a continuidade dos fenômenos materiais: ela traça a demarcação essencial, por exemplo, entre o asno e o cavalo. Abaixo do nível do *eîdos* específico, porém, existem os indivíduos singulares cujo caráter comum e essencial está representado nesse *eîdos*; o discurso da ciência, porém, não pode versar sobre eles, na mutabilidade das suas características, mas apenas sobre a permanência invariante do *eîdos* (não há ciência de Sócrates e Corisco, mas somente do homem: *De part. an.* I, 4, 644a23-25). A investigação causal visa a explicar tanto a estrutura da *ousìa* específica (porque ela é feita tal como é, em vistas do cumprimento das suas funções vitais) quanto os processos que levam à sua formação completa (não é o processo de formação, *gènesis*, que explica a estrutura da *ousìa*, mas sim a *ousìa* que explica o processo que a tem como fim, *tèlos*, insistia Aristóteles polemizando com Empédocles: cf. por exemplo, ibid. 1, 640a18 ss.).

As causas que Aristóteles punha em prática na explicação da estrutura e dos processos das substâncias vivas são, à primeira vista, as mesmas teorizadas na *Física*. Há, em primeiro lugar, a matéria (*hyle*) da qual o animal é composto: elementos primários, tecidos, fluidos orgânicos. Essa matéria orgânica é necessária, mas de forma condicional, isto é, subordinada ao fim: os órgãos do tato deverão ser carnosos e moles, os de ataque, como o chifre e a garra, ósseos e duros (ibid. I, 1, 639b21-30; 642a6-13). A estrutura do órgão não é a causa da sua função, mas é a função que explica a estrutura, segundo o princípio biológico generalíssimo de que a natureza adapta sempre o órgão à função e não faz nada em vão (isto é, sem uma finalidade: cf. por exemplo, ibid. II, 14, 658a8-9).

Há, em segundo lugar o agente que ativa o processo de formação: o sêmen do pai que forma o embrião, e, portanto, em última instância, o próprio pai que emite o sêmen. Há, em terceiro lugar, a forma essencial (*eîdos, to ti ên eînai*), que define o animal completo, isto é, identifica-o como um indivíduo da sua espécie. Por último, há o fim (*tèlos*), que representa justamente a aquisição da forma completa por parte do indivíduo singular (por último, somente do ponto de vista cronológico, porque, na verdade, o fim vem antes do processo, o qual, sem ele, não seria orientado e, portanto, nem sequer possível: cf. *ibid*. II, 1, 646a30-b3).

Já nessa descrição mostra-se a readaptação que a teoria das causas sofre em sua aplicação ao modo do vivente. De um lado está a matéria orgânica da qual é composto o animal; mas as outras três dimensões da causalidade tendem a coincidir na forma específica, porque o *eîdos* do pai é especificamente igual ao do filho, e a finalidade do processo consiste justamente na reprodução (eternização) dessa forma (cf. *Phys*. II, 7). A forma específica de um homem é, portanto, a causa eficiente e a causa formal, mas também a finalidade; esses três aspectos da causalidade são pontos de vista diferentes sobre os processos biológicos, mas são iguais sob o perfil substancial. De tudo isso decorre uma consequência de grande relevância teórica. A forma explicativa dominante na biologia aristotélica é a teleológica, isto é, é uma forma centrada na ordem finalista de estruturas e processos. A ordem da natureza viva apresenta o primado da forma/fim em relação à matéria e aos agentes; isso significa que em todo caso é legítimo explicar a estrutura dos órgãos em vista da sua função, que, em linha de princípio, todo processo é orientado para um fim racionalmente compreensível e que todo organismo vivo e toda espécie animal são perfeitamente adaptados à sua destinação (que consiste na sobrevivência no ambiente de vida e na reprodução da própria espécie). Cabe ressaltar que esse ponto de vista teleológico se limita, na biologia aristotélica, à explicação científica da estrutura de cada *ousìa* ou forma específica. Não existe nenhuma orientação finalista de uma espécie rumo a outra espécie. "A natureza – escrevia Aristóteles – não faz nada em vão, pelo contrário, entre as possibilidades que lhe foram concedidas, escolhe sempre visando ao que é o melhor para cada animal a fim de preservar, em todo caso, a *ousìa* própria de cada animal e a sua essência" (*De incessu an.* 8, 708a10 ss.; cf. *Phys.* II, 7, 198b8-9). Há uma exceção parcial à exclusiva destinação dos órgãos à preservação da espécie. A posição da boca dos tubarões lhes dificulta abocanhar a presa, e isso é proveitoso para a salvação dos outros animais que podem fugir, mas também – especifica imediatamente Aristóteles – para evitar que os tubarões, por causa da sua voracidade, morram de indigestão (*De part. an.* IV, 13, 696b27-31).

Se é verdade que, para Aristóteles, o homem é o "tipo normal" da natureza, em relação ao qual todos os outros animais são variantes imperfeitas (um preconceito fundado na posição ereta do homem, que corresponde ao eixo alto/baixo do cosmo e à sua posse de uma faculdade racional que o torna aparentado ao divino: cf. ibid., 10), também é verdade que isso não comporta nenhuma subordinação direta das outras formas vivas ao homem (somente na *Política*, I, 8,

Aristóteles teria escrito que os vegetais e os animais existem em função das necessidades humanas, mas trata-se de um ponto de vista antropocêntrico que é contrário aos limites e ao sentido da teleologia aristotélica). Por outro lado, também no quadro cosmoteológico traçado no célebre capítulo 10 do livro XII [*Lambda*] da *Metafísica*, amiúde mencionado em favor de uma interpretação "global" da teleologia, que não se esgotaria, portanto, na preservação de cada uma das espécies vivas, Aristóteles parece insistir na existência de uma ordem unitária que abrange todas as partes do universo, e não na orientação finalista para um escopo unitário que fosse diferente dessa mesma ordem (cf. 1075a16-19; ver aqui o capítulo XIV). A perpetuidade do ciclo reprodutivo é garantida pelo desejo de imortalidade comum a todos os viventes; impossível para os indivíduos, ela se realiza na eternização reprodutiva das espécies. Escrevia, de fato, Aristóteles no *De anima*:

> A função mais natural (*physikòtaton*) dos seres vivos [...] é a de produzir um outro indivíduo semelhante a si: o animal é um animal, e a planta, uma planta, e isso para participar (*metèchosin*), na medida do possível, do eterno e do divino. Efetivamente é a isso que todos os seres tendem (*orègetai*) [...]. Já que, portanto, esses seres não podem participar com continuidade do eterno e do divino, na medida em que nenhum ser corruptível é capaz de sobreviver idêntico e uno de número, cada um participa dele no que lhe é possível, alguns mais, outros menos, e sobrevive não em si mesmo, mas num indivíduo semelhante a si, não uno de número, mas uno na espécie (*eîdei*) (*De an*. II, 4, 415a25-b7, trad. Movia).

Aristóteles reafirmava de modo mais sucinto no *De generatione*:

> Já que não é possível que a natureza do gênero dos animais seja eterna, o que nasce é eterno no modo que lhe é dado. Individualmente é-lhe, portanto, impossível [...] segundo a espécie, é-lhe, entretanto, possível. Por isso há sempre um gênero de homens, de animais e de plantas (*De gen. an*. II, 1, 731b31-732a1, trad. Lanza).

O finalismo de Aristóteles, ademais, permite exceções: há fenômenos devidos à inercialidade da matéria corpórea que não são passíveis de explicação teleológica, como, por exemplo, a bile (*De part. an.* IV, 2, 677a14-19) ou a existência de um órgão como o baço (ibid. III, 7, 670a1 ss.; 670a30); e por essa mesma prudência epistemológica Aristóteles viria a ser criticado pelos estoicos e por Galeno, que não admitiam limites à ordem finalista providencial da natureza.

Quanto aos conteúdos propriamente científicos da zoologia aristotélica, cumpre dizer, em primeiro lugar, que a classificação dos animais não faz parte dos seus objetivos primários. No entanto, a sua dimensão comparativa requer e confirma uma distribuição dos animais por gêneros e espécies, ainda que, certamente, não rígida como a taxonomia de Lineu. De fato, um princípio fundamental da anátomo-fisiologia comparada de Aristóteles é o de que as partes de animais de gêneros diferentes têm apenas uma relação analógica entre elas, no sentido de que desenvolvem a mesma função. Tal é, por exemplo, o caso dos pulmões nos pássaros e das brânquias nos peixes: esses órgãos têm uma estrutura diferente, mas executam a mesma função respiratória (portanto: pulmão : pássaro = brânquia : peixe). Diferente é a relação entre as partes de animais de espécies diversas dentro do mesmo gênero: estas variam apenas por aspectos quantitativos (por exemplo, a asa da águia é maior do que a do pássaro). As partes de indivíduos pertencentes à mesma espécie, por fim, não apresentam entre si diferenças cientificamente consideráveis: com efeito, a espécie constitui, do ponto de vista da ciência, o último nível de individuação possível.

Mesmo que uma taxonomia zoológica rígida ultrapassasse o programa da biologia aristotélica, e ela não dispunha de uma linguagem classificatória precisa (o mesmo grupo é indicado, às vezes, como *gènos*, gênero, ou como *eîdos*, espécie), as exigências da anátomo-fisiologia comparada acabavam por impor de modo, digamos, inercial a construção de grandes esquemas de ordenamento do mundo animal. A competência anatômica de Aristóteles quanto à estrutura dos órgãos internos (especialmente os da respiração e da reprodução) também garantia a esses esquemas uma validade científica que viria a mantê-los insuperados até o surgimento dos grandes sistemas taxonômicos da época moderna, pelo menos até antes do advento do evolucionismo (que iria invalidar o pressuposto fundamental da zoologia aristotélica, a eternidade das espécies animais, que reproduzem um *eîdos* invariante: cf., por exemplo, *Metaph*. VII, [*Zeta*], 9, 1034b7-14; XII [*Lambda*], 3, 1069b35-36).

Assim, os animais eram divididos, em primeiro lugar, em dois grandes grupos: dotados de sangue (os nossos vertebrados) e desprovidos de sangue (invertebrados). Os primeiros eram, então, divididos em vivíparos (mamíferos) e ovíparos ou ovovivíparos. Cumpre notar que Aristóteles incluía cetáceos, focas e golfinhos entre os vivíparos, por causa da presença do útero, os quais antes dele – e com frequência também depois – eram considerados peixes, isto é, ovíparos. Essa consideração permite um destaque geral: normalmente, no ordenamento aristotélico dos animais, o ponto de vista anátomo-fisiológico prevalece sobre o ecológico-etológico, aspecto este que o torna, sem dúvida, cientificamente "avançado", mas que contribuiu também para colocar o interesse da ciência pelo ambiente e pelo modo de vida dos animais num segundo plano.

Quanto aos animais sem sangue, eram divididos em grupos sobretudo por causa do tegumento ou do esqueleto: temos assim os moluscos (dotados de endoesqueleto), os crustáceos, os ostracodermos (bivalvos) e, por fim, os insetos, identificados como larvíparos.

As considerações taxonômicas de Aristóteles estão expostas especialmente em seu primeiro tratado zoológico, a *Historia animalium*, composto provavelmente antes de 343, talvez durante ou imediatamente após a permanência de Aristóteles na ilha de Lesbos. Os fundamentos teóricos da biologia aristotélica, por sua vez, estão desenvolvidos no *De partibus animalium*, composto provavelmente entre 335 e 330, e no *De generatione animalium*, que pertence à última década de vida de Aristóteles (essas obras, portanto, datam provavelmente da mesma época da elaboração dos livros VII e VIII da *Metafísica* e do *De anima*).

No âmbito do enorme volume de saber biológico apresentado por esses tratados, devem-se assinalar alguns temas salientes, que iriam exercer uma influência duradoura na tradição. O primeiro deles se refere à estrutura dos corpos vivos. Esta pode ser pensada como o resultado de três níveis sucessivos de "composição". O primeiro é o que agrega as "qualidades" elementares da matéria (quente/frio, fluido/sólido), às quais correspondem os "elementos" empedoclianos (fogo/ar, água/terra) que formam as "partes homogêneas", isto é, indiferenciadas: os tecidos como carne, ossos, sangue. Um segundo nível agrega os tecidos que formam as partes não homogêneas, isto é, os órgãos destinados a uma função: membros, órgãos dos sentidos, sistemas e aparelhos internos. A agregação dos órgãos forma, por fim, a unidade do corpo vivo, cuja "forma" é a alma e cuja função geral consiste em garantir a sobrevivência do indivíduo e a perpetuação reprodutiva da espécie (De part. an. II, 1; no caso do homem, às funções propriamente vitais e reprodutivas acrescentam-se as funções racionais e cognitivas, que vão além dos limites do biológico).

Um segundo aspecto central da teoria biológica aristotélica se manteria mais controvertido. Trata-se do primado atribuído nos processos fisiológicos ao calor orgânico "inato" e consequentemente à sua sede corpórea, o coração (cf., por exemplo, ibid. III, 7, 670a22-26). Esse privilégio se devia, a princípio, à concepção dos maiores processos fisiológicos como fases de uma "cocção" que, portanto, decorria do calor vital cardíaco. A digestão transformava o alimento ingerido em sangue, justamente por meio de cocção, e o sangue constituía o alimento distribuído pelas veias a todas as partes do organismo; uma ulterior cocção transformava (mas só nos indivíduos masculinos, cujo corpo é mais quente do que o corpo feminino) uma parte do sangue no agente de geração, o fluido espermático.

Além disso, contra a tripartição psicossomática sustentada por Platão no Timeu, Aristóteles considerava que "um só princípio é preferível a muitos" (De part. an. III, 4, 665b14 ss.) e, portanto, ao privilegiamento dado ao coração correspondia uma subestimação do papel do cérebro, reduzido a órgão de refrigeração do calor cardíaco. A centralidade do coração e, em paralelo, o desconhecimento da função do sistema nervoso levavam Aristóteles a supor que as veias conduziam os estímulos sensoriais ao coração. Quanto ao movimento voluntário, ele se deveria à contração e ao relaxamento de um fluido invisível, o "pneuma inato", que por sua vez se deviam ao calor cardíaco.

Esse pneuma desempenhava um papel de relevo também na teoria aristotélica da geração. Retomando o seu esquema causal, Aristóteles via no genitor (o macho) ou, mais precisamente, no esperma por ele emitido a causa eficiente, formal e final do processo generativo. A fêmea, por sua vez, representa a causa material, oferecendo com o sangue menstrual (a parte excedente do sangue que a fêmea não pode transformar em esperma devido à frialdade do seu corpo) a matéria à qual o sêmen imprime a sua forma. Tem-se aqui uma transmissão da alma enquanto vida, mas talvez não de toda a alma, pois, como vimos, o princípio racional, o *nous*, provém de outro lugar: segundo a enigmática expressão de Aristóteles, ele "vem de fora e é divino" (*De gen. an.* II, 3, 736b28). A formação do embrião deriva propriamente do pneuma encerrado no sêmen: trata-se de um misterioso fluido inato, estreitamente ligado ao calor cardíaco, mas também afim ao "elemento de que são constituídos os astros" (ibid. 736b29 ss.). O seu calor vital, agindo sobre o sangue menstrual, opera a formação dos órgãos que constituem o princípio da vida: o coração e as veias com o sangue neles contido.

Apesar do recurso inevitável a entidades e processos enigmáticos, a genética aristotélica apresenta, tal como a anátomo-fisiologia, uma extraordinária riqueza científica, tão original quão capaz de analisar e interpretar os mais complexos fenômenos biológicos, da fisiologia sexual à embriogênese.

A biologia aristotélica dominou – mesmo com as correções que lhe seriam trazidas graças ao desenvolvimento dos conhecimentos anatômicos por obra dos alexandrinos e de Galeno – o saber naturalista antigo, alcançou a Idade Média latina graças às traduções de Guilherme de Moerbeke e o Renascimento por intermédio da grande tradução humanística de Teodoro Gaza. Desde então, os tratados aristotélicos nunca deixaram de ser estudados: como interlocutores científicos até o final do século XVIII – mas o finalismo aristotélico e o primado da forma não viriam realmente a se extinguir com Darwin – e, mais tarde, como objeto de investigação histórico-filológica.

Nota bibliográfica

Para a tradução italiana com amplo comentário do *De anima*, ver Aristóteles, *L'anima*, ed. G. Movia, Loffredo, Nápoles, 1979 (feita com base no texto ed. por D. Ross, Clarendon Press, Oxford, 1961); ainda hoje mantém-se importante o comentário de R. D. Hicks, Cambridge University Press, Cambridge, 1907. Muito importantes as seguintes coletâneas de ensaios: Lloyd e Owern (orgs.), *Aristotle on Mind and Senses*, citada na bibliografia do cap. IV; J. Barnes, M. Schofield e R. Sorabji (orgs.), *Articles on Aristotle*, vol. IV, *Psychology and Aesthetics*, Duckworth, Londres, 1979; M. C. Nussbaum e A. Oksenberg-Rorty (orgs.), *Essays on Aristotle's 'De Anima'*, Clarendon Press, Oxford, 1992 (contém o citado ensaio de C. H. Kahn, 359-379); Romeyer-Dherbey e Viano (orgs.), *Corps et âme*, citado na bibliografia do cap. IV (contém o citado ensaio de M. Frede, 377-390).

Ver ademais os seguintes livros: Wedin, *Mind and Imagination in Aristotle*, citado na bibliografia do cap. IV; P. M. Morel, *De la matière à l'action*. *Aristote et le problème du vivant*, Vrin, Paris, 2007; G. Mingucci, *Le affezioni psicofisiche del vivente. Per una fisiologia del pensiero in Aristotele*, Il Mulino, Bologna, 2015.

São importantes também os seguintes ensaios: E. Berti, "Aristotle's 'Nous poiêtikos'. Another Modest Proposal", in F. Fronterotta, M. G. Sillitti e F. Stella (orgs.), *Il nous di Aristotele*, Academia Verlag, Sankt Augustin, no prelo; D. Lanza, "La sfera dei comportamenti psicofisici nei 'Parva Naturalia'", in id. e M. Vegetti (orgs.), *Aristotele. Opere biologiche*, UTET, Turim, ^{2}1996, 1049-1075; G. Movia, "Psicologia", in Berti (org.), *Guida ad Aristotele*, citado na bibliografia do cap. I, 143-172; V. Caston, "Aristotle's Psychology", in M. L. Gill e P. Pellegrin (orgs.), *The Blackwell Companion to Ancient Philosophy*, Blackwell, Oxford, 2006, 316-346.

As obras biológicas de Aristóteles, em edição crítica e com tradução francesa, foram editadas por P. Louis para a Collection des Universités de France, Belles Lettres, Paris, 1956-1973. Uma tradução italiana com amplo comentário é a editada por D. Lanza e M. Vegetti, UTET, Turim, 1996^2.

Os problemas teóricos da biologia aristotélica são discutidos em algumas importantes coletâneas de ensaios: A. Gotthelf (org.), *Aristotle on Nature and Living Things*, Mathesis, Pittsburgh-Bristol, 1985; id. e J. Lennox (orgs.), *Phylosophical Issues in Aristotle's Biology*, Cambridge University Press, Cambridge, 1986; Devereux e Pellegrin (orgs.), *Biologie, logique et métaphysique chez Aristote*, citado na bibliografia do cap. IV; W. Kullmann e S. Föllinger, *Aristotelische Biologie*, Steiner, Stuttgart, 1997. Ver também: G. E. R. Lloyd, "La zoologia di Aristotele e la sua metafisica. Lo 'status quaestionis'", in id., *Metodi e problemi della scienza greca*, Laterza, Roma-Bari, 1993, 639-684; A. Preus, *Science and Philosophy in Aristotle's Biological Works*, Olms, Hildesheim, 1975; P. Pellegrin, *La classification des animaux chez Aristote*, Le Belles Lettres, Paris, 1982; M. Nussbaum, *Aristotle. De motu animalium*, Princeton University Press, Princeton, 1978.

Sobre a teleologia aristotélica, ver Quarantotto, *Causa finale sostanza essenza*, e Johnson, *Aristotle on Teleology*, citados na bibliografia do cap. VIII; L. Judson, "Aristotelian Teleology", in *Oxford Studies in Ancient Philosophy*, XXIX (2005), 341-366; ademais: D. Sedley, "Is Aristotle's Teleology Anthropócentric?", in *Phronesis*, XXXVI (1991), 179-196; id., "Methaphysics Lambda 10", in M. Frede e D. Charles (orgs.), *Aristotle's Metaphysics Lambda*, Clarendon Press, Oxford, 2000, 327-350. Sobre a posteridade, cf. M. Solinas, *L'impronta dell'inutilità. Dalla teleologia di Aristotele alle genealogie di Darwin*, ETS, Pisa, 2012.

Capítulo XI
Uma ética para o animal político

> Qual é o tipo de vida mais desejável? Participar da vida política e pertencer à comunidade da *polis*, ou levar uma vida de estrangeiro e romper os vínculos com a comunidade política?
>
> Aristóteles, *Política* VII, 2, 1324a14-17.

As "ciências humanas" – isto é, o campo de saber que Aristóteles definia como "filosofia antrópica", *anthropìne philosophìa* (*En* X, 10, 1181b15 ss.)[1] – não faziam parte do programa de construção de uma enciclopédia do saber traçado no início dos *Meteorológicos*. Isso se deve ao estatuto epistemológico particular dessas disciplinas: segundo a distinção operada no livro VI [*Epsilon*] da *Metafísica* (capítulo 1), enquanto os conhecimentos sobre a natureza incluídos naquele programa fazem parte das "ciências teóricas", os saberes relativos ao homem pertencem ao âmbito das "ciências práticas". As diferenças entre umas e outras consistem tanto nas respectivas finalidades quanto nos métodos empregados e no nível epistêmico alcançado. O fim das ciências teóricas consiste apenas na obtenção do conhecimento, que satisfaz ao desejo de saber inato no homem; no seu campo, dizia

---

1. A divisão em capítulos da *Ética a Nicômaco* aqui citada é a da edição Susemihl-Apelt, na qual se baseou a tradução de Natali, e é em parte diferente da edição oxoniense de Bywater (cf. *Nota bibliográfica*). Nesse capítulo, por razões de brevidade, usaremos as siglas *EE* para a *Ética a Eudemo* e *EN* para a *Ética a Nicômaco*.

Aristóteles numa eficiente fórmula, "o bem e o mal coincidem com o verdadeiro e o falso" (*EM* VI, 2, 1139a28). Nas ciências práticas, pelo contrário, "o fim não é o conhecimento (*gnôsis*), e sim a ação (*práxis*)" (ibid. I, 1, 1095a6); Aristóteles esclarece decididamente que o tratado sobre a ética "não se propõe o puro conhecimento (*theoria*), como os outros: não estamos indagando para saber o que é a virtude, mas para nos tornarmos bons, pois de outro modo não haveria nada de útil nessa discussão" (ibid. II, 2, 1103b26-28; cf. também X, 10, 1179b1-3; *EE* I, 5, 1216b20-22).

A destinação eminentemente prática dos saberes antropológicos condiciona naturalmente o seu nível epistêmico. É verdade que numa passagem (*EN* I, 1, 1094b21) Aristóteles sustenta que os objetos desses saberes pertencem, se não ao âmbito daquilo que ocorre segundo a necessidade (como, por exemplo, os fenômenos celestes ou as propriedades dos entes matemáticos), ao campo dos fenômenos que ocorrem "na maioria das vezes", próprio dos processos naturais: o estatuto da filosofia prática estaria, portanto, no mesmo nível do estatuto da física. Contudo, as ações morais que formam o objeto e o fim da filosofia prática dependem das decisões subjetivas de cada indivíduo, além da rede das interações sociais em cujo interior eles agem. Trata-se, portanto, de um campo infinitamente mais mutável, mais incerto e mais imprevisível do que o campo regular dos processos naturais: um homem gera sempre um homem, e uma chama tende sempre ao alto, mas as escolhas que me levam a agir dependem de uma constelação de fatores tão complexa que não permite uma teorização rigorosa e universalmente válida.

Como, para Aristóteles, o grau de rigor de uma discussão deve ser proporcional aos seus objetivos, a indeterminação e a instabilidade do campo do agir ético-político fazem com que "o discurso sobre a práxis" deva aceitar um método feito de aproximações, de orientações gerais a serem adaptadas vez a vez à variabilidade das situações, de uma elasticidade de juízo derivada de uma profunda experiência da realidade, semelhante à de competências estocásticas como a medicina e a náutica (*EN* II, 2, 1104a1-9). Disso decorre um inevitável ajuste epistemológico da filosofia prática: "Não devemos esperar que a causa seja estabelecida do mesmo modo em todos os campos, mas basta que em certos casos fique adequadamente claro o 'o quê' (*to hoti*), e assim também para os princípios, porque o 'o quê' é primeiro e princípio" (ibid. I, 7, 1098b1-3). Mas em que consiste o "o quê", isto é, o estado dos fatos, cuja verificação deve ocupar o lugar das causas e dos princípios relativos ao campo da práxis moral, portanto, da cena ético-política?

Trata-se, por um lado, das opiniões públicas e compartilhadas, de "o que se diz" (*legòmena*, *EN*, I, 8, 1098b9-11) nas convicções difundidas na comunidade social; por outro lado, dos costumes (*ethismoì*, ibid., 7, 1098b4) depositados na realidade das relações comunitárias, e dos modelos de comportamento oferecidos pelos membros mais respeitados da comunidade (*spoudaìoi*, ibid. II, 3, 1105b5-7; III, 6, 113a32-33). As opiniões compartilhadas, sejam elas adotadas da tradição dos "antigos", universalmente aceitas pelos "muitos" ou formuladas por poucos, mas confiáveis personagens, como os filósofos, devem ser levadas em consideração porque é razoável esperar, escrevia Aristóteles, que "nem uns nem outros [de um lado, os muitos e os antigos, e de outro, os poucos respeitados] se enganem a respeito de tudo, mas que estejam certos pelo menos em um, ou melhor, na maioria dos argumentos" (ibid. I, 9, 1098b27-30). E assim é porque todos os homens têm uma disposição natural à verdade, e é isso que confere relevo à concordância entre eles (*EE* I, 6, 1216b28-32). No "dado de fato" constituído pela tradição recebida, pelas crenças compartilhadas, pela discursividade dos muitos ou dos mais sábios, está depositada, portanto, uma jazida de opiniões verídicas que devem se tornar disponíveis para a construção do saber prático. O seu escopo consistirá em dar efetividade e univocidade a essa disponibilidade potencial, porque discursos e costumes são amiúde confusos, ambíguos, contraditórios; a tarefa da filosofia prática é conduzir a uma clara "certeza" (*saphôs*) as verdades que ali estão implícitas (*EE* I, 6, 1216b32-35; e cf. a passagem de *EN* VII, 1 já citada no capítulo IV). Ela não deve produzir um novo saber contra esse patrimônio de crenças que, assim, resultaria "paradoxal", mas torná-lo coerente, conceitualmente sólido e, por isso, universalmente persuasivo.

Assim, a decisão de tomar as atitudes morais difundidas e compartilhadas como ponto de partida – e, num certo sentido, também de chegada, ao concluir o trabalho de esclarecimento e ordenamento – da investigação ética levava Aristóteles, sem dúvida, a recusar a formulação de teorias prescritivas que pudessem assumir as feições do paradoxo ou mesmo a recusa utópica da tradição existente. Essa atitude aristotélica foi, muitas vezes, criticada como aceitação conformista das regras de existência próprias da moral comum e das práticas sociais dominantes. Como veremos, há talvez uma parcela de verdade nessas críticas – exceto aquela que, pelo menos na aparência, se afigura como ostensiva exceção, o elogio da forma de vida filosófica –, mas certamente o percurso da teoria ética aristotélica se revela mais complexo e com bases diversas do que pode parecer à primeira vista.

Há, por sua vez, ainda partindo da análise do nível dos "dados de fato", uma passagem teórica crucial, capaz de derivar os aspectos prescritivos da ética a partir dos aspectos descritivos com a cogência do discurso científico. Com efeito, Aristóteles extraía dessa análise "princípios próprios" que ofereciam à filosofia prática uma consolidação epistemológica comparável, se não identificável, à das ciências naturais. Nesse sentido, é fundamental a definição "o homem é por natureza um animal político", que não por acaso serve de articulação entre a ética e a política (*EN*, I, 7, 1097b11; IX, 9, 1169b18; *Pol.* I, 2, 125a2-3). Essa definição força os limites da filosofia prática, porque a politicidade do homem não é resultado de uma decisão moral ou de um curso de ações deliberadas, mas define a sua essência, a de um animal que realiza inteiramente a si próprio apenas no ambiente social da *polis*, que, por sua vez, como a *Política* reafirma diversas vezes, "existe por natureza". A realização da essência humana na dimensão da politicidade pode demandar tempo, mas trata-se do tempo dos processos naturais, isto é, da passagem da potência ao ato (como da semente de carvalho ao carvalho), e, em todo caso, assim como ocorre nesses processos, o *tèlos* que é realizado precede o processo e o orienta em direção à sua própria atualização.

Como indica o primeiro dos dois termos da definição, "animal", o ambiente de referência não é antropológico, mas propriamente "físico", isto é, zoológico. No seu tratado *Historia animalium* (*Pesquisas sobre os animais*), Aristóteles de fato dividira os animais em "sociais", que vivem em bandos (*agelaîa*), solitários (*monadikà*) e "políticos". Esses últimos, caracterizados por "se empenharem todos eles para um fim único e comum", incluem "o homem, a abelha, a vespa, a formiga, a garça" (*Hist. an.* I, 1, 488a7-10). Uma vez assegurada a referência naturalista da sua definição, Aristóteles passava a esclarecer naturalmente na *Política* a excepcionalidade da atitude política humana, reconduzindo-a ao âmbito da antropologia. "O homem – escreve ele – é um animal político mais do que qualquer abelha e qualquer animal social", porque a natureza dotou os outros animais somente de voz, ao passo que, para o homem, designou também o *logos*, linguagem/razão, que serve para "mostrar o útil e o nocivo, portanto, também o justo e o injusto", para se dar conta "do bem e do mal" e para comunicar e compartilhar esses juízos de valor na família e na cidade (*Pol.* I, 2, 1253a7-18).

A especificidade humana consiste, portanto, na interação comunicativa que ocorre no interior da *polis*, ambiente e condição da politicidade natural do homem. Uma ulterior jogada definitória permitia a Aristóteles acrescentar uma especificação necessária, sempre no limite entre filosofia prática e ciência natural. O homem é "um animal que por natureza é acasalado (*syndyastikòn*), mais ainda do que político" (*EN* VIII, 14, 1162a17-18), o que significa substancialmente que a dimensão familiar representa o núcleo constitutivo daquela política, tanto em sentido econômico quanto, como veremos, pelo seu papel de educar para a cidadania (cf. *EE* VII, 10, 1242a23-26; além de ser político, o homem pertence por natureza à comunidade familiar, é um animal *oikonomikòn* e *koinonikòn*).

Fazer da politicidade a característica essencial da espécie humana gera consequências de grande relevância na antropologia aristotélica. Em primeiro lugar, como dispositivo de exclusão. Quem não vive na *polis*, escrevia Aristóteles, é inferior ou superior à condição humana, é "fera ou deus" (*Pol.* I, 2, 1253a3-4, 27-29). A verdadeira bestialidade, como esclarece o capítulo 6 do livro VII da *Ética a Nicômaco*, deve-se a vícios "bestiais" ou a condições doentias como a loucura, que excluem os afetados do convívio humano; mas, como veremos ao tratar da *Política*, os bárbaros e os escravos também estão próximos dessa condição, incapazes os primeiros de formar a sociedade da *polis*, os outros, de levar ali uma existência autônoma, situando-se, assim, às margens inferiores da condição humana.

Mas a politicidade do animal humano comporta ao mesmo tempo a prescrição de uma forma de vida eticamente determinada. Viver na *polis* não significa apenas fazer parte de um contexto social. Significa também ser adequado, no plano intelectual e moral, à integração completa na comunidade política: isto é, dispor daquelas virtudes que permitem compartilhar as convicções, os costumes, os valores, daquela inteligência prática (*phrònesis*) que permite traçar uma rota correta da vida, daquela educação privada e pública que prepara aquelas e esta. A politicidade é, portanto, uma forma complexa de vida, que se realiza no homem que é também cidadão moral e intelectualmente adequado. Descrever a forma de vida dessa figura, normal-essencial enquanto realiza a natureza do animal humano, significava, portanto, também prescrever a norma da condição da espécie. O que é normal e natural, o cidadão enquanto forma completa do ser humano, não é de forma alguma o que é comum, mas, antes disso, o que é normativo e paradigmático, justamente por ser natural: para ser integralmente homem, o homem *deve*, portanto, ser político, no sentido pleno do termo.

Compreende-se então por que Aristóteles considerava a política como a forma dominante do saber prático. A compreensão das finalidades próprias da vida humana

> pareceria ser objeto da capacidade cognoscitiva mais respeitada e arquitetônica, e essa é evidentemente a política. É a política

que estabelece quais são os conhecimentos necessários na cidade [...]. Visto que a política se utiliza dos outros saberes práticos e, além do mais, legisla sobre obrigações e proibições, o seu fim compreenderá em si os dos outros conhecimentos e, portanto, ele consistirá no bem humano (*EN* I, 1, 1094a26-b8).

Desse ponto de vista, a tarefa da ética será, pois, a de analisar as formas de vida adequadas ao quadro político em que se realiza a vida humana. Ao seu programa antropológico, Aristóteles dedicava os dois tratados éticos, a *Ética a Eudemo* e a *Ética a Nicômaco* (um terceiro escrito, os *Magna moralia*, é geralmente considerado obra de escola). As relações entre os dois tratados (cujos títulos indicam, no primeiro caso, talvez aquele que cuidou da sua publicação, o discípulo de Aristóteles chamado Eudemo de Rodes, no segundo caso, o destinatário, o filho Nicômaco) são complexas e objetos de uma inesgotável discussão crítica. Com efeito, eles apresentam três livros em comum (o IV, V e VI da *Ética a Eudemo*, que correspondem ao V, VI e VII da *Ética a Nicômaco*). A hipótese mais recente e abalizada é que Aristóteles teria composto – como textos de base para cursos na sua escola –, antes, a *Ética a Eudemo*, depois, os três livros comuns e, por fim, a *Ética a Nicômaco*, que revia muitos aspectos cruciais da *Ética a Eudemo*, mas sem torná-la totalmente obsoleta, e incorporava sem retoques os "livros comuns". No âmbito do projeto antropológico de Aristóteles, às *Éticas* se acrescentava naturalmente o tratado sobre a política, cuja temática era explicitamente referida no último capítulo da *Ética a Nicômaco* (X, 10); além disso, esse projeto provavelmente incluía também dois importantes escritos dedicados aos usos eficientes da linguagem na cena pública, a *Poética* e a *Retórica* (cf. aqui, capítulo XIII).

A individuação dos princípios específicos da filosofia prática e a definição dos métodos apropriados a ela permitiam a Aristóteles delimitar o campo desse saber, selecionar os seus conteúdos e indicar os seus destinatários. Do primeiro ponto de vista, Aristóteles podia sancionar claramente a autonomia da ética, desfazendo os nexos que ainda em Platão tornavam-na dependente da ontologia e da metafísica, por meio daquela ideia de bem cuja pertinência prática, como veremos, era refutada por Aristóteles. Os objetos da filosofia prática eram, portanto, as formas de vida humana, as relações sociais, os valores e as normas nelas presentes, as finalidades intrínsecas às condutas morais: o filósofo se dedicava à sua análise crítica com uma extraordinária energia intelectual, unida à paciente análise das opiniões difundidas, dos costumes públicos e privados, da estrutura da ação, com a qual se produzia uma ampla representação fenomenológica. Os destinatários desse enorme trabalho teórico podem ser apontados numa escala de amplitude decrescente. Num nível mais geral, Aristóteles espera poder obter a concordância de "todos os homens" sobre as teses sustentadas nos discursos da filosofia moral (*EE* I, 6, 1216b26-30). Contudo, na *Ética a Nicômaco*, esclarecer-se-á que eles são inúteis para a grande massa dos homens, que ouvem não os raciocínios, mas a constrição e a força; a persuasão moral é vã para quem já formou um caráter malvado (*EN* X, 10); além deles, os jovens também não são ouvintes adequados das lições de ética, em consequência da inexperiência de vida e da disposição a ceder aos movimentos passionais (ibid. I, 1, 1095a2-12). "É preciso ter sido bem guiado nos costumes para ouvir adequadamente as lições sobre o que é belo e justo, e, em geral, sobre os assuntos da política" (ibid. 2, 1095b4-6): entre os jovens, portanto, só poderão aproveitar esses discursos os já dotados de um caráter nobre e virtuoso (ibid. X, 10, 1179b6-9). Até aqui, em todo caso, a filosofia prática parece ter como destinatário eletivo um público citadino, na sua parcela intelectual e moralmente elevada, em suma, o público dos *spoudaìoi* e dos filhos educados por eles. No entanto várias alusões aristotélicas apontam para um interlocutor mais bem definido e talvez também mais importante. "Quem estuda filosoficamente a política" é "o arquiteto que estabelece o fim" (ibid. VII, 12, 1152a36-b1); há, portanto, um papel arquitetônico da política, mas em relação a ela a função de "arquiteto" cabe não diretamente ao político, mas, sim, ao filósofo da política. O seu campo de reflexão desemboca diretamente na *nomothesìa*, na legislação fundamental da cidade (ibid. X, 10, 1181b13-23), portanto, o destinatário principal dessa reflexão será justamente o político na sua versão "elevada", o legislador (*nomothètes*: cf. ibid. VI, 8, 1141b24-29; *Pol*. IV, 1, 1288b21-27). Se os fruidores normais dos cursos de filosofia prática são, como sempre, os discípulos da escola, pelo menos o eco do seu ensino deverá alcançar o público da cidade, nos seus expoentes melhores e principalmente nos seus políticos com deveres legislativos (diríamos "constitucionais"), os quais devem estabelecer as finalidades coletivas e as normas da boa vida para a comunidade.

Mas, antes de abordar a discussão "arquitetônica" sobre as finalidades que organizam, ou deveriam organizar, o curso da vida humana, Aristóteles precisava liberar o campo de duas estorvantes heranças platônicas. A primeira consistia naquela ideia do bem que, segundo a *República*, constituía ao mesmo tempo um ápice ético e um ápice ontológico. À sua crítica são dedicados o capítulo I, 8 da *Ética a Eudemo* e o capítulo I, 4 da *Ética a Nicômaco*. Como vimos (no capítulo 2), a ideia de bem resultava "vazia e vã" do ponto de vista da filosofia prática, porque não representava uma finalidade concretamente desejável e buscável na ação moral dos homens. A segunda herança, que, no entanto, é deixada de lado sem qualquer menção a ela, era constituída pelos mitos escatológicos expostos no *Górgias*, no *Fédon* e no livro X da *República*: narrando as recompensas e os castigos que aguardam a alma imortal no além, eles deveriam servir de exortação para se levar uma vida moralmente correta, a fim de obter as recompensas e evitar os castigos na existência ultraterrena. Contudo, no *De anima*, Aristóteles havia destruído os pressupostos desses mitos do além-túmulo, negando radicalmente a imortalidade da alma individual. Sobre essa premissa, ele podia construir uma ética plena e serenamente "mundana": não há outro prêmio para a virtude a não ser uma boa vida neste mundo (*EN* I, 11); não há outro castigo para o vício a não ser uma vida terrena frustrada.

Qual é, portanto, o "bem" verdadeiro para o qual se orienta a vida, qual é a finalidade desejável que guia o agir humano no mundo e em relação ao qual qualquer outro fim é apenas instrumental? Não é difícil apontar o nome desse fim último, porque a respeito dele "há um acordo quase universal: tanto os muitos quanto os mais distintos dizem que é a felicidade (*eudaimonìa*) e consideram que 'viver bem' e 'ter sucesso' é o mesmo que ser feliz" (ibid., 2, 1095a16-20). O termo *eudaimonìa* estava bem enraizado no senso comum grego: do valor etimológico (ser acompanhado por um demônio propício) ele passara a designar a "vida boa" (*euzoìa*), a "atividade coroada de sucesso" (*eupraxìa*, ibid., 8, 1098b21); por outro lado, ele desempenhara um papel central na ética socrática. O que é, portanto, a felicidade? As opiniões correntes naturalmente divergem: para a vulgar maioria, a felicidade consiste no prazer; para as pessoas de bem dedicadas à atividade política, consiste no sucesso e nas honras; para poucos outros, enfim, consiste na dedicação ao conhecimento (ibid., 3). Aristóteles considerava possível chegar ao fundo do dissenso com uma argumentação bem fundada que fosse além das opiniões comuns sem, porém, subvertê-las a ponto de cair no paradoxo (cf. nesse sentido ibid., 9). Todo objeto capaz de desenvolver uma função específica (*érgon*) alcança a sua plena realização – "o bem e o sucesso" (ibid., 6, 1097b27) – no efetivo desenvolvimento dessa função (por exemplo, o esculpir para o escultor). Ora, a função própria do homem consiste na atividade (*enèrgeia*) da alma em sua parte, que é específica do homem; a razão (*logos*), em toda a extensão do termo. Como a felicidade representa uma condição de perfeição, essa atividade da parte racional da alma e a atividade daquelas partes ligadas a ela deverá ser "segundo a virtude" (*aretè*), onde esse último termo mantém o seu significado original de excelência de desempenho de um instrumento. A felicidade consiste, portanto, na "atividade da alma segundo a virtude completa (*teleìa*)" (*EN* I, 13, 1102a5-6; cf. *EE* II, 1, 1219a38-39) – e, "se as virtudes são mais de uma, segundo a melhor (*arìste*) e a mais perfeita (*teleiotàte*)" (*EN* I, 6, 1098a15-17). Essas duas definições não são iguais; elas introduzem uma tensão conceitual relevante: por "virtude completa" pode-se, de fato, entender o conjunto de todas as virtudes, que seria preciso pôr em obra para ser feliz (essa concepção foi definida pelos intérpretes como *inclusiva*); mas a especificação subsequente alude à superioridade de uma virtude sobre as outras, e apenas dessa virtude dependeria a obtenção da felicidade (concepção da virtude *dominante*). Voltaremos mais adiante sobre esse problema, do qual pode depender o sentido abrangente da ética aristotélica. Por ora, cabe determo-nos para considerar algumas características da felicidade segundo Aristóteles. A atividade virtuosa da alma não está dissociada de uma forma nobre de prazer (*EN* I, 9, 1099a13-16), o que aproxima a inovadora definição aristotélica ao campo das opiniões comuns. Esse desejo de evitar o paradoxo é confirmado pelas características e pelas condições que Aristóteles atribuía ao estado de felicidade. Certamente, esta representa uma condição de autossuficiência (*autàrkeia*), mas não de isolamento individual: a atividade feliz se estende ao âmbito da família e do contexto social, porque não pode se desenvolver segundo uma modalidade solipsista, "se justamente por natureza o homem é político" (ibid., 5, 1097b8-11). Ademais, ela requer um certo grau de disponibilidade de bens materiais, de dotes naturais, de boa sorte: não pode exercer a atividade feliz quem se encontra em condições de extrema indigência, de ínfima extração social, de deformidades físicas (ibid., 9, 1099a31-b8) ou que sofra tragédias como as de Príamo (ibid., 11, 1101a1-8). Além disso, a felicidade não pode consistir num estado de alegria momentâneo e transitório, mas deve caracterizar uma vida inteira (ibid.,10, 1100a4-9), embora seja excessivo, concede Aristóteles, considerar que é preciso aguardar a morte para decidir se um homem foi realmente feliz (ibid., 11). Por fim, não pode ser feliz quem é incapaz de deliberar racionalmente sobre a sua própria atividade, como as crianças, os escravos, os trabalhadores braçais obrigados a depender de outros (*EE* I, 4).

Muito mais distante do sentido comum e teoricamente mais relevante é a questão das "partes da alma" que operam como sujeitos das ações virtuosas em que consiste a felicidade. Nas *Éticas*, Aristóteles elaborava uma diferenciação entre "partes" – ou melhor, entre faculdades – da alma que não coincide exatamente com a teorizada no *De anima* e tampouco com a célebre tripartição platônica, embora retome elementos de ambas. A alma se apresenta, pois, dividida em duas camadas, uma racional e outra irracional, e cada uma delas é subdividida em mais duas (os textos mais importantes sobre a questão são *EN* I, 13, VI, 2). A camada inferior da parte irracional é a "vegetativa", à qual correspondem meras funções vitais totalmente irrelevantes do ponto de vista ético. A camada superior é, por sua vez, a decisiva: Aristóteles a chama de *orektikòn*, "desejante", um termo derivado de *òrexis*, "tendência" ou "desejo", e também – com uma clara ressonância platônica – *epithymetikòn kai holôs orektikòn* (ibid. I, 13, 1102b31), locução que expressa com eficiência o enraizamento dessa parte da alma no âmbito dos desejos (por outro lado, também está relacionada com as representações, *phantàsmata*, produzidas, segundo o *De anima*, pela função perceptiva da alma). O problema da relação entre a faculdade desiderativa e a faculdade racional é especialmente tortuoso: ela, escreve Aristóteles, "participa da razão", mas enquanto nos homens temperantes "ouve e obedece" a razão, nos outros "se contrapõe e resiste a ela" (ibid., 1102b17, v26, 31-32). Já que, como veremos, é precisamente o desejo que busca os fins almejados na conduta, é evidente o papel moral central dessa faculdade. Pelo seu lado, a camada racional da alma se divide numa parte "epistêmica", puramente teórica, cujo objeto é constituído pelos entes imutáveis e "necessários", e numa parte "calculadora" (*logistikòn*) e deliberativa, que versa sobre objetos suscetíveis de variabilidade e contingência (ibid. VI, 2, 1139a6-14).

A cada uma dessas faculdades da alma corresponde uma ou mais "virtudes", isto é, as respectivas formas de excelência performativa. As virtudes do *orektikòn* são definidas como "éticas" (*EN* I, 13, 1103a3-6; *EE* II, 4), e as virtudes da parte racional, como "dianoéticas" (de *diànoia*, pensamento). Entre elas, a virtude da parte teórica é a "sapiência" (*sophìa*, *EN* VI, 7), e a da parte calculadora é a "inteligência prática" ou "sabedoria", *phrònesis* (ibid., 5). Quanto à felicidade que deriva do exercício das virtudes dianoéticas e do seu sumo valor, Aristóteles iria falar problematicamente apenas no final das duas *Éticas*.

A grande parte dos tratados é, no entanto, dedicada às virtudes éticas, que são as pertinentes às questões morais das condutas do homem como "animal político". Trata-se de coragem, temperança, generosidade, mansidão, justiça e outras virtudes semelhantes, virtudes amplamente discutidas do livro III ao livro V da *Ética a Nicômaco*. Antes de definir a natureza delas, é essencial responder à pergunta sobre o modo de adquiri-las, visto que o escopo da ética é justamente o de se tornar virtuoso, não o de conhecer teoricamente as virtudes. Ao contrário das matemáticas, não se aprende a virtude lendo livros ou frequentando a escola. Tampouco se nasce naturalmente virtuoso: Aristóteles negava firmemente a ideia aristocrática de uma dotação natural de virtude, que a restringiria aos *kalokagathoì* de extração patrícia. A via mestra para a virtude consiste, porém, no hábito de cumprir repetidamente ações virtuosas, que devem ser praticadas "desde criança" (*EN* II, 1, 1103b24) – isto é, quando ainda não se desenvolveu o princípio racional capaz de orientar autonomamente as condutas – sob a direção, a princípio, do pai; depois, das leis da cidade e do modelo oferecido pelos cidadãos exemplares. O hábito de controlar as pulsões passionais que podem determinar a direção da nossa *òrexis* é, portanto, adquirido em idade precoce, e a prática costumeira das ações corretas contribui decisivamente para formar o caráter, *êthos*: não por acaso, Aristóteles ressalta a contiguidade entre essa palavra (daí o saber moral, *êthikè*) e *èthos*, que designa precisamente o hábito (*EE* II, 1, 1103a17-18; *EE* II, 2, 1220a38 ss.). Mas realizar ações virtuosas sob as prescrições do pai, da lei, do ambiente social da *polis*, embora seja indispensável para obter um duradouro condicionamento moral dos desejos, não basta para *ser* um homem virtuoso: isso só ocorrerá quando as normas forem interiorizadas de tal forma que essas ações serão realizadas conscientemente, com base numa escolha autônoma, com constância e firmeza de intenções (*EN* II, 3): aqui está clara a influência das *Leis* de Platão sobre a ética aristotélica. Com base na habitualidade, chega-se, portanto, a obter essa disposição estável, esse "hábito" (*hèxis*) virtuoso; se faltarem os bons costumes, o caráter também se consolidará, mas na modalidade do vício moral (*kakìa*). Segundo Aristóteles, uma vez formada a *hèxis*, o caráter moral não é mais suscetível de mudança; é impossível que um homem virtuoso degenere em maldade e é extremamente improvável que um maldoso se torne virtuoso; a *hèxis*, escrevia Aristóteles, é como uma pedra que, uma vez lançada, não pode ser chamada de volta (ibid. III, 7, 1114a17-19). Em todo caso, a *hèxis* virtuosa é capaz de governar os impulsos das paixões que formam a matéria psíquica dos desejos (trata-se dos pares de ira e passividade, temeridade e covardia, ganância de prazeres e insensibilidade, prodigalidade e avareza, ódio e indiferença, e assim por diante). O desafio da virtude não é o de negar ou extirpar esse inelimável material psíquico, mas de fazer dele um bom uso, submetendo os seus impulsos a uma regra que os torne compatíveis com os requisitos e os limites socialmente aceitáveis no ambiente urbano em que vive o "animal político". Essa regra virtuosa consiste na célebre "mediania" (*mesòtes*) que caracteriza a ética aristotélica (*EE* II, 3; *EN* II, 5, 1106b14-25). Não se trata de "mediocridade" – porque a virtude é sempre uma excelência – e tampouco de uma média matematicamente determinável; trata-se, antes, da capacidade de traçar, em cada circunstância, a correta rota da vida, que evite os extremos opostos do excesso e da falta, ambos socialmente inaceitáveis. "A virtude – escreve Aristóteles – é uma *hèxis* que produz decisões, que consiste numa mediania relativa a nós, determinada racionalmente e como a determinaria o sábio (*phrònimos*)" (*EN* II, 6, 1106b36-1107a1). Assim, o virtuoso no campo de batalha será corajoso, evitando tanto a temeridade quanto a covardia, ambas fatais para a coesão da coluna hoplítica; diante dos prazeres, será temperante, escolhendo o meio-termo entre a incontinência desenfreada e a desumana insensibilidade; se sofrer uma ofensa, reagirá com gentil firmeza, sem cair no excesso da cólera e tampouco na resignação servil.

Um caso especialmente interessante é constituído pela virtude da justiça, da qual Aristóteles trata no livro V da *Ética a Nicômaco*. Há três tipos de justiça: a geral, a política, em que a virtude se realiza de modo completo (*hole*) e perfeito (*tèleia*; cf. *EN* V, 5, 1130a9-11, 1130b18-26; ibid., 3, 1129b25-27), e duas particulares, uma referente à distribuição equitativa dos bens materiais e simbólicos nas relações públicas e privadas e a outra, por sua vez, referente à "correição", isto é, a punição adequada que os tribunais infligem aos criminosos culpados (ibid., 5, 1130b30-1131a8). A mais interessante é, naturalmente, a justiça política. Seguindo uma tradição consolidada, Aristóteles a apresentava como o cumprimento da lei, porque "as leis tendem ao útil comum", e "justo" é "aquilo que produz felicidade para a comunidade política". A lei se pronuncia sobre todas as coisas (ibid., 3, 1129b14-15) e prescreve ações virtuosas e proíbe as más, porém – acrescentava Aristóteles – "de modo correto quando é estabelecida corretamente, e pior quando é estabelecida de modo apressado" (ibid., 1129b11-25). Mas a *Política* esclarecerá que as leis aqui eufemisticamente definidas como "apressadas" não são de forma alguma uma exceção: historicamente, de fato, uma grande parte dos homens vive sob formas constitucionais "desviadas" do bom ordenamento da cidade. Já que a justiça do cidadão exemplar (*spoudaios*) consiste, de todo modo, no cumprimento das leis, obedecendo às constituições desviadas, como, por exemplo, a tirânica, ele se comportará de modo diferente do modo ditado pela justiça moral definida na ética: as figuras do bom cidadão e do homem moralmente bom, portanto, virão a se diferenciar (*EN* V, 5, 1130b26-29 e, em esp., *Política* III, 4), e não é difícil ver as consequências que essa situação pode gerar no plano "normal" de educação para a virtude, ministrada pelo pai e pela lei, que Aristóteles descreve na *Ética a Nicômaco*. No tratado ético, o problema é apenas aflorado, como vimos, e não explicitamente discutido. Na *Política*, por outro lado, abordar-se-á a questão de como voltar a reconciliar as duas figuras, o que parece possível apenas no quadro de uma forma constitucional "perfeita", em que lei e justiça coincidam perfeitamente com a virtude moral (solução, portanto, não isenta de traços utópicos à criticadíssima maneira de Platão).

O livro VIII da *Ética a Nicômaco* trata da amizade (*philìa*); nele Aristóteles apresenta uma rica fenomenologia das relações interpessoais não políticas na sociedade grega do século IV e dos diversos tipos de vínculos afetivos que se estabelecem dentro da família e do grupo social dos homens de bem (*spodaìoi*).

As condições e a estrutura da ação moral são discutidas no livro III da *Ética a Nicômaco*. Podem-se considerar moralmente avaliáveis somente as ações que são realizadas voluntariamente (*hekousiôn*), isto é, aquelas das quais o sujeito agente é causa e princípio (*EN* II, 1, 1110a15-17) e, assim, pelas quais torna-se responsável e imputável. Nesse tema fundamental, Aristóteles devia enfrentar a indulgente tese socrático-platônica segundo a qual "ninguém faz mal voluntariamente": todos desejam e perseguem o bem, mas podem cometer um erro intelectual ao identificar o bem; um erro, acrescentava Platão no *Timeu* (86d-87c), que pode decorrer de uma disposição corpórea doentia ou de uma má educação.

A análise aristotélica é, por seu lado, muito mais severa em identificar as circunstâncias da ação involuntária e, por isso, irresponsável. Involuntárias podem ser consideradas apenas as ações realizadas por uma constrição física externa ou na ignorância das circunstâncias (o parricídio de Édipo, por exemplo, é involuntário porque ele ignorava que Laio era o seu pai). Mais incerto é o caso das ações realizadas sob chantagem (traio a pátria porque um tirano ameaça matar os meus familiares), mas também nesse caso Aristóteles inclina-se para o caráter voluntário delas (*EN* III, 1-2).

Contra a tese socrática, Aristóteles observava que, se a ação má é involuntária, a ação boa também deve sê-lo e, portanto, não poderia ser louvada e recompensada, assim como a outra não deveria ser deplorada e castigada; mas as coisas não são assim, como atestam, em primeiro lugar, a opinião pública e os legisladores, que com louvores e recompensas, repreensões e castigos, dão prova de que consideram as duas classes de ações igualmente voluntárias, responsáveis e imputáveis. Além disso, a ignorância do bem é a recusa de ostensivas normas morais e sociais e não pode ser confundida com um erro teórico, nem com a ignorância das circunstâncias. Mesmo as condições físicas doentias não podem servir de razão para o caráter involuntário do mal, porque são decorrentes de uma conduta desregrada e da negligência das prescrições médicas (ibid., 7, 1114a15-25).

Assim, em Aristóteles, a insistência na voluntariedade da ação moral comporta um pressuposto fundamental: o de que ela e as escolhas que conduzem à ação sejam livres, pelo menos no sentido de poder ser diretamente referidas ao sujeito agente; é claro que "o homem é princípio das suas ações" (ibid., 1113b17-21). Mas esse pressuposto não é isento de uma série de dificuldades teóricas. Sabemos que, uma vez formado, o hábito moral (*hèxis*) não é mais modificável, e dele depende a execução de ações boas ou más. Aristóteles afirma que "desde o início" (*ex archés*) somos donos da orientação do nosso hábito (ibid., 1114a19-21, 1115a1). No entanto é verdade que a formação da *hèxis* depende da educação recebida desde a infância por obra da família e do ambiente social, numa idade em que ainda não existe o princípio da racionalidade e, portanto, da voluntariedade da escolha. Onde se situa, então, aquele "início" em que ainda existe a possibilidade de decidir ser bom ou mau? Para que a ação seja plenamente voluntária e responsável, é preciso – escreve Aristóteles – que possamos ser considerados ao menos "concausas" ou corresponsáveis (*synaìtioi*, ibid., 1114b23) pela nossa *hèxis*, mas é difícil compreender como o sujeito pode ser corresponsável por hábitos morais que lhe são impostos por agentes externos. Todavia, para Aristóteles é essencial que, em última instância, o princípio de ação possa ser considerado "junto a nós", isto é, dependente de nós (*eph'hemìn*, ibid., 1115a3). Não há dúvida de que o sujeito pode ser identificado e, portanto, eventualmente imputável pela sua *hèxis*; mas é problemático o que "*eph'hemìn*" significa em nossa disponibilidade subjetiva. Certamente não há em Aristóteles nenhum determinismo "fatalista", de tipo estoico, e tampouco "naturalista", embora o filósofo mostre certa oscilação na relação entre dotes naturais e virtudes. Na *Ética a Eudemo* (III, 7, 1234a25-30), fala-se em "virtudes naturais" e na *physis* como origem das virtudes junto à sabedoria; nos "livros comuns" (*EN* VI, 13, 1144b3-9) reconhece-se a existência de virtudes naturais, semelhantes, mas diferentes da virtude moral em sentido próprio, e de traços de caráter, *hèxisphysikaì*, próprios de crianças e animais, os quais, porém, sem a intervenção do *nous*, são danosos. Por fim, na

Ética a Nicômaco, onde o papel central é confiado ao condicionamento educacional e ao hábito, afirma-se categoricamente que "nenhuma virtude moral nasce em nós por natureza", embora sejamos naturalmente predispostos a acolhê-las (ibid. II, 1, 1103a18-26).

Pode-se, por fim, pensar numa forma branda de determinismo ou de condicionamento social. É nesse sentido que parece seguir a interpretação de Donini, segundo a qual "junto a nós" significa não junto a cada sujeito, mas "junto aos homens": aquilo que cada um é, então, dependeria de um fator humano, mas não subjetivo e sim social (a família, a *polis*, as leis). Isso, porém, não resolve o problema da responsabilidade e da imputabilidade individuais. Como considerar cada um "corresponsável" pelo ambiente social, bom ou mau, em que se formou? Não se retorna, assim, ao Platão do *Timeu*? Não, segundo Aristóteles, para quem ainda permanece num certo grau de causalidade do sujeito em relação à ação e à formação do caráter, embora dificilmente argumentável no quadro da teoria da *hèxis*.

Nesse contexto, basta a menção à questão; para sustentar a tese da voluntariedade/responsabilidade, ademais, como vimos, Aristóteles contava com o bom argumento da opinião pública (e também político-jurídica) que considera os sujeitos das diversas classes de ações morais como merecedores de recompensas e castigos.

No âmbito da voluntariedade inscreve-se a estrutura da ação moral, à qual Aristóteles dedica algumas das páginas mais importantes da sua ética. Toda ação tem vistas a um fim. Os fins de cada ação e, arquitetonicamente, o fim último da vida inteira, em relação ao qual os outros são subordinados e instrumentais, são colocados por um ato volitivo (*boùlesis*) que se origina da parte desiderativa, portanto, irracional, da alma, o *orektikòn*. Com uma jogada radicalmente antiplatônica, Aristóteles, assim, subtrai a ordem dos fins ao âmbito da deliberação racional, que se refere apenas às etapas e aos meios necessários para obtê-los, depois de estabelecidos pela *boùlesis* (*EN* III, 4, 1111b26-30; 5, 1112b12-13;7, 1113b3-4). Desse modo, não é a razão mas a virtude ética, o bom condicionamento dos desejos, que pode levar a estabelecer fins moralmente bons (em primeiro lugar, uma correta identificação da felicidade com a virtude, em vez de, por exemplo, com o prazer: cf. *EE* II, 11, 1227b23-25; *EN* III, 6, 1113a24-b2).

A decisão de Aristóteles de excluir fins e escopos da ação do terreno da deliberação e da projeção racional, entregando-os a um ato de volição desiderativa, pode parecer preocupante, pelo menos do ponto de vista platônico, mas estava bem enraizada na teoria aristotélica da formação do caráter a partir do condicionamento educacional. Na situação normal – mas, como sabemos, trata-se de uma normalidade não estatística e sim normativa –, o conjunto das finalidades já está depositado no ambiente familiar e social, onde vem a se realizar a politicidade essencial do animal humano. "Por natureza", segundo a *Ética a Eudemo* (II, 10, 1227a28-31), ou melhor, para o cidadão perfeitamente adequado, o *spoudaios*, segundo a *Ética a Nicômaco* (III, 6, 1113a24-b2), o fim sempre é bom; certamente ele pode degenerar em casos de desvio da norma natural, no primeiro caso, e da norma social, no segundo caso. De todo modo, é o fato de considerar de maneira eticamente positiva o estado natural-social das coisas humanas que permite a Aristóteles aquela confiança dos processos de condicionamento educacional do desejo, que se mostrava implausível do ponto de vista da crítica platônica à política e à moral correntes. Acrescente-se que, na *hèxis* madura, há elementos de racionalidade acompanhando, em todo caso, o estabelecimento irracional dos fins confiado apenas à virtude ética: "o operar próprio do homem chega à realização segundo a inteligência prática (ou "sabedoria", *phrònesis*) e a virtude ética" (*EN* VI, 13, 1144a6-8). Como escreveu Donini, na origem da ação moral parece estar presente "uma racionalidade que não decide, não escolhe e menos ainda inventa alguma coisa, mas simplesmente reconhece e aceita; em todo caso, mesmo assim é racionalidade, e não simplesmente emoção ou imaginação". Levando em conta que a alma desiderativa é, como vimos, *normalmente* disposta a seguir os conselhos da razão, pode-se, portanto, concluir – nos termos da ética moderna – que a posição de Aristóteles é "quase humeana", no sentido de que a razão não tem o poder de estabelecer os fins, mas tem a tarefa de reconhecê-los e defini-los com precisão (elaborando, por exemplo, uma compreensão correta daquilo em que consiste a desejada felicidade), não estando, assim, passivamente submetida a paixões e desejos (J. Moss).

Contudo, com a *phrònesis*, passamos do nível da colocação dos fins para o da decisão ou da escolha (*phrohaìresis*) referente aos meios necessários para alcançá-los: nível em que se assiste à entrada em ação da racionalidade prática. A decisão – que Aristóteles definia com eficácia como "desejo deliberativo", *bouleutikè òrexis* (*EN* III, 5, 1113a10-11; VI, 2, 1139a22-23) – opera, antes de tudo, uma seleção no âmbito dos fins propostos pelo desejo, isolando os exequíveis, que devem se referir ao possível e ao futuro: posso desejar mudar o passado, tornar-me imortal ou governar os citas, mas tudo isso está fora do meu alcance, e não tem sentido transformá-los num projeto de ação. Mas é possível calcular com eficiência as etapas e os meios desse projeto com vistas a finalidades exequíveis: nesse trabalho de escolha põe-se em operação uma virtude dianoética – isto é, pertencente à alma racional –, como é a inteligência prática ou "sabedoria", a *phrònesis*. Devido a essa participação na racionalidade, destinada à obtenção de um objetivo, a escolha também pode ser definida como "pensamento desiderativo" ou "desejo racional" (*orektikòs nous, òrexis dianoetikè*: *EN* VI, 2, 1139b4-5).

Neste ponto surge a questão da relação entre a qualidade moral dos fins e a racionalidade prática, que é instrumental para a sua obtenção. É possível que a virtude estabeleça ótimos fins, mas que estes não sejam alcançáveis por falta de racionalidade prática? E, principalmente, quando a virtude não consegue condicionar os fins, e eles resultam viciosos como no caso da intemperança (*akolasìa*, ibid. VII, 9, 1150b30, 1151a7), a que faculdade racional cabe calcular os meios para alcançá-los? A segunda pergunta recebe em Aristóteles uma resposta tão clara quanto problemática.

> Há uma faculdade que chamamos de "habilidade" (*deinòtes*).
> Ela é tal que nos torna capazes de realizar com sucesso as ações que levam ao escopo preestabelecido. Se o escopo é belo, ela é

uma capacidade louvável, mas, se o escopo é ignóbil, ela é "esperteza" (*panourgìa*): por isso qualificamos tanto os sábios quanto os espertos de hábeis. A sabedoria (*phrònesis*) não é essa faculdade, mas não acontece sem ela (*EN* VI, 13, 1144a23-28).

A passagem é inquietante porque a *deinòtes*, que aqui aparece como uma condição da *phrònesis*, é um termo moralmente neutro, mas que em muitos usos pode se referir a uma sagacidade desabusada e temível (por exemplo, nada impede que a *deinòtes* acompanhe a incapacidade de autocontrole, *EN* VII, 10, 1152a10-14). Nesse nexo, a relação entre a assunção (irracional) dos fins e a racionalidade calculadora e instrumental, que pode parecer eticamente neutra na figura da *deinòtes*, mostra todo o seu potencial problemático. Por isso, Aristóteles se esforçava em esconjurar esse horizonte desconcertante, garantindo que "não é possível ser bom sem sabedoria (*phrònesis*), nem sábio sem virtude ética" (ibid. VI, 13, 1144b30-32; 1144a36 ss.). A *Ética a Eudemo*, porém, tinha uma perspectiva menos tranquilizadora: "É possível, na verdade, que o escopo seja correto, mas que se faça um erro nos passos que levam a ele; e é possível que o escopo seja errado, mas que sejam corretos os passos que nele se encerram, ou nem um nem os outros" (II, 11, 1227b19-22). Assim, poderíamos ter um virtuoso bem-intencionado, mas incapaz, e um intemperante terrivelmente eficiente na busca do seu fim. No livro VII da *Ética a Nicômaco* discute-se também o caso da falta de autocontrole (*akrasìa*). Nele, os fins postos são bons, mas a fraqueza da *hèxis* de caráter, às vezes, impede que sejam buscados com os meios apropriados. A *akrasìa* é, porém, um vício menos grave do que a *akolasìa* (intemperança); quem é afetado por ela pode ser ajudado a temperar um caráter não propenso à maldade, ao passo que o intemperante é incurável.

Mais uma vez, é a "normalidade" positiva dos processos educacionais formadores do caráter que autoriza a tese de que a virtude ética e a inteligência prática não devem ser *normalmente* separadas. Esse nexo pode ser formalizado no chamado "silogismo prático": a premissa maior contém o fim, colocado pela virtude, a menor, a deliberação sobre os meios, formulada pela *phrònesis*; a conclusão é a ação que dela deriva (*EE* II, 11; *EN* VII, 6).

Formação do hábito moral, da voluntariedade e da responsabilidade do agir, do estabelecimento dos fins e da decisão sobre os meios, da relação entre virtudes éticas e a virtude dianoética da sabedoria; até aqui as análises aristotélicas se desenvolveram inteiramente naquele território comum à ética e à política que é constituído pelas formas e pelas normas da vida associada dos homens, entre família e *polis*, em suma, o território próprio do "animal político". Mas já a definição inicial de felicidade (*EN* I, 6, 1098a15-17) abria – como vimos – a perspectiva de uma possível hierarquia entre as virtudes e as consequentes formas de felicidade, apresentando a hipotética dominância de uma delas. E no livro VI Aristóteles escrevera que, se o homem não é a coisa mais importante do cosmo, a política e a racionalidade prática não são a forma mais alta de saber (VI, 7, 1141a21-23), contrapondo a elas a faculdade da alma dedicada à teoria pura, o *nous*, cuja virtude é a sabedoria (*sophia*), inútil do ponto de vista prático, mas capaz de conhecer as realidades divinas, imutáveis e de "maior valor", como os astros do céu (1141b1-2).

Essas premissas antecipavam – sem torná-la menos surpreendente – a brusca separação que Aristóteles operava nos capítulos 7-9 do último livro da *Ética a Nicômaco*, até aqui dedicado em grande parte à discussão das virtudes próprias do animal político. A separação é anunciada na forma de uma argumentação rigorosa:

> Se a felicidade é a atividade segundo a virtude, é razoável que o seja segundo a mais excelente, e esta será a virtude daquilo que é melhor. Portanto, seja o intelecto (*nous*) ou alguma outra coisa esse elemento que se considera comandar e dominar por natureza e ter noção das coisas belas e divinas; ou que o próprio intelecto seja divino, ou seja a coisa mais divina que está em nós, a sua atividade segundo a virtude própria será a felicidade perfeita. Que é uma atividade teórica, isso já dissemos (*EN* X, 7, 1177a12-18).

As ações da política e da guerra, mesmo conservando uma nobreza moral própria (ibid., 1177b16-17), são, porém, rebaixadas ao segundo lugar em termos de felicidade, porque são restritas ao âmbito humano e carecem de autossuficiência, dependendo do jogo variável das relações entre homens e da casualidade dos eventos. A política não é uma vida humana na sua integralidade. O traço específico do homem, mais do que a politicidade, é a posse do pensamento teórico, o *nous*, que constitui o elemento divino em nós, seja porque a sua atividade é semelhante à da divindade aristotélica (puro pensamento, como se mostra no livro XII da *Metafísica*), seja porque o seu objeto é formado pela parte "divina" do cosmo, os astros e as inteligências divinas. Portanto, a vida segundo o pensamento será "divina" e, por isso, humana por excelência; ela nos permitirá tornarmo-nos imortais, na medida em que é permitido aos seres humanos, graças à frequentação intelectual daquilo de que é imortal no cosmo (ibid., 1177b26-34). A vida teórica – isto é, o exercício da filosofia – é, ademais, autossuficiente, não depende da mudança das circunstâncias externas, goza da paz do estudo (*scholè*) e, assim, garante a felicidade mais completa e mais estável, enriquecida por aqueles "prazeres maravilhosos por pureza e por continuidade" (ibid., 1177a26-27) que acompanham o exercício do pensamento.

Ao término dessas páginas famosas, Aristóteles não se abstém daquilo que Natali definiu como "um *tour de force* retórico", com uma clara regressão à religiosidade tradicional: por se dedicar ao "serviço" do pensamento (*nous*), que é a coisa mais afim à divindade (*EE* VIII, 3, 1249b20-21 falava de uma *therapeìa* teórica dirigida diretamente ao deus), o filósofo será caro aos deuses, e quem é caro aos deuses é o mais feliz dos homens (*EN* X, 9, 1179a23-32). Na verdade, essa remissão à tradição religiosa faz parte de uma estratégia concebida para reduzir o impacto provocador da reivindicação de superioridade da forma de vida filosófica em relação à vida política; dela também faz parte o repetido recurso a fórmulas como "é razoável", "parece, aparenta" (*dokeî*), que remetem a opiniões do senso comum, além da tranquilizadora asserção de que mesmo o filósofo, sendo um homem, deverá agir segundo as mesmas virtudes éticas que recomenda aos outros (ibid., 8, 1178b5-7). E, no fundo – sustentara

Aristóteles na *Política* como uma tese situada a meio caminho entre a obviedade e o paradoxo –, mesmo a atividade teórica é uma forma de *práxis* como as outras realizadas na cidade (*Pol.* VII, 3, 1325b14-21).

Apesar disso, a enfática asserção da superioridade da forma de vida filosófica conserva o aspecto de uma espécie de provocação intelectual e, por isso, desde sempre causou embaraço aos intérpretes. Deve-se excluir uma intenção protréptica por parte de Aristóteles, isto é, a intenção de levar o público da *polis* a se converter à forma de vida filosófica. Aristóteles estava plenamente ciente de que esta não era possível nem desejável para a grande maioria dos cidadãos, para os quais era mais condizente uma moralidade de tipo ético-político; e no esboço da "melhor constituição", à qual são dedicados os livros VII e VIII da *Política*, não se faz qualquer menção ao papel e à posição que caberiam à filosofia na cidade.

Assim, cabe pensar que Aristóteles, nas breves páginas dedicadas à felicidade teórica no livro X da *Ética a Nicômaco*, desejava, em primeiro lugar, afirmar orgulhosamente – nisso, fiel à imprescindível herança platônica – a excepcionalidade da vida dos filósofos e da sua escola, frente à cidade, ao preço de uma inevitável marginalidade e do afastamento em relação ao domínio da política (a "vida de estrangeiro" de que se fala na *Política* VII, 2, 1324a16). Assim, a renúncia à realeza filosófica, ainda reivindicada por Platão, era de certo modo compensada pela qualidade superior da atividade teórica e da decorrente felicidade. Na conceitualidade aristotélica, a figura limite do filósofo, nessa sua marginalidade privilegiada graças à contiguidade teórica com a esfera do divino, está para a sociedade humana assim como o deus/primeiro motor da *Metafísica* está para o sistema ordenado do cosmo, e como o intelecto ativo (ele também *nous*) do *De anima* está para o conjunto psicossomático. Em todos esses casos, um eixo vertical parece substituir o plano normal, horizontal, que é próprio do pensamento de Aristóteles. A ele, na verdade, voltava-se no último capítulo da *Ética a Nicômaco*, que traçava o programa da sua continuação no texto sobre a *Política*.

Nota bibliográfica

Tradução italiana da *Ética a Eudemo* ed. P. Donini, Laterza, Roma-Bari, 1999 (baseada na edição de R. R. Walzer e J. Mingay, Oxford, 1991, com revisões textuais); principal comentário, ed. F. Dirlmeier Akademie Verlag, Berlim, 1962. Tradução italiana da *Ética a Nicômaco* ed. C. Natali, Laterza, Roma-Bari, 1999 (baseada na edição de F. Susemihl e O. Apelt, Teubner, Leipzig, 1912^3; outra edição: I. Bywater, Clarendon Press, Oxford, 1894); principal comentário, ed. R. A. Gauthier e J. Y. Jolif, Université de Louvain, Louvain-Paris, 1959; mais recente, S. Broadie e C. Rowe, Oxford University Press, Oxford, 2002. As citações neste capítulo são extraídas das traduções de Donini e Natali, com algumas modificações.

Para uma abordagem dos temas da ética aristotélica, são úteis as seguintes obras: P. Aubenque, *La prudence chez Aristote*, PUF, Paris, 1963; Barnes, *Aristotle and the Methods of Ethics*, citado na bibliografia do cap. IV; R. Bodéüs, *Le Philosophe et la cité*, Les Belles Lettres, Paris, 1982; S. Broadie, *Ethics with Aristotle*, Oxford University Press, Oxford, 1991; P. Donini, *Ethos. Aristotele e il determinismo*, Edizioni dell'Orso, Alexandria, 1989; id., *Abitudine e saggezza. Aristotele dall'"Etica eudemia" all'"Etica nicomachea"*, Edizioni dell'Orso, Alexandria, 2014; T. Engberg-Pedersen, *Aristotle's Theory of Moral Insight*, Oxford University Press, Oxford, 1983; A. Fermani, *L'etica di Aristotele*, Mocelliana, Brescia, 2012; D. Frede, *The Political Character of Aristotle's Ethics*, in M. Deslauriers e P. Destrée (orgs.), *The Cambridge Companion to Aristotle's 'Politics'*, Cambridge University Press, Cambridge, 2013, 14-37; S. Gastaldi, *Bios hairetotatos. Generi di vita e felicità in Aristotele*, Bibliopolis, Nápoles, 2003; A. Kenny, *The Aristotelian Ethics*, Oxford University Press, Oxford, 1979; C. Natali, *La saggezza di Aristotele*, Bibliopolis, Nápoles, 1989; C. Rowe, "The Eudemian and the Nicomachean Ethics. A study in the develoment of Aristotele's Thought", in *Proceedings of the Cambridge Philological Society*, supl. 3, 1971; Sorabji, *Necessity, Cause and Blame*, citado na bibliografia do cap. VIII.

São também importantes as seguintes coletâneas de estudos: A. Alberti (org.), *Studi sull'etica di Aristoteles*, Bibliopolis, Nápoles, 1990; J. Barnes, M. Schofield e R. Sorabji (orgs.), *Articles on Aristotle*, vol. II, *Ethics and Politics*, Duckworth, Londres, 1977; E. Berti, e L. M. Napolitano Valditara, *Etica, Politica, Retorica. Studi su Aristotele e la sua presenza nell'età moderna*, Japadre, L'Aquila, 1989; P. Destrée (org.), *Aristote. Bonheur et Vertus*, PUF, Paris, 2003; A. Oksenberg Rorty (org.), *Essays on Aristotle's Ethics*, University of California Press, Berkeley-Los Angeles, 1980; G. Romeyer-Dherbey e G. Aubry (orgs.), *L'excellence de la vie. Sur l'"Étique à Nicomaque" et l'"Étique à Eudème" d'Aristote*, Vrin, Paris, 2002; R. Polansky (org.), *The Cambridge Companion to Aristotle's Nicomachean Ethics*, Cambridge University Press, Cambridge, 2014 (compreende o ensaio citado de J. Moss).

Consultem-se, por fim, os capítulos dedicados a Aristóteles em J. Annas, *La morale della felicità* [1993], trad. ital. Vita e Pensiero, Milano, 1998; M. C. Nussbaum, *La fragilità del bene* [1986], trad. ital. Il Mulino, Bolonha, 1996; M. Vegetti, *L'etica degli antichi*, Laterza, Roma-Bari, ³2004.

Capítulo XII
A *polis* entre natureza e história

> Não se deve acreditar que qualquer cidadão pertença
> a si mesmo, mas todos pertencemos à cidade
> porque cada um é parte da cidade.
> Aristóteles, *Política* VIII, 1, 1337a27-29.

O homem, como sabemos, é um animal político por natureza, e, por conseguinte, a política desempenha o papel de "ciência arquitetônica" no conjunto dos saberes antropológicos. Preparando-se na *Política* para realizar o programa de uma pesquisa sobre as constituições – que constituem justamente a estrutura arquitetônica das comunidades humanas – esboçado na última página da *Ética a Nicômaco*, Aristóteles lhe antepunha uma sólida introdução teórica, a fim de extrair sistematicamente as consequências daquele pressuposto fundamental. A cidade (*polis*) é a forma plena da comunidade política, o ambiente produzido pela politicidade natural humana, que nele se pode realizar completamente; ela, portanto, existe por natureza, Aristóteles não se cansa de repetir (I, 2, 1252b30, 1253a1-3), tanto quanto aquela política que é complementar a ela. Como toda formação natural complexa, a estrutura da *polis*, para ser compreendida, deve ser submetida a uma espécie de análise estratigráfica, que ponha à luz os seus componentes primários e os modos da sua agregação (I, 1, 1252a18-23): do mesmo modo, no *De partibus animalium* (II, 1) o corpo vivo era concebido como o resultado de um processo de composições sucessivas, que levavam das qualidades primárias da matéria às "partes homogêneas" (tecidos), destas aos órgãos e aos sistemas e, por fim, ao corpo completo.

Assim, a cidade pode ser reduzida a dois componentes fundamentais. Em primeiro lugar, o par reprodutivo, que se forma – ressalta Aristóteles – não por escolha (*prohaíresis*), mas por uma necessidade natural, a continuidade da espécie (I, 2, 1252a26-30): desse casal e da sua prole origina-se a família. Dela faz parte, em segundo lugar, o par produtivo, composto na sua forma elementar por senhor e escravo (cuja colaboração é de mútua vantagem, como aquela de mente e corpo: 1252a30-34). Sobre a "naturalidade" desse par e da condição servil Aristóteles empreenderá uma discussão cerrada nos capítulos 4-7 do livro I da *Política*. A agregação de mais famílias elementares, ramificando-se a partir de progenitores comuns, dá lugar a um povoado, uma espécie de comunidade de clãs; muitos povoados formam, por fim, a cidade. Esta representa a forma perfeita e realizada (*telèios*) da comunidade política, pela dupla razão de ter alcançado a autossuficiência (*autàrkeia*), isto é, de ser, diríamos nós, um Estado autônomo dos pontos de vista político, econômico e militar, além de garantir as condições do "viver bem" (*eu zên*: cf. I, 2, 1252b27-32). A vida boa assegurada pela *polis* funda-se no uso tipicamente humano do discurso-razão (*logos*), que permite a interação comunicativa sobre os valores da convivência, "o bem e o mal, o justo e o injusto" (ibid., 1253a14-18). Mas é o caso de antecipar que a vida boa permitida pela cidade deve-se à divisão social do trabalho que ela torna possível: a presença de massas de agregados (sejam livres ou escravos) incumbidos dos "trabalhos necessários", isto é, da produção e da troca de bens indispensáveis à sobrevivência comum, permite que os cidadãos propriamente ditos disponham do tempo livre (*scholè*) necessário para dedicar-se às "obras da virtude", isto é, às atividades políticas e culturais que são as únicas dignas de uma vida boa e feliz.

Falamos de análise estratigráfica sobre a decomposição que Aristóteles operava na unidade complexa da *polis* para compreender a sua estrutura fundamental. Com efeito, os seus componentes permanecem dentro dessa unidade depois de constituída, tal como os tecidos e os órgãos no corpo vivo. Pode-se também dizer que algumas das etapas de agregação (da família ao povoado e, então, à cidade) podem ter demandado tempo para a sua atualização, assim como o requer o desenvolvimento do embrião animal. Todavia, não se trata, na perspectiva aristotélica, de um processo histórico contingente, passível de chegar a resultados diferentes segundo uma pluralidade de escolhas possíveis. Pelo contrário, cumpre pensar a sequência dos processos naturais, como o crescimento de um carvalho a partir de uma semente de carvalho, ou de um homem a partir do sêmen de um pai humano. A cidade, de fato, é o fim, o *tèlos* do processo que conduz à sua formação (*gènesis*: I, 2, 1252b31-1253a1), e, como sabemos, nos processos naturais o *tèlos* e o inteiro vêm *antes* das partes de que são compostos, orientam-nas e explicam o seu processo de agregação (ibid., 1253a18-20). A prioridade da cidade sobre os cidadãos e as famílias (em termos modernos, do Estado sobre os indivíduos), aliás, estava radicada na concepção grega da política (aprovada por Hegel, ela seria posta em discussão pelo pensamento liberal moderno, a partir de Benjamin Constant).

A estratigrafia da cidade permitia, ademais, que Aristóteles visse inscritas na família, célula social elementar, as mesmas relações de autoridade e comando que vigoram na comunidade política que, assim, por sua vez, se tornavam naturalizadas (I, 3). No topo está a figura do chefe de família, que é, ao mesmo tempo, o cidadão em sentido pleno: ele deveria ser homem, adulto e, além disso, grego, porque entre os bárbaros – precisamente por serem desprovidos de um princípio correto de autoridade – não pode existir propriamente uma família, mas apenas uma ligação entre escravo e escrava (I, 2, 1252b5-7). O comando que o chefe de família exerce sobre a esposa é de tipo político, isto é, aquele que se exerce entre livres e adultos, mas sem a alternância do papel de poder que, porém, vigora na *polis*; o comando sobre os filhos é de tipo monárquico, e dele os filhos homens se emancipam quando atingem a maioridade; por fim, o comando sobre os escravos é senhorial e despótico (I, 2). Talvez com maior clareza, na *Ética a Nicômaco* Aristóteles definira o comando conjugal como "aristocrático" (isto é, fundado numa disparidade de valor) e o comando sobre os escravos como "tirânico", por se exercer apenas no interesse do senhor (VIII, 12).

Radicadas no *oîkos* familiar, essas formas de poder, aliás, se estendiam, segundo Aristóteles, à toda a natureza, segundo o princípio universal do governo do melhor sobre o pior: assim, a alma exerce uma autoridade senhorial sobre o corpo; o intelecto, uma autoridade política e monárquica sobre o desejo; e, ademais, o homem exerce o poder sobre os animais, o macho sobre a fêmea, o livre sobre o escravo (*Pol.* I, 5, 1254b3-20). A inferioridade da mulher consistia no fato de possuir, sim, a faculdade deliberativa (*bouleutikòn*), mas "desprovida de autoridade" (*àkyron*: I, 13, 1260a12-13). Aqui Aristóteles transferia para termos teóricos a norma jurídica de Atenas determinando que as mulheres fossem confiadas aos cuidados de um tutor (habitualmente, um familiar) que exercia a sua representação legal; mas, à distância, a fragilidade das mulheres remontava à maior frigidez do seu organismo, sancionada pela ciência biológica. Quanto ao escravo, que difere dos livres tanto quanto o corpo da alma e o animal selvagem do homem, é não só totalmente desprovido de capacidades deliberativas, mas participa do *logos* (discurso-razão) apenas naquela restrita medida que lhe permite reconhecê-lo em outros sem possuí-lo (I, 5, 1254b16-23): aqui Aristóteles podia se valer do fato evidente de que os escravos bárbaros não falavam a língua grega.

E é precisamente a questão da escravidão que se mostra crucial no livro I da *Política*. A relação produtiva senhor-escravo é tão importante quanto a relação reprodutiva marido-mulher: "a casa (*oikìa*) perfeita é constituída por escravos e livres" (I, 3, 1253b4). O escravo serve de instrumento – aliás, de "instrumento animado" – indispensável para satisfazer às necessidades do patrão, da família e, no limite, de toda a comunidade citadina (I, 4). É essencial que a relação senhor-escravo seja igualmente fundada na natureza, como as outras, e, portanto, é necessário que a condição de escravo exista "por natureza" (ibid., 1254a14-17).

A ela pode-se mostrar aplicável a relação entre ato e potência (a partir do momento em que existem escravos em ato, isso significa que eles eram potencialmente escravos: "é escravo por natureza quem pode pertencer a um outro e, por isso, é de um outro", I, 5, 1254b21-22), mas, para chegar a tal conclusão, Aristóteles devia recorrer a uma argumentação baseada "no raciocínio e nos fatos" (ibid., 1254a20-21). Os fatos tenderiam a mostrar que o escravo "natural" dispõe de um corpo mais robusto e adequado aos trabalhos braçais, ao passo que os corpos dos livres são "eretos e inadequados a semelhantes atividades, mas adequados à vida política" (ibid., 1254b28-31). Infelizmente, porém, a natureza nem sempre oferece um sinal tão evidente da condição servil, por isso é preciso recorrer ao critério da menos visível beleza da alma. Mas isso, evidentemente, não basta para superar as objeções daqueles que negam a naturalidade da escravidão e a atribuem a uma injusta sujeição obtida por meio da violência (I, 6): são talvez de posições sustentadas por sofistas como Lícofron e Alcidamante e, antes ainda, Hípias e Antifonte.

Numa laboriosa discussão do problema, que põe em questão uma estrutura basilar da sociedade grega como um todo, Aristóteles não negava um certo fundamento a essas teses: ademais, eram justificadas pela evidência da sujeição violenta e ilegítima até mesmo de indivíduos ilustres (como, ao que parece, acontecera ao próprio Platão por obra de piratas que o teriam capturado numa viagem de regresso da Sicília) e de comunidades gregas inteiras (basta pensar no caso dos habitantes da ilha de Melos, celebrizado pela *História* de Tucídides). Aristóteles aludia, como possível réplica, a um argumento muito arriscado, segundo o qual a superioridade do uso da força implica também uma superioridade em termos de virtude (onde *aretè* conserva evidentemente o valor original de excelência de desempenho): porque "a virtude é capaz também de exercer em maior grau a violência [...] considera-se que violência não existe sem virtude" (I, 6, 1255a13-16). Mas trata-se, justamente, de um argumento arriscado, capaz, no limite, de justificar qualquer prepotência tirânica. A via central adotada por Aristóteles era, porém, a já mencionada no início da obra. Citando com aprovação a *Ifigênia em Áulis* de Eurípides ("Dizem os poetas que 'é de bom direito que os helenos dominem sobre os bárbaros'", v. 1400), ele compartilhava a seguinte explicação: "como por natureza, bárbaro e escravo são a mesma coisa" (I, 2, 1252b8-9; cf. também ibid., 6, 1255a21-b5).

A convergência entre a figura do bárbaro – entende-se aqui, em primeiro lugar, o súdito do Império Persa – e o escravo por natureza tem a dupla vantagem de evitar a já intolerável sujeição de gregos por obra de gregos e de se apoiar no senso comum etnocêntrico bem arraigado na cultura grega do século IV. Ecoando as teses hipocráticas de *Ares águas lugares*, Aristóteles reconheceria duas tipologias barbáricas: os habitantes do norte europeu, corajosos, mas desprovidos de inteligência e de organização política, e "os povos da Ásia", inteligentes e hábeis nas técnicas mais vis, "de modo que continuam a viver subjugados e escravos", isto é, submetidos ao poder despótico dos seus soberanos. A uns e outros opunham-se naturalmente os gregos, corajosos, inteligentes e, por isso, livres e capazes de dominar acima de todos se estivessem unidos numa mesma agremiação política (VII, 7, 1327b23-33). Há uma técnica justa e legítima para a aquisição desses bárbaros-escravos naturais, que Aristóteles definia como uma espécie de "arte da guerra ou da caça" (I, 7, 1255b37-39). Com isso, atendia-se à normalidade da relação entre potência e ato, reduzindo à escravidão efetiva aqueles escravos potenciais que consistiam nas populações bárbaras:

> (…) a arte da guerra, por natureza, será de algum modo arte de aquisição – de fato, a arte da caça é uma parte dela –, que é preciso utilizar com as feras e entre os homens que, nascidos para obedecer, não queiram fazê-lo, visto que essa guerra é justa por natureza (I, 8, 1256b23-26).

Desse modo, Aristóteles não só se unia ao clima de "prestação de contas" com os bárbaros da Ásia (detidos um século antes em Maratona e Salamina), que permeava o século IV e ao qual Isócrates, do *Panegírico* ao *Filipe*, iria dar voz. Oferecendo um fundamento teórico para a escravidão "natural" do bárbaro, ele inseria as iminentes campanhas antipersas dos reis macedônios, de Filipe a Alexandre, no quadro conceitualmente sólido de uma "caça" ao escravo que atualizaria as potencialidades ainda não expressas.

A existência da condição servil e a sua legitimação garantiam, de todo modo, a base produtiva do *oîkos* e da agregação de *oîkoi* formada pela cidade. Ao lado da questão da produção, a análise das estruturas constitutivas da *polis* devia se estender à distribuição e à circulação dos bens: a elas, unidas pelo nome de "crematística" (de *chrèmata*, bens ou riquezas), Aristóteles dedicava nada menos que quatro capítulos (8-11) do livro I da *Política*. Na sua forma original e natural, a crematística coincide com a *oikonomìa* e consiste na troca dos excedentes produtivos que permite a aquisição dos "bens necessários à vida e úteis à comunidade citadina e familiar" (I, 8, 1256b26-32); ela encontra na satisfação dessas necessidades o seu limite natural, além do qual todo acúmulo adicional de bens é supérfluo e desprovido de sentido. As trocas dos excedentes entre famílias e cidades têm no início a forma de escambo, mas, com o aumento do volume e da distância das trocas, ela é facilitada pela introdução daquele equivalente universal que é o dinheiro, isto é, a moeda de metal cunhado (I, 9). Até aqui, as dinâmicas econômicas são canalizadas segundo as necessidades de reprodução das condições de existência familiares e sociais. Mas o olhar atento de Aristóteles percebia o preocupante surgimento de um fenômeno relativamente novo: um ganho de autonomia da esfera econômica. O processo nasce – notava argutamente Aristóteles – da dissociação entre valor de uso e valor de troca dos bens produzidos: uma coisa é o uso de um calçado para proteger o pé, outra coisa é a sua destinação à venda para obter um ganho, que faz do calçado uma mercadoria (ibid., 1257a6-13). Da forma "natural" da troca (mercadoria-dinheiro-mercadoria; por exemplo, vendo no mercado o excedente do trigo que produzi para adquirir azeite para o consumo doméstico) passa-se, assim, à forma especulativa, em que "o dinheiro é elemento e fim da troca" (ibid., 1257b22-24), isto é, à forma D-M-D' (invisto dinheiro adquirindo trigo no Ponto para revendê-lo em Atenas a um preço maior). Essa forma é considerada "inatural" porque a acumulação de dinheiro é em si mesma ilimitada, não tendo como limite o consumo necessário. Aristóteles considerava essa forma de enriquecimento devastadora para os equilíbrios sociais, com o surgimento de uma classe de ricos mercadores e banqueiros; um aspecto particularmente odioso da crematística inatural consistia na atividade de crédito, isto é, no empréstimo a juros em que o dinheiro produz diretamente dinheiro (D-D'): cf. I, 10. A isso se equiparava, de modo aparentemente incongruente, o trabalho assalariado (*mistharnìa*), que comporta a cessão de trabalho em troca de salário (I, 11, 1258b25-27): mas, como veremos, o caráter inatural dessa forma econômica consistia na realização, considerada anômala, do trabalho manual por parte não de escravos e sim de cidadãos livres.

O poderoso trabalho teórico de naturalização das formas da vida social realizado no livro I da *Política* abria caminho para a revisão crítica das propostas utópicas – formuladas, em primeiro lugar, por Platão, mas também por urbanistas e pensadores políticos como Hipódamo e Faleas – que Aristóteles conduzia no livro II do tratado. A pretensão platônica de subverter as estruturas naturais da sociedade – a família, a propriedade privada, as relações de poder – era, precisamente, contra a natureza (II, 2, 1261a18-20, 1261b7) e, por isso, além de irrealizável, indesejável: segundo a eficaz expressão aristotélica, ela tornaria "a vida totalmente impossível" (ibid., 5, 1263b29). Há uma observação de Aristóteles especialmente reveladora do seu ponto de vista crítico:

> É preciso levar em conta o longo tempo e os muitos anos transcorridos durante os quais tais propostas, se fossem vitais, não teriam passado desapercebidas: descobriu-se, de fato, quase tudo, mas algumas coisas não tomaram corpo, e outras, embora sejam conhecidas, não são postas em prática (II, 5, 1264a1-5).

Há, portanto, uma maturidade dos tempos, em que a potencialidade das formas sociais já se atualizou plenamente, de modo que as variantes pensadas, mas que permaneceram estéreis, devem ser consideradas "galhos secos" na história natural da sociedade humana. Portanto, concluía Aristóteles, melhor ater-se ao "sistema atual" melhorado (*epikosmethèn*), porém – e essa observação é muito importante – com "bons costumes e um ordenamento de leis corretas" (II, 5, 1263a22-23), isto é, confiando-se "aos costumes, à filosofia e às leis" (ibid., 1263b39-40). Essas afirmações permitem compreender melhor o estilo de pensamento que é próprio da *Política* aristotélica. Muitas vezes aponta-se na obra uma tensão entre aspectos descritivos (isto é, que analisam a realidade fatual como ela se apresenta à observação) e aspectos prescritivos (que indicam a via a percorrer rumo a uma condição histórica e social melhor). Trata-se provavelmente de uma falsa alternativa, porque em Aristóteles – como vimos – a descrição do plano normal/natural das coisas humanas contém por si só uma vertente normativa: normal é o que as coisas são ou deveriam ser para realizar a sua natureza essencial. Todavia, não há em Aristóteles um determinismo natural-histórico dos eventos humanos, como a prova "historicista" da impossibilidade da utopia platônica pareceria sugerir. Nesse sentido é decisiva a utilização aristotélica do conceito de "desvio" (*parèkbasis*, III, 6, 1279a20), pois este indica as anomalias que as formas políticas apresentam em relação ao plano de desenvolvimento "correto"; mas, como veremos, pode-se dizer que todo o campo das comunidades políticas existentes apresenta anomalias e desvios. O processo de desenvolvimento histórico-natural chega até a formação da *polis* (que, todavia, representa apenas a exceção grega no quadro de uma humanidade "bárbara" e impolítica). Além desse patamar, a irregularidade das condutas humanas, que dão lugar à *parèkbasis*, e a consequente necessidade de trazer melhorias às situações dadas definem o espaço da contingência histórica, onde uma dinâmica política relativamente aberta às possibilidades de escolha vem a integrar a determinação naturalista das relações sociais básicas. Pode-se ler a essa luz uma incerta alusão aristotélica na *Ética a Nicômaco*: "Embora junto aos deuses isso talvez não ocorra, junto a nós há coisas que, mesmo tendo também a característica de serem por natureza, são, contudo, inteiramente mutáveis; mas do mesmo modo vale a distinção entre o que é por natureza e o que não o é" (V, 10, 1134b29-31).

O objeto principal sobre o qual versa a investigação de Aristóteles é a constituição (*politeìa*): o filósofo, aliás, munira-se de uma extensa documentação histórica, redigindo um catálogo analítico de nada menos que 158 constituições então vigentes (sobreviveu apenas a exposição da *Constituição dos atenienses*, um texto de excepcional interesse historiográfico). A constituição representa o ordenamento fundamental das comunidades políticas. As suas normas estabelecem, por um lado, a estrutura e a formação dos cargos de governo (*archaì*), por outro lado, e principalmente, a composição do corpo cívico, isto é, o conjunto dos cidadãos dotados da plenitude dos direitos políticos (III, 1, 1275a23, 1275b18-20). A sua extensão varia segundo as diversas constituições: um regime democrático tenderá a incluir todos os homens livres nascidos na cidade, enquanto um regime oligárquico estabelecerá um patamar elevado para o acesso à cidadania.

Aristóteles distingue seis formas constitucionais, com base no número de participantes do governo da cidade: três delas são "corretas", as outras três representam os respectivos "desvios" (III, 7; IV, 2). O divisor entre as primeiras e as segundas consiste no fato de que, nas formas corretas, o poder é exercido no interesse da comunidade, enquanto nas outras ele é exercido no interesse de quem governa. Essa diferença é reformulada com base no cumprimento da lei, que regula o poder nas formas corretas e é ignorada nas outras. O privilégio concedido à lei é explicado por Aristóteles de modo um tanto enfático: confiar o governo à lei é como querer que governem "o deus e o pensamento", porque a lei é "pensamento livre de desejo" e representa, portanto, o elemento divino do homem, desvinculado das pulsões animais que se expressam nos desejos (III, 16, 1287a28-32). Cumpre dizer, porém, que em outro lugar Aristóteles especifica que a lei não é, afinal, tão "divinamente" imparcial, porque ela vem relacionada, de todo modo, com os diversos regimes (IV, 1, 1289a13-14), de maneira que um regime democrático terá leis apropriadas às necessidades da democracia, um oligárquico, às necessidades da oligarquia, e assim por diante.

Em todo caso, a taxonomia aristotélica das constituições, em que ressoam vivamente ecos do *Político* de Platão, pode ser esquematizada da seguinte forma:

Número de governantes	Constituições corretas (leis)	Constituições desviadas
Um	Monarquia	Tirania
Poucos	Aristocracia	Oligarquia
Muitos	*Politeìa* (regime constitucional)	Democracia

Algumas observações bastarão para integrar o quadro. A *politeìa* é uma forma moderada de democracia, com elementos oligárquicos, em que os poderes da assembleia citadina se mostram limitados (a ela cabe uma certa preferência de Aristóteles). Quanto à oligarquia e à democracia, de longe os regimes historicamente mais difundidos, Aristóteles sustentará que o elemento decisivo que os caracteriza não está na oposição de poucos a muitos, mas entre ricos e pobres. No limite, uma cidade em que os pobres fossem minoria, mas detivessem o poder, mesmo assim, seria uma democracia (III, 8): esse regime é caracterizado, observa incisivamente Aristóteles, por *agèneia, penìa, banausìa* (condição plebeia, pobreza, trabalho manual, in VI, 2, 1317b40-41).

Mais importante é perceber que as constituições desviadas representam, na verdade, um desvio de segundo grau, porque mesmo as constituições "corretas" são, com efeito, desvios em relação ao plano paradigmático da "constituição perfeita" (*orthotàte* ou *arìste politeìa*: IV, 8, 1293b25-26). Com base nessa observação, pode-se compreender a coexistência de duas tendências diferentes, embora não contrapostas, na *Política* aristotélica: uma delas é, por assim dizer, "horizontal", a outra, "vertical".

A primeira tendência assume o ponto de vista da estática dos sistemas políticos, por mais ou menos desviados que sejam, cuja estabilidade é considerada, de todo modo, preferível à subversão institucional (*stàsis*), devida, em geral, aos conflitos originados pelas desigualdades sociais (V, 1). Isso comporta, em primeiro lugar, a dissociação entre a virtude do bom cidadão e a do homem moralmente bom. A primeira consiste essencialmente na lealdade à constituição vigente, enquanto a segunda se refere a valores invariantes: "é evidente, então, que o cidadão que é *spoudaìos* [leal] pode não ter a virtude segundo a qual se é um homem *spoudaìos* [de bem]" (III, 4, 1276b34-35). Por mais preocupante que seja, essa dissociação entre lealdade à cidade e lealdade aos valores morais é inevitável no interior da primeira tendência; opor a segunda forma de lealdade à primeira significaria abrir caminho à *stàsis*. As próprias leis são adaptadas à constituição vigente, e não o inverso (IV, 1, 1289a13-15). Contudo o instrumento mais importante para os fins da estabilidade dos regimes é a educação com vistas a esses regimes: os cidadãos deverão ser educados democraticamente se as leis forem democráticas, e de forma oligárquica se as leis forem oligárquicas, "porque, quando há intemperança no indivíduo, há também na cidade" (V, 9, 1310a12-19); ademais, acrescenta Aristóteles, "não se deve pensar que viver segundo os ditames da constituição seja escravidão, mas, pelo contrário, que seja salvação" (1310a34-36). Não é difícil notar a tensão que se produz entre essa destinação da educação ao conformismo de regime e o papel de formação moral do caráter que a ética aristotélica lhe havia atribuído: uma tensão que, como veremos, o próprio Aristóteles tentara superar na perspectiva "vertical" do seu discurso político. Enquanto isso, porém, a preocupação com a estabilidade dos regimes toma a forma de uma aguda e minuciosa descrição dos modos pelos quais as diversas formas constitucionais, incluída a tirania, podem garantir a sua sobrevivência (V, 8-11).

Até aqui temos a tendência horizontal da *Política*. O que definimos como "tendência vertical" – isto é, voltada para a busca da forma política em que a virtude e a formação do bom cidadão podem coincidir com as virtudes do homem moralmente bom – se confronta com a "constituição melhor", a *arìste politeìa* (III, 18, 1288a37-1288b2). Essa busca é bastante sinuosa e não conduz imediatamente a um resultado unívoco, mesmo porque Aristóteles se preocupa em tomar distância de qualquer visão utópica à maneira platônica: ao delinear a melhor cidade "segundo os auspícios" (*kat'euchèn*, 1288b23), sempre será preciso partir das situações existentes e levar em conta a possibilidade de realização, a capacidade de persuasão, a adaptabilidade a diferentes situações (IV, 11).

Em primeiro lugar, exploram-se os caminhos que partem das três constituições "corretas". "Destas, a melhor é a administrada pelos melhores homens, isto é, em que há um indivíduo que supera todos em virtude, ou uma estirpe ou um grupo que se destacam pela sua virtude" (III, 18, 1288a33-36): no primeiro caso tratar-se-á, portanto, da monarquia, no segundo, da aristocracia. A monarquia excelente é possível, e inevitável, quando se verifica uma circunstância, na verdade, extrema: que haja na cidade um homem que por virtude – aqui o termo *aretè* conserva todo o seu valor original de desempenho – e potência política seja tão superior a todos os outros que aparece como "deus entre os homens"; a tais homens não se pode impor nenhuma lei, na medida em que "eles próprios são lei" (ibid., 13,1284a3-14). A tal homem não se pode senão entregar o poder absoluto (ibid., 17, 1288a28-29): trata-se da forma de reinado que Aristóteles define como *pambasileìa* (ibid., 15, 1285b36; ibid., 14, 1285b29-33). É possível que Aristóteles tivesse em mente um referente histórico para essa figura, e nesse caso não poderia ser senão o seu ex-aluno Alexandre, soberano absoluto, divinizado e certamente rico de *aretè*; mas pode-se pensar também em um antecedente filosófico, como o "homem real" delineado no *Político* de Platão. Em todo caso, a monarquia absoluta do "virtuoso" é a primeira das constituições melhores indicadas por Aristóteles, mas é evidente que as suas condições de possibilidade e legitimidade são realmente raras.

Por conseguinte, se os homens excelentes por virtude são mais de um, o seu governo será uma aristocracia, desvinculada, porém, da riqueza, e o principal é que aqui haverá a coincidência entre bom cidadão (entende-se aquele que faz parte do grupo dos melhores para o poder) e um homem moralmente bom (III, 18; IV, 7, 1293b3-7). Aristóteles, porém, não parece especialmente interessado nessa variante da "melhor constituição", talvez ainda menos provável do que a monarquia absoluta.

A terceira constituição "correta" era aquela forma mista de democracia e oligarquia que Aristóteles chamava de *politeìa* (IV, 8). Preferível à democracia, ela é certamente inferior aos regimes precedentes, porque a virtude não é um requisito para o acesso ao governo. Aristóteles considera com uma certa simpatia uma variante desse regime em que exista a predominância da "classe rural" (*to georgikòn*). Os camponeses, de fato, não dispõem do tempo livre necessário para participar das assembleias e, portanto, para promulgar os decretos (*psephìsmata*), que são as marcas da democracia dominada pelo proletariado urbano; é provável, portanto, que num sistema desse gênero prevaleça o respeito à lei (IV, 6; VI, 4). Veremos, porém, que o papel destinado aos camponeses no perfil da "cidade ideal", traçado por Aristóteles no livro VII, será muito diferente. Mas a preferência aristotélica será decididamente por uma forma moderada de democracia na qual predomine a "classe média" (os *mèsoi*), que ocupa uma posição social intermediária entre a grande riqueza e a extrema pobreza; esta garante o exercício das virtudes do meio-termo que foram teorizadas na *Ética a Nicômaco*. "A melhor comunidade política é a que se funda na classe média" (IV, 11, 1295b34-35), porque ela é capaz de seguir a lei e a razão, evitando os excessos da democracia dos pobres e da oligarquia dos ricos, assim garantindo a estabilidade da cidade. Ademais, sustenta Aristóteles sem muita verossimilhança histórica, a essa classe pertenciam os grandes legisladores do passado, como Sólon, Licurgo e Carondas (1296a19-21). Apesar do enfático apreço pela monarquia e pela aristocracia "virtuosas", não há dúvida de que as simpatias de Aristóteles vão, principalmente, para esse regime equilibrado, que corresponde tanto à sua condição pessoal quanto à orientação de fundo da sua ética; nele Aristóteles pode reconhecer facilmente uma variante (embora não a única) da *arìste politeiì*. Mas, quanto a isso, o filósofo não faz mistério sobre o seu amargo pessimismo. Essa constituição "nunca ou raramente surge, e entre poucos" (1296a37-38), por ser esmagada pela disputa entre pobres e ricos, entre democracia e oligarquia (há uma misteriosa alusão a um "único homem" na história ateniense que teria tentado promulgar o regime dos *mèsoi* – talvez Terâmenes, inspirador da reforma constitucional moderadamente oligárquica de 411 a.C., 1296a38-40). A conclusão aristotélica parece resignada: "Agora na cidade estabeleceu-se o hábito (*èthos*) de não aspirar sequer à igualdade, e prefere-se a busca de domínio ou a resignação na opressão" (1296a40-b2): uma derrota, essa, que envolve não só a política como também a própria ética de Aristóteles no seu fundamental otimismo educacional.

Nos dois últimos livros da *Política* (o VII e o VIII, que chegou até nós incompleto), Aristóteles se dedicava finalmente a delinear os traços de uma futura *arìste politeìa*, a ser construída "segundo os auspícios (*kat'euchèn*)" (VII, 3, 1325b36), isto é, livre dos vínculos impostos pelas perspectivas de "melhoria" das constituições existentes (e desviadas). Ao tomar esse caminho, Aristóteles adotava a atitude que censurara a Platão no livro II da *Política*: qual seja, esboçava o projeto de uma reforma radical das estruturas sociais mesmo antes das instituições políticas e da educação. O objetivo continuava a ser a convergência entre lealdade à constituição e bondade moral na mesma figura de cidadão; mas, para que isso fosse possível, Aristóteles via agora a necessidade preliminar de amputar do corpo social aquelas figuras que jamais poderiam chegar àquela unidade, e, assim, selecionar de modo drástico o direito de acesso à cidadania. Há homens que, mesmo desenvolvendo atividades indispensáveis à cidade, não são dignos de fazer propriamente parte dela, porque as suas vidas são "ignóbeis e contrárias à virtude", carecem da *scholè* necessária para se dedicar às obras da política e da cultura: são os trabalhadores braçais (*bànausoi*, a respeito dos quais Aristóteles já havia dito que "a cidade melhor não os admitirá entre os cidadãos", III, 5, 1278a8), os artesãos, os comerciantes e os camponeses (VII, 9, 1328b39-1329a2). A severidade aristotélica em relação a esses últimos pode parecer surpreendente, visto que a sua predominância era capaz de melhorar o regime democrático. Na constituição melhor, contudo, é desejável (*kat'euchèn*) que eles sejam escravos ou pelo menos bárbaros periecos (ibid., 10, 1330a25-30). Assim depurado dos elementos refratários à prática da virtude e, portanto, da presença estorvante das massas urbanas e rurais, o corpo político seria composto apenas de cidadãos proprietários aptos a exercer funções de governo nas quais a virtude moral e a virtude política podem coincidir. Graças à homogeneidade assim obtida, essas funções poderiam ser, então, designadas não com base no número ou no censo, mas nas faixas etárias. Desse modo, aos jovens seriam atribuídas tarefas militares, aos homens maduros, as governativas e judiciárias, aos idosos, por fim, as sacerdotais (ibid., 9,14).

Nessa cidade, a formação moral do cidadão servirá ao mesmo tempo para a salvação da constituição; esta não será mais confiada à boa vontade das famílias, como ocorre nas constituições desviadas, mas deverá formar um compromisso prioritário do legislador e da comunidade política (VIII, 1-2). Segundo os ditames da ética, o processo educacional deverá, antes de mais nada, visar ao condicionamento dos desejos da òrexis, em vista da alma e do pensamento (VII, 15, 1334b25-28); nesse processo, caberá papel de destaque à música e à poesia, abordadas no livro VIII do tratado. A formação do homem bom e do bom cidadão deverá ter um caráter "liberal". Aristóteles não compartilhava dos excessos militaristas da educação espartana (VII, 14, 1333b5 ss.), tampouco acreditava que a educação deveria atingir um rigor especializado que ultrapassasse os limites da cultura adequada a um *gentleman* urbano (VIII, 2, 1337b15-17). Isso descarta a possibilidade de que a educação destinada aos cidadãos da *arìste politèia* visasse à formação de filósofos profissionais (o termo *philosophìa* nesse contexto significa genericamente aquelas atividades culturais a que o cidadão dedica a sua *scholè*, em acréscimo à atividade política: ver, por exemplo, VII, 15, 1334a23): "a cidade desejada" permitiria, sem dúvida, a presença das escolas filosóficas, mas não é a elas – ao contrário do que se tem na *República* de Platão – que se dedicaria o empenho educacional comunitário.

Um destino histórico em certo sentido paradoxal aguardava as perspectivas políticas de Aristóteles. As duas formas de regime desejável que foram consideradas como extremas – a monarquia absoluta e a *arìste politèia* do livro VII – iriam, de fato, encontrar rápida realização, embora não propriamente nas formas concebidas pelo filósofo: a primeira, por obra de Alexandre e dos seus sucessores, reis absolutos divinizados aos quais não se podia deixar de reconhecer um excesso de *aretè*, pelo menos no sentido da excelência de desempenho no campo político e militar; a restrição do corpo social, com a expulsão do proletariado urbano, iria igualmente se dar em Atenas e em outras *pòleis* na segunda metade do século IV. A sociedade da "classe média", para a qual certamente iam as maiores simpatias aristotélicas, por sua vez, teria de esperar muito tempo para ocupar o centro da cena política e despertar simpatias ideológicas de caráter "liberal", destinadas a reavivar o interesse pela *Política* aristotélica. A extraordinária potência analítica da obra e a riqueza de referências históricas e problemas teóricos que trazia para a investigação política iriam tornar o tratado um texto "bom para todas as estações", desde a escolástica medieval até o renascimento da filosofia prática no século. Não um manual de política prática, claro, mas uma passagem indispensável para pensar a política sob todos os climas históricos.

Nota bibliográfica

Uma boa tradução italiana da *Política* é a editada sob os cuidados de C. A. Viano, BUR, Milão, 2002. A tradução é feita com base no texto crítico editado por W. D. Ross, Clarendon Press, Oxford, 1957. Uma edição crítica, com tradução e amplo comentário, está em andamento aos cuidados de L. Bertelli e M. Moggi: foram publicados os primeiros quatro volumes (livros I-IV), "L'Erma" di Bretschneider, Roma, 2011-2014. Ainda hoje é importante o amplo comentário de W. L. Newman, Oxford University Press, Oxford, 1887-1902, 4 vols.; mais recente, o de E. Schütrumpf, Akademie Verlag, Berlim, 1991-2005, 4 vols.

Sobre a *Política* podem-se consultar as seguintes monografias: P. Accattino, *L'anatomia della città nella 'Politica' di Aristotele*, Tirrenia, Turim, 1986; E. Barker, *The Political Thought of Plato and Aristotle*, Dover, Nova York, 1959; E. Berti, *Il pensiero politico di Aristotele*, Laterza, Roma-Bari, 1997; G. Bien, *La filosofia politica di Aristotele*, trad. ital. Il Mulino, Bolonha, 1985; R. Kraut, *Aristotle. Political Philosophy*, Oxford University Press, Oxford, 2002; W. Kullmann, *Il pensiero politico di Aristotele*, trad. ital. Guerini,

Milão, 1992; F. D. Miller, *Nature, Justice and Rights in Aristotle's Politics*, Oxford University Press, Oxford, 1995.

São, ademais, importantes as seguintes coletâneas de ensaios: P. Aubenque e A. Tordesillas (orgs.), *Aristote politique*, Paris, 1993 (ver em esp. o artigo de G. E. R. Lloyd, 135-160); Beri e Napolitano Vaditara (orgs.), *Etica, Politica, Retorica*, e Deslauriers e Destrée (orgs.), *The Cambridge Companion to Aristotle's 'Politics'*, citados na bibliografia do cap. XI; O. Höffe (org.), *Aristoteles Politik*, Akademie Verlag, Berlim, 2001; D. Keyt e F. Miller (orgs.), *Companion to Aristotle's Politics*, Blackwell, Oxford, 1991; R. Kraut e S. Skultety (orgs.), *Aristotle's Politics. Critical Essays*, Rowmann & Littlefield, Lanham, 2005.

Ver também os seguintes escritos: T. Chapell, "'Naturalism' in Aristotle's Political Philosophy", in R. K. Ballot (org.), *A companion to Greek and Roman Political Thought*, Wiley-Blackwell, Oxford, 2009, 382-398; S. Gastaldi, *Storia del pensiero politico antico*, Laterza, Roma-Bari, 1998, cap. VII; W. Leszl, "Politica", in Berti (org.), *Guida ad Aristotele*, citada na bibliografia do cap. I, 283-325; C. D. Reeve, "The Naturalness of the Polis in Aristotle", in Anagnostopoulos (org.), *A companion to Aristotle*, citado na bibliografia do cap. VII, 512-525; M. Schofield, "Aristotle. An Introduction", in C. Rowe e id. (orgs.), *The Cambridge History of Greek and Roman Political Thought*, Cambridge University Press, Cambridge, 2000, 310-320.

Sobre a tradição do aristotelismo político, cf. Horn e A. Neschke-Hentschke (orgs.), *Politischer Aristotelismus*, Metzler, Stuttgart, 2008; para o século XX, E. Berti, *Aristotele nel Novecento*, Laterza, Roma-Bari, 1992, cap. IV.

Capítulo XIII
Poética e retórica

Aristóteles não atribui explicitamente à *Poética* e à *Retórica* um lugar muito definido no edifício do saber; cabe a nós entender qual seria a posição mais adequada para esses tratados. Naturalmente, a posição que designamos a eles terá consequências para a nossa compreensão dos objetivos que pretendem ter e para a nossa avaliação dos resultados a que chegam.

Tomemos mais uma vez como ponto de referência a divisão das ciências em "teóricas", "práticas" e "produtivas", proposta na *Metafísica* VI, 1, e comecemos com a *Poética*. Vale observar, antes de tudo, que o adjetivo *poietikè*, usado no contexto dessa classificação com o significado de "produtiva", é o mesmo que traduzimos por "poética" no título do tratado: *Peì poietkès*, ao pé da letra, "*Sobre a (arte) poética*". Isso, antes de qualquer outra consideração, sugere que o objetivo principal da obra não seria expor uma teoria estética abstrata ou uma história da poesia grega (apesar de conter sugestões em ambas as direções e ter sido lida também nesse sentido), mas, sim, explicar como se deve fazer ou "produzir" uma boa tragédia. Não significa, por outro lado, que temos diante de nós um manual prático para aspirantes tragediógrafos. A perspectiva de Aristóteles parece ser principalmente a de analisar e avaliar um fenômeno de enorme relevância cultural e social, no qual – como veremos – ele vê se apresentar um traço distintivo da natureza humana, qual seja, a inclinação para a imitação.

Situar a *Retórica* é mais difícil: o próprio Aristóteles considera o seu estatuto epistemológico fugidio e ambíguo. Ela tem muito em comum com as obras de lógica, em especial com os *Tópicos*, na medida em que uma parte relevante sua trata de argumentações; por outro lado, tem também pontos de contato com as *Éticas* e com a *Política*. Contudo, é sensato – pelo menos de um ponto de vista prático – atribuir um peso predominante a uma outra afinidade, qual seja, a *Poética*, com a qual a *Retórica* tem em comum alguns conteúdos da discussão, bem como a referência a *performances* concretas – representações teatrais, discursos em assembleias ou processos – que desempenham um papel importante e codificado na vida pública da cidade e às quais assiste um público amplo, culturalmente heterogêneo, cujas opiniões e emoções devem ser levadas em conta. Ligando a *Retórica* primariamente à *Poética* e separando ambas do *Organon*, adotamos, além disso, a perspectiva de grande parte da tradição aristotélica, em oposição a uma minoria de comentadores tardo-antigos (Simplício, João Filopono) e à tradição árabe, que consideram a *Poética* e a *Retórica* como partes integrantes do *Organon*.

Comecemos, pois, pela *Poética*. É um tratado que apresenta dificuldades concretas para o leitor. A exposição se torna problemática em vários pontos, pela presença de incoerências e omissões: aqui, mais do que em outras obras do *corpus*, é evidente que o nosso texto não foi concebido para ser publicado na sua forma atual, mas é constituído por uma série de anotações para uso pessoal ou didático, ou foi alterado por vicissitudes editoriais que não somos capazes de reconstituir. Contudo, a incompletude do conjunto e a nebulosidade de algumas passagens em nada diminuem a potência e a profundidade de algumas ideias que tiveram um papel fundador na reflexão das épocas subsequentes sobre a literatura.

O objeto do tratado consiste, como dissemos, na *arte poética* e nas suas espécies e formas, embora, na verdade, Aristóteles se concentre em poucos gêneros literários: de um lado, a épica e a tragédia (entre as quais ele vê uma relação de afinidade, julgando, aliás, a tragédia como um desenvolvimento e aperfeiçoamento da épica, e Homero como o precursor dos trágicos e o maior poeta grego, como já dissera Platão), de outro lado, a comédia. Com efeito, à comédia parecem caber apenas algumas alusões; no início do capítulo 6, Aristóteles afirma que tratará dela "a seguir", mas essa promessa não é mantida no texto que lemos. Com base nesse e em outros indícios, é difundida a opinião de que ele pretendia escrever um segundo livro da *Poética*, ou mesmo que tal livro havia sido efetivamente escrito e depois se perdido no decorrer da transmissão do texto. O tratado começa afirmando que todas as espécies de arte poética são formas de "imitação" ou "representação" (*mìmesis*). Sobre a poesia, justamente enquanto imitação, pesava a condenação proferida por Platão na *República* com duas motivações: uma ética (a poesia imita principalmente características e comportamentos emotivos e irracionais, quando não até imorais, e desperta em nós paixões do mesmo tipo) e uma ontológica e epistemológica (a imitação é dirigida a objetos sensíveis, que são eles próprios cópias das formas; portanto, os seus produtos estão duplamente distantes da verdadeira realidade das formas). Aristóteles não confronta explicitamente a posição de Platão, mas tem-na em mente e se contrapõe a ela sob vários pontos de vista. Isso se evidencia desde o memorável exórdio do capítulo 4:

> Parece que duas causas em geral fizeram nascer a arte poética e que ambas são naturais. De fato, o imitar é conatural aos homens desde a infância, e é por isso que eles se diferenciam dos outros animais, porque o homem é o mais inclinado à imitação e ele realiza as suas primeiras aquisições cognitivas por meio da imitação; e conatural também é o prazer que todos obtêm com as imitações. Sinal disso é o que ocorre nos fatos: as imagens daquelas coisas que em si vemos com incômodo, quando são executadas com a máxima precisão, as contemplamos com prazer, por exemplo, as figuras dos animais mais desprezíveis e de cadáveres. Há uma razão para isso também, qual seja, que aprender é muito agradável não só para os filósofos, mas igualmente também para os outros, ainda que esses últimos participem em pequena medida. Por isso, de fato, sente-se prazer ao ver as imagens, porque ocorre que ao contemplá-las se aprende [*manthànein*] e se conclui com o raciocínio [*sylogìzesthai*] o que é cada objeto: por exemplo, que "esse é aquele homem". Por outro lado, quando não se dá o caso de tê-lo visto anteriormente, não causará prazer en-

quanto imitação, e sim em virtude da execução, ou da cor, ou por qualquer outra razão do gênero (4, 1448b4-19).

Aristóteles quis dizer que a imitação é congênita ao ser humano, mais do que a qualquer outro animal, e que está na base do aprendizado infantil; além disso, é intrinsicamente agradável, porque o aprendizado é agradável para todos os seres humanos. O aprendizado que deriva da imitação é identificado com um processo de raciocínio que conduz a alguma forma de reconhecimento, como (no caso mais elementar) o que consiste em se dar conta de que o homem representado numa pintura é alguém que conhecemos. E para ilustrar a tese de que "conatural também é o prazer que todos obtêm com as imitações", Aristóteles invoca o fato de que sentimos prazer mesmo com as imagens bem executadas de coisas que em si achamos desagradáveis ou repugnantes (pense-se, por exemplo, no que sentimos olhando um quadro com o *Boi esquartejado* de Rembrandt). Com isso inverte-se a posição de Platão: a imitação deixa de ser considerada uma forma desviada de acesso à realidade, e lhe é atribuído um importante valor cognoscitivo; a imitação de objetos de natureza vil não é condenada por razões moralistas, e o prazer que sentimos por eles é legitimado como natural.

Mais adiante, teremos oportunidade de entender melhor em que consiste concretamente o aprendizado propiciado pela tragédia; por ora, seguimos em nosso rápido exame do tratado. No capítulo 6, Aristóteles apresenta a sua famosa definição da tragédia. Citamo-la aqui dividindo-a em partes numeradas:

> A tragédia, portanto, é imitação (I) de uma ação séria e realizada, dotada de uma certa extensão, (II) numa linguagem adoçada diversamente por cada forma de embelezamento nas suas partes, (III) executada por agentes e não narrada, (IV) de modo que, por meio da piedade e do medo, realiza a purificação dessas emoções (6, 1449b24-28).

O ponto (II) é imediatamente ilustrado pelo próprio Aristóteles e não requer outros esclarecimentos de nossa parte: "Entendo por 'linguagem adoçada' aquilo que tem ritmo, música e canto; por 'diversamente pelas várias formas' o fato de que algumas partes são realizadas apenas com versos, e outras, por sua vez, com o canto" (1449b28-31). Tampouco nos deteremos no ponto (III), que indica o caráter de representação próprio da obra de teatro, a seguir passando a comentar os pontos (I) e (IV).

(I) Que a tragédia é, acima de tudo, imitação de uma *ação* (*práxis*) é uma das teses principais da *Poética*. Por isso, lemos no mesmo capítulo 6 que o "relato" (*mythos*), ou seja, "a composição dos fatos", é o principal entre os seis componentes da tragédia que Aristóteles distingue – mais importante do que o espetáculo, do que o canto, do que a linguagem, do que o "pensamento" e até do que o "caráter" (*êthos*):

> a tragédia é, de fato, imitação não de homens, mas de ações e da vida; e a felicidade e a infelicidade estão na ação, e o fim é uma espécie de ação, não uma qualidade; mas os homens são de uma certa qualidade em virtude do caráter, enquanto são felizes ou o contrário em virtude das ações; portanto, [os personagens] não agem com o fim de imitar os caráteres, mas incluem em si os caráteres em virtude das ações. Consequentemente, os fatos e o relato são o fim da tragédia, e o fim é a coisa mais importante de todas. Além disso, sem ação não poderia haver tragédia, mas sem caráteres poderia (6, 1450a16-25).

Nessa passagem (a bem de verdade, não propriamente muito clara e sujeita a suspeitas de alguns editores de conter algumas linhas não autênticas, sem que isso, porém, acarrete dúvidas sobre o seu sentido geral), Aristóteles sustenta que a tragédia não imita primariamente pessoas, mas, sim, uma ação (isto é, um acontecimento) e, de modo mais geral, a vida, cujo fim último, como se sustenta nas *Éticas*, é a felicidade – a qual, por sua vez, pode ser considerada uma espécie de "ação" (ou melhor, de atividade). Portanto, a ação é o componente principal da tragédia, e é na ação que, antes de mais nada, deve se manifestar o caráter dos personagens. Como caso-limite, uma tragédia de pura ação, cujos personagens fossem desprovidos de densidade psicológica, seria preferível a outra que aprofundasse o caráter dos personagens, mas fosse desprovida de ação (cf. 1450a25-33). Voltemos ao ponto (I) da definição. A ação imitada pela tragédia deve ser "*séria*"; deve ser também "*realizada*" (*teleìa*) e "*dotada de uma certa extensão*". Esses últimos conceitos são retomados no capítulo 7, a seguir. Nele, Aristóteles define "realizada" como "inteira" (*hole*) e explica que isso significa que a ação imitada deve ter "um início, um meio e um fim", isto é, não começar e terminar ao acaso: deve, em suma, ser um acontecimento autossuficiente e concluído em si mesmo. Aristóteles retoma também a questão da extensão, para observar que uma tragédia não deve ser nem demasiado breve, nem demasiado longa, mas deve permitir ao espectador/leitor uma clara compreensão do conjunto.

O tema da completude da ação é ulteriormente desenvolvido no capítulo 8, em que Aristóteles sustenta que a ação deve ser "una", isto é, unitária, e que a unidade da ação não deve ser confundida com a unidade do protagonista:

> porque a uma só pessoa acontecem muitos, ou melhor, incontáveis fatos, de alguns dos quais não decorre nenhuma unidade; assim há também muitas ações de uma só pessoa das quais não decorre nenhuma ação unitária [...]. Portanto, tal como nas outras artes imitativas a imitação una é de um objeto uno, assim também é necessário que o relato, por ser imitação de uma ação, seja de uma ação unitária e ao mesmo tempo inteira; e que as partes dos fatos estejam juntas de modo tal que, se uma parte for transferida ou eliminada, o todo será alterado e mudado (8, 1451a16-34).

As últimas linhas da citação tornam explícito algo que estava contido implicitamente no requisito de que a ação seja "inteira" e "una", isto é, que as partes da ação devem ser coesas entre si e ligadas por uma estreita relação de sucessão lógica.

Voltemos agora à definição da tragédia proposta no capítulo 6 e passemos a considerar o ponto (IV): a imitação trágica, "*por meio da piedade e do medo, realiza a purificação [kàtharsis] dessas emoções*".

Essa afirmação é muito obscura e constitui desde sempre o principal nó interpretativo do tratado, que infelizmente não oferece esclarecimentos adicionais a esse respeito. Deve-se lê-la em conexão com uma passagem do capítulo 14 em que Aristóteles diz que o poeta trágico deve "angariar o prazer que provém, por meio da imitação, da piedade e do medo" (1453b12-13). Presumivelmente, esse prazer está relacionado com o mecanismo da imitação descrito no capítulo 4. Ou seja, parece entender-se que a tragédia deve imitar acontecimentos piedosos e assustadores; que, em virtude de algum mecanismo de aprendizado e reconhecimento (ao qual retornaremos), tal imitação deve gerar prazer (além de piedade e medo) no espectador/leitor; e que de algum modo isso também deve realizar a "purificação" das emoções de piedade e medo. Segundo uma interpretação muito difundida, essa "purificação" consistiria no fato de que a tragédia, despertando as emoções em nós, na verdade, permite darmos vazão a elas e, assim, libertarmo-nos dos seus excessos e alcançarmos um estado de ânimo equilibrado. Esse tipo de leitura extrai a sua plausibilidade da comparação com uma passagem da *Política*, VIII, 7, em que se lê que "aqueles que são por temperamento piedosos e aqueles que são medrosos e aqueles que em geral são sujeitos a emoções", ouvindo certos tipos de canto, recebem "uma espécie de purificação e um alívio acompanhado de prazer", assim como aqueles que estão sujeitos a delírios religiosos, ouvindo "cantos sacros" que "impelem a alma ao frenesi", "se acalmam como se recebessem uma cura e uma purificação". O paralelo fica ainda mais interessante pelo fato de que a *Política* aludia explicitamente a um "escrito sobre a poética", prometendo que ali se trataria mais extensamente da purificação (promessa, porém, que não foi mantida na *Poética* que chegou até nós).

Todavia, parece difícil que essa interpretação consiga atingir plenamente o alvo, e isso por diversas razões. Em primeiro lugar, na *Política* fala-se do efeito da música sobre certas condições psíquicas anormais e patológicas, enquanto a *Poética* está definindo o fim da tragédia em geral, em relação a qualquer espectador/leitor. Em segundo lugar, na *Poética*, Aristóteles introduz a definição apresentando-a como obtida "das coisas já ditas" (1449b23): uma expressão que não parece remeter à *Política*.

À luz dessas considerações, há de se perguntar se há outras maneiras disponíveis de interpretar a "purificação" de que fala Aristóteles. Uma alternativa poderia consistir em tentar relacionar o conceito de "purificação" com a ideia (formulada, como vimos, já no capítulo 4) do prazer que advém da imitação. Isto é, a "purificação" da piedade e do medo residiria justamente no fato de que o mecanismo cognitivo posto em movimento pela imitação nos permite transformar em prazer a dor que normalmente acompanha essas emoções. Seja como for, parece claro – e este é, na verdade, o ponto mais relevante da questão – que, segundo Aristóteles, o fato de que a tragédia estimule em nós emoções como a piedade e o medo não tem um efeito negativo sobre a nossa alma, como pensava Platão, mas, pelo contrário, positivo.

No capítulo 9 Aristóteles propõe um famoso cotejo entre poesia e historiografia:

> Pelo que foi dito, fica claro também que a obra própria do poeta não é dizer as coisas que ocorreram, mas as que poderiam ocorrer e quais as possíveis segundo a verossimilhança ou a necessidade. Pois o historiador e o poeta não se diferenciam por falar em versos ou sem versos [...] mas a diferença está em que um diz as coisas que aconteceram, o outro, as coisas que poderiam acontecer. Por isso a poesia é coisa mais filosófica e mais seriamente trabalhosa do que a história: com efeito, a poesia fala mais das coisas universais, e a história, das particulares. É universal que com certo tipo de pessoa seja condizente falar ou fazer um certo tipo de coisa segundo a verossimilhança ou a necessidade: e é a isso que visa a poesia, acrescentando depois os nomes; o particular é, por outro lado, o que Alcibíades fez ou sofreu (9, 1451a36-1451b11).

Aqui se traça uma dupla contraposição. Em primeiro lugar, um requisito indispensável para o historiador é que os fatos narrados tenham realmente acontecido, ao passo que é irrelevante para o poeta, cujo âmbito é o das coisas possíveis. Com isso, porém, Aristóteles não pretende atribuir ao poeta a faculdade de inventar arbitrariamente qualquer acontecimento, só por ser possível: ele especifica de imediato que a poesia diz as coisas que são possíveis "segundo a verossimilhança [*eikòs*] ou a necessidade [*anankaîon*]". Ou seja, os acontecimentos narrados devem se conformar a critérios, mais ou menos rigorosos, de concatenação e racionalidade. Com isso, compreendemos melhor o que Aristóteles queria dizer quando, no final do capítulo 8, explicava que as partes da ação devem ficar juntas "de modo tal que, se uma parte for transferida ou eliminada, o todo será alterado e mudado".

Da contraposição entre fatos realmente ocorridos e fatos possíveis concatenados "segundo a verossimilhança ou a necessidade" Aristóteles passa a uma segunda contraposição, entre particular e universal. A história trata de particulares, como, por exemplo, "o que Alcibíades fez ou sofreu" (ao que parece, Aristóteles não pensa que seja tarefa do historiador formular generalizações como as que Tucídides, às vezes, propõe). A poesia, por sua vez, ocupa-se de universais, isto é, de tipos de pessoas e ações, embora atribua nomes próprios aos seus personagens e lhes confira, portanto, uma aparência de individualidade. Isso não quer dizer que, para Aristóteles, a tragédia deve se ocupar de tramas e personagens estereotipados. A questão em pauta é que qualquer personagem, situação ou ação tem uma certa natureza, por mais peculiar ou complexa que possa ser; uma boa tragédia deverá, então, mostrar um personagem que, numa determinada situação, age como é verossímil ou mesmo necessário que aja um personagem daquele tipo numa situação daquele tipo.

Aristóteles insiste repetidamente nesses pontos: assim, por exemplo, no capítulo 15, 1454a33-36, lemos que "também nos carateres, assim como na composição dos fatos, deve-se sempre procurar a necessidade ou a verossimilhança, de modo tal que seja necessário ou verossímil que tal tipo de pessoa diga ou faça tal tipo de coisa, e seja necessário ou verossímil que esse fato ocorra depois desse outro". Mas isso agora abre a possibilidade de finalmente dar um sentido preciso à afirmação do capítulo 4, segundo a qual a imitação produz alguma forma de aprendizado. O espectador/leitor traz consigo uma certa experiência pessoal da vida e das suas vicissitudes; na tragédia, ele encontra acontecimentos e tipos humanos os quais ele será levado a comparar com a sua experiência, reconhecendo semelhanças e analogias. Aliás, se a ação da tragédia for unitária e concatenada como deve ser, as causas e as consequências serão identificáveis com mais clareza do que na vida real, na qual estão mescladas a eventos irrelevantes que o poeta deve saber eliminar (além do capítulo 8, citado anteriormente, ver também o capítulo 23). Assim, a leitura ou a visão da tragédia poderá ter o efeito de ampliar e esclarecer a nossa compreensão das coisas humanas e de nos conceder, como disse Pierluigi Donini, "o prazer cognitivo de uma lição de sabedoria prática sobre o sentido da vida".

Aristóteles não se limita a nos dizer como se deve estruturar o relato de uma tragédia, mas também fornece indicações concretas sobre o conteúdo. Nos capítulos 10 e 11, ele distingue dois tipos fundamentais de guinada dramática: a "inversão" (*peripèteia*) da condição de um personagem, passando da boa sorte para a má sorte ou vice-versa, e o "reconhecimento" (*anagnòrisis*) da identidade de alguém ou alguma coisa. No capítulo 13, ele afirma que a melhor tragédia é aquela em que esses pontos de viragem estão presentes e especifica outras características. A melhor tragédia não deveria ter como protagonista um homem bom que passa da sorte à desgraça, nem um mau que passa da desgraça à sorte ou da sorte à desgraça: cada um desses tipos de relato é defeituoso, seja porque ofende o nosso senso de humanidade, seja porque não é capaz de suscitar piedade ou medo. O caso que resta é o de um homem moralmente intermediário, "ou mais bom do que mau":

> tal é aquele que, por um lado, não se destaca pela virtude e pela justiça, mas, por outro lado, muda de condição caindo na desgraça não por vício e maldade, mas por algum engano; um daqueles que gozam de crédito e fortuna, como Édipo e Tiestes e os homens em vista que vêm de tais linhagens (13, 1453a8-12).

Aristóteles deixa indeterminada a natureza do "engano" (*hamartìa*) que causa a ruína do protagonista. Este é um ponto muito debatido pelos intérpretes, mas é provável que o termo tenha aqui um valor muito genérico e que se pretenda aplicá-lo a casos muito diferentes entre si. No caso de Édipo, o "engano" parece consistir simplesmente em desconhecer, sem culpa alguma, certos fatos cruciais, mas é razoável supor que aqui Aristóteles também considera como "engano" uma ação moralmente censurável, desde que não cometida "por vício e maldade": por exemplo, uma má ação não premeditada, mas cometida sob o efeito da paixão (cf. *Eth. nic.* V, 8). Por sua vez, essa hipótese parece inescapável à luz do fato de que Aristóteles menciona como exemplo não somente Édipo, mas também Tiestes, um personagem ao qual a tradição mítica atribui várias ações condenáveis, mas nenhum infortúnio causado por pura e simples ignorância.

Curiosamente, as prescrições do capítulo 13 são ignoradas e contestadas no capítulo 14. Neste, Aristóteles manifesta a sua preferência por um relato totalmente diferente, em que (como na *Ifigênia em Táuris*, de Eurípides) alguém está a ponto de cometer por ignorância um gesto irreparável, mas é refreado no último instante por um reconhecimento. Aqui não nos deteremos nessa incongruência, mas ressaltaremos um significativo denominador comum entre os dois capítulos. Trata-se do fato de que Aristóteles não atribui praticamente papel algum ao divino, embora os deuses amiúde desempenhem um papel importante nas tragédias e em alguns casos até apareçam em cena como personagens. Nada disso se reflete na teorização de Aristóteles, que se limita a dizer que as intervenções divinas só deveriam ser usadas "para as coisas fora da ação dramática, ou ocorridas antes, que não é possível que um homem saiba, ou que ocorrerão depois, que precisam de predição e anúncio; aos deuses, de fato, concedemos que tudo veem" (15, 1454b2-6). Para compreender ao menos em parte essa redução da tragédia ao âmbito humano, cabe lembrar duas coisas: de um lado, aqui, Aristóteles pretende não tanto descrever como funcionam as tragédias existentes, mas, sim, prescrever como se deve construir uma boa tragédia; de outro lado, segundo a concepção aristotélica como se apresenta no livro XII da *Metafísica*, a divindade não intervém em absoluto nas coisas humanas e não tem conhecimento delas (Aristóteles se refere à opinião comum ao afirmar que "aos deuses [...] concedemos que tudo veem"). Assim, se a tragédia deve imitar a vida, e se na vida os deuses não desempenham papel algum, então se depreende que a tragédia deve falar o mínimo possível dos deuses.

Com a *Retórica*, Aristóteles também enfrenta um campo de estudos sobre o qual Platão expusera um juízo severo. No *Górgias*, Sócrates desqualificara a retórica como uma prática aproximativa e não rigorosa – ao contrário de uma verdadeira arte –, cujo objetivo não era o bem, mas o prazer do público. No *Fedro*, apresentavam-se críticas semelhantes, entre elas uma dirigida contra a ideia de que as argumentações do retórico devem tomar como ponto de partida não a verdade, mas, sim, as opiniões (*dòxai*) do público. No *Fedro*, porém, Sócrates também contrapusera à retórica efetivamente praticada e teorizada pelos seus contemporâneos o ideal alternativo de uma retórica "filosófica", baseada em definições e classificações rigorosas.

Como, então, veremos, Aristóteles no seu tratado adota e amalgama alguns aspectos da posição tradicional – criticada por Platão – em relação à retórica, bem como alguns aspectos da crítica e da proposta platônica, e os integra numa teoria sistemática e coerente com o conjunto da sua filosofia.

A *Retórica* se articula em três livros; os dois primeiros são dedicados aos vários instrumentos de persuasão (*pistis*), enquanto o terceiro – talvez, na origem, uma obra independente – se ocupa principalmente de questões relativas ao estilo e à estrutura do discurso. Aqui nos concentraremos nos dois primeiros livros.

O capítulo I, 2, o de maior relevância e densidade teórica em toda a obra, se inicia com uma definição:

> Definimos a retórica como a capacidade de estudar o que pode ser persuasivo em relação a cada objeto. Isso, de fato, não

é tarefa de nenhuma outra arte, pois cada uma das outras é capaz de ensinar a persuadir a respeito do objeto que lhe compete: por exemplo, a medicina, a respeito do que é salutar ou malsão, a geometria, a respeito das propriedades das grandezas, a aritmética, a respeito dos números e, do mesmo modo, também as outras artes e ciências. A retórica, por sua vez, parece ser capaz, por assim dizer, de estudar o que é persuasivo no que se refere a qualquer objeto dado. É por isso que dizemos que ela possui o seu caráter de arte não por referência a algum gênero próprio dela (I, 2, 1355b26-35).

Ao contrário das diversas artes e ciências, cujas argumentações se referem a classes de entes e âmbitos da realidade bem delimitados, a retórica é, portanto, desprovida de um campo específico e próprio de competência. Nisso ela se assemelha à dialética, como antecipamos no início deste capítulo e como Aristóteles observou desde as primeiríssimas linhas do tratado:

> A retórica é análoga à dialética. Ambas, de fato, versam sobre objetos cuja natureza é tal que conhecê-los é, de certa forma, patrimônio comum de todos e não de uma ciência determinada (I, 1, 1354a1-3).

Outro ponto de contato entre as duas disciplinas consiste no fato de que a retórica, como a dialética, se ocupa de argumentações cujas premissas têm a natureza de *èndoxa*, isto é, de opiniões difundidas e respeitadas (ver I, 2, 1356b32-34, e cf. o nosso capítulo VI sobre a dialética e os *èndoxa*).

Por outro lado, entre a retórica e a dialética há algumas diferenças (I, 2, 1357a1-7). Para começar, a retórica desenvolve a sua função "a respeito de objetos sobre os quais deliberamos e não possuímos artes", questões que "parecem admitir possibilidades alternativas" (pois não se delibera a não ser sobre o que se considera possível); e o faz dirigindo-se a um público constituído por ouvintes que "não são capazes de captar com uma visão de conjunto muitos elementos de uma questão, nem de fazer uma longa cadeia de raciocínios". Com isso Aristóteles sugere implicitamente que a dialética, ao contrário, se dedica tipicamente a questões especulativas, situadas fora do âmbito da ação humana e do possível, e que o seu público sabe acompanhar argumentações complexas.

Passemos agora a considerar como funciona a persuasão retórica. Sempre no capítulo I, 2, logo após a passagem que citamos no início, Aristóteles expõe uma distinção fundamental entre diversos instrumentos ou variadas modalidades de persuasão (*pisteis*). Algumas são "não técnicas" (*atèchnoi*), como os testemunhos ou os documentos que são apresentados durante um debate: elas não são primariamente fruto da capacidade do orador, embora naturalmente ele deva ser capaz de utilizá-las com proveito (Aristóteles dará instruções a esse respeito no capítulo I, 15). As modalidades mais importantes de persuasão são, porém, as "técnicas" (*èntechnoi*), às quais se dedicavam grande parte dos livros I e II. Por sua vez, elas se dividem em três tipos:

> algumas dependem (I) do caráter de quem fala; outras, (II) de criar uma determinada disposição no ouvinte; outras, ainda, (III) do próprio discurso, pelo fato de demonstrar ou parecer demonstrar alguma coisa.
> 1. Tem-se, portanto, a persuasão por meio do caráter quando o discurso é proferido de maneira tal que confere credibilidade ao orador, visto que acreditamos mais e com maior rapidez nas pessoas honestas: isso é geralmente verdade em todas as questões e o é inteiramente nas questões em que não há certeza, e sim dúvida [...]
> 2. Tem-se, por outro lado, persuasão por meio dos ouvintes quando eles são levados pelo discurso a sentir uma emoção, já que não emitimos os nossos juízos da mesma maneira se sentimos dor e alegria, ou amizade e ódio. E isso, sustentamos, é o único elemento que os autores de manuais de hoje em dia procuram levar em consideração nas suas discussões. Sobre esses aspectos, quando falarmos das emoções, serão fornecidos esclarecimentos ponto a ponto.
> 3. Por fim, tem-se a persuasão por meio dos discursos quando demonstramos o verdadeiro, ou o que parece verdadeiro,

com base no que é persuasivo em cada caso específico (I, 2, 1356a1-20).

Aristóteles aborda em primeiro lugar a persuasão argumentativa, aqui mencionada em último lugar, que ele considera de longe a mais importante. Esta se dá por meio de duas formas de argumentação: o exemplo (*paràdeigma*) e o entimema (*enthymema*).

O *exemplo* é um tipo de indução (I, 2, 1356b3-5, 13-15), que se caracteriza por não avançar de premissas menos gerais para uma conclusão mais geral, como habitualmente ocorre na indução, mas, sim, de premissas particulares a uma conclusão igualmente particular: assim, por exemplo, pode-se argumentar que Dionísio, que pede um corpo de guarda, aspira à tirania, baseando-se no fato de que Pisístrato e Teágenes haviam anteriormente pedido um corpo de guarda com vistas a tais aspirações (1357b30-36).

O *entimema* é considerado por Aristóteles o principal tipo de argumento retórico e, portanto, de modo geral, o principal meio de persuasão, erroneamente negligenciado pelos autores que antes haviam tratado da retórica. É tema de uma longa discussão, cuja coerência é infelizmente duvidosa.

Comecemos pelo início: o entimema é um tipo de silogismo (*syllogismòs tis*, I, 1, 1355a8; cf. ibid., 2, 1356b3-5). Sobre isso, cabe lembrar que, como vimos no nosso capítulo V, a concepção aristotélica de *syllogismòs* é um tanto genérica e não limitada ao silogismo canônico das três figuras. Aliás, já observamos que a doutrina do silogismo canônico está ausente da *Retórica* – bem como, aliás, dos *Tópicos* – e que as poucas referências aos *Analíticos* poderiam ser fruto de revisões posteriores, talvez por obra do próprio Aristóteles.

Dito isso, a definição de silogismo exposta na *Retórica* apresenta uma particularidade interessante. Vejamos:

o fato de que, se certas coisas são verdadeiras, segue-se algo diferente delas em virtude do fato de serem verdadeiras – ou universalmente ou em geral – é chamado silogismo naquele contexto [= a dialética] e entimema neste [= a retórica] (I, 2, 1356b15-17).

Note-se que aqui Aristóteles parece, a rigor, reservar o termo "silogismo" para o âmbito lógico, como se fosse esse o silogismo por excelência. Mas o ponto mais interessante da passagem é outro. Se compararmos essa definição com a proposta em *An. pr.* I, 2 ou *Top.* I, 1, veremos que aqui, ao contrário dessas outras passagens, não se diz que a conclusão resulta "por necessidade" das premissas, e por outro lado encontramos uma expressão ausente das outras referidas passagens: "ou universalmente ou em geral" (*ê kathòlou ê hos epi to polỳ*). É possível que essa expressão aqui desempenhe a função que, nas outras passagens, é desempenhada pela expressão "por necessidade", isto é, que ela caracterize a relação entre premissas e conclusão. Mais precisamente, é possível (cf. II, 19, 1392b31-32) que Aristóteles aqui esteja dizendo que, no entimema, a relação entre premissas e conclusão nem sempre é necessária ("universalmente"), mas, às vezes, somente provável ("em geral"). Os argumentos desse tipo têm, evidentemente, um papel predominante na prática retórica. Essa suposição, ademais, poderia talvez nos permitir explicar por que Aristóteles, no mesmo capítulo, inclui entre os entimemas – e mais precisamente entre os entimemas que diz "baseados em sinais" – não só argumentos como "ele está doente; de fato, tem febre" ou "ela deu à luz, pois tem leite" (que podem ser considerados rigorosos), mas também argumentos como "os sábios são justos; de fato, Sócrates era sábio e justo" ou "ele está doente; de fato, está ofegante" (nos quais se oferece, quando muito, um indício da verdade da conclusão). Mas é preciso ter muita cautela a esse respeito, pois tal interpretação não condiz com todos os detalhes do texto.

O capítulo II, 23 classifica e cita inúmeros exemplos de entimemas, alguns deles usados por oradores e poetas: "Se a guerra é causa dos males presentes, é necessário remediá-la com a paz" (II, 23, 1397a11-12); "Se nem os deuses sabem tudo, dificilmente saberão os homens" (1397b12-13), e assim por diante. Cabe observar que nesses exemplos, assim como nos citados no parágrafo anterior, a conclusão é obtida explicitamente de uma premissa só, enquanto há outras premissas – uma ou mais – que permanecem implícitas: por exemplo, no segundo caso, falta no mínimo a premissa de que os deuses sabem mais do que os homens. Segundo uma longa tradição interpretativa, é precisamente nisso que consiste a essência do entimema, que seria, assim, um silogismo incompleto. Com efeito, o próprio Aristóteles parece, desse modo, se expressar nos *Analíticos primeiros*, II, 27, 70a24-28. Na *Retórica*, porém, ele se limita a afirmar que "frequentemente" um entimema omite uma ou mais premissas, para evitar acrescentar informações já conhecidas pelo ouvinte e, portanto, supérfluas (I, 2, 1357a16-22), e vincula esse fato à tendência do entimema – de que já falamos – de evitar sobrecarregar um público pouco habituado a considerar muitos dados em simultâneo (ibid., 1357a7-13; cf. II, 22, 1395b24-26). Definitivamente, se pedirmos ao nosso tratado uma definição específica de entimema, ele parece não ter nada mais preciso a nos oferecer além do seguinte: o entimema é o tipo de silogismo usado pela retórica; e a retórica é a arte que estuda o que pode ser persuasivo, com referência a um determinado tipo de objeto e de público.

Cumpre, por fim, examinar uma última distinção importante, referente aos entimemas. Os entimemas, afirma Aristóteles, assim como os silogismos dialéticos, são construídos com base em "lugares" (*topoi*) e "formas específicas" (*eide*):

> Chamo de "formas específicas" as premissas próprias de cada gênero, "lugares" os igualmente comuns a todos os gêneros (I, 2, 1358a31-32).

As "formas específicas" são, a princípio, apresentadas por Aristóteles como premissas que pertencem de modo exclusivo ao âmbito dessa ou daquela ciência, por exemplo, a física ou a ética (I, 2, 1358a17-20). Ter um repertório de semelhantes premissas permite ao orador dar um conteúdo concreto às suas argumentações. A presença desse conteúdo concreto parece constituir outro elemento que separa a retórica e a *Retórica* da dialética muito mais abstrata dos *Tópicos*.

De fato, mais adiante, Aristóteles mostra que também – e principalmente – considera como "formas específicas" pertencentes a âmbitos diferentes as premissas que se diferenciam entre si por serem pertinentes a um dos três gêneros de retórica que ele distingue: a deliberativa (isto é, política), a judiciária e a epidítica (isto é, cerimonial). Assim, depois que o capítulo I, 3 distinguiu esses três gêneros, os capítulos I, 4-14 forneceram materiais úteis a quem pretendesse praticá-los: indicações esquemáticas sobre os principais temas de deliberação nas assembleias (entradas, guerra e paz, defesa, exportações e importações, legislação) e discussões em grandes linhas de temas como a felicidade e os seus componentes, o bem e o útil, os diversos tipos de constituição, o belo e as virtudes, a lei escrita e não escrita, as ações voluntárias e involuntárias, os prazeres, as ações injustas. Tudo isso constitui não tanto uma discussão filosófica rigorosa, e sim uma coletânea de opiniões difundidas e respeitadas (*èndoxa*) que o orador pode usar como premissas das suas argumentações, esperando que sejam compartilhadas pelo público.

Como vimos, as "formas específicas" são distintas dos "lugares". Estes, diz Aristóteles, "valem em comum para questões que se referem à justiça, à física, à política e a muitas outras ciências que diferem por espécie" (I, 2, 1358a12-14). Muito mais adiante no tratado, Aristóteles definirá "lugar" como "aquilo que inclui muitos entimemas" (II, 26, 1403a19). Para entender melhor o que ele tinha em mente, devemos ler os capítulos II, 19 e II, 23, que fornecem listas de "lugares". Seguem-se alguns, em que destacamos em itálico o "lugar" propriamente dito, para diferenciá-lo dos exemplos ilustrativos e por outros materiais de acréscimo:

> *Se é possível que um contrário exista ou ocorra, o seu contrário também pareceria ser possível.* Por exemplo, se é possível que um homem se cure, também é possível que fique doente, pois a potencialidade dos contrários enquanto contrários é a mesma (II, 19, 1392a9-12).
>
> *Se alguém podia e queria fazer alguma coisa, fê-la.* Todos, de fato, quando querem fazer alguma coisa, podendo, fazem-na, já que não há nenhum impedimento (ibid., 1392b18-20).

Há outro lugar que se baseia no mais e no menos. Por exemplo: "Se nem os deuses sabem tudo, dificilmente podem sabê-lo os homens": isto é, *se alguma coisa não pertence àquilo a que deveria pertencer mais, claramente tampouco pertence àquilo a que deveria pertencer menos* (ibid., 23, 1397b12-15).

Esses casos nos convidam a conceber o "lugar" como uma estrutura argumentativa ou um esquema de argumentação, mas formulado como um único enunciado em forma condicional, "Se... então...". Essa ideia tem a vantagem de revelar uma homogeneidade estrutural entre os "lugares" e as "formas específicas", que Aristóteles considera premissas dos entimemas, como vimos: isto é, mesmo um "lugar" seria uma espécie de premissa – uma premissa que, no entanto, permanece no pano de fundo, sem vir explicitada pelo orador, e garante em termos gerais a força persuasória do argumento particular que é apresentado.

Em outros casos, porém, os "lugares" são formulados por Aristóteles principalmente como *prescrições* dirigidas ao orador para a busca de premissas para construir um argumento. Um exemplo:

Um lugar dos entimemas demonstrativos se baseia em contrários. *Deve-se considerar se a um dos dois contrários pertence um dos dois contrários: refutando a proposição em questão, se não pertence; demonstrando-a, se pertence*, por exemplo argumentando que ser moderado é um bem, uma vez que ser intemperante é danoso (II, 23, 1397a7-11).

Essas prescrições são, às vezes, bastante genéricas: assim, por exemplo, o *topos* "baseado na definição" (II, 23, 1398a15-28) parece consistir simplesmente em um convite para usar como premissa a definição de um termo pertinente à discussão.

Concluímos com isso a nossa exposição da persuasão argumentativa e voltamos finalmente à passagem I, 2, 1356a1-20, em que Aristóteles distinguia duas outras modalidades de persuasão: o caráter de quem fala e as emoções dos ouvintes. O caráter (*êthos*) do orador é tratado brevemente por Aristóteles no capítulo II, 1, onde se diz que o orador deve proceder de modo a aparentar sabedoria, virtude e benevolência, três qualidades que disporão o público a acreditar em suas palavras e a ouvir os seus conselhos.

Por fim, a emoção (*pathos*) dos ouvintes como instrumento de persuasão é tratada inicialmente no livro II, capítulos 1-11. Nele Aristóteles ilustra uma série de emoções ou sentimentos que podem influenciar a reação dos ouvintes ao discurso e que, portanto, o orador pode querer despertar ou evitar despertar neles: ira, falta de respeito, docilidade, amor, ódio, medo, coragem, vergonha, gratidão, piedade, desdém, inveja, emulação, desprezo. Na análise dessas emoções ou desses sentimentos Aristóteles segue um esquema recorrente: fornece uma definição do *pathos* em questão e ilustra em quais condições, em relação a que tipo de pessoas e por quais motivos o sentimos.

As emoções continuam a ser tratadas, de modo mais indireto, nos capítulos seguintes, 12-17, do livro II, nos quais Aristóteles descreve o caráter e o comportamento típicos de algumas classes de pessoas identificadas por faixa etária (jovens, velhos, maduros) e posição (nobres, ricos, poderosos). Aqui também, como nos capítulos anteriores, fala-se dos ouvintes: o orador precisa saber, principalmente, qual é a disposição e as previsíveis reações do tipo específico de público a que se dirige, a fim de poder orientar o discurso em conformidade com isso.

Todos esses capítulos (II, 1-17) podem ser lidos como uma resposta aristotélica à indicação metodológica, formulada por Platão no *Fedro* (271a-272a), segundo a qual uma retórica rigorosa deveria partir de uma investigação da alma, distinguir os seus diversos tipos e associar a cada tipo de alma o tipo de discurso capaz de persuadi-la. Aristóteles retoma a Platão a ideia central de que o orador deve se basear também em um conhecimento da natureza humana, mas explora essa ideia de modo diferente do mestre: a sua investigação não se funda em definições e classificações rigorosas e exaustivas, mas prossegue acumulando considerações baseadas na experiência e no senso comum. Ao fazer isso, Aristóteles demonstra uma fineza psicológica e um agudo espírito de observação das coisas humanas que constituem um dos aspectos mais notáveis da *Retórica*, destinado a deixar uma herança nos *Caracteres* do seu discípulo Teofrasto e nas comédias de Menandro. Só a título de exemplo e como conclusão do capítulo, incluímos uma passagem (na verdade não muito generosa) em que se descreve o caráter dos velhos:

> Pelo fato de ter vivido muitos anos, ter sido várias vezes enganados e ter várias vezes cometido erros, e como os acontecimentos humanos na sua maioria são de pouco valor, não afirmam nada categoricamente e não se admiram de nada tanto quanto deveriam. E "acreditam", mas não "sabem" nada e, quando estão em dúvida, acrescentam sempre "talvez" e "provavelmente" e se expressam sempre assim e nunca com segurança. Além disso, têm mau caráter, já que o mau caráter consiste em interpretar todas as coisas no pior sentido. Além disso, são suspeitosos por causa de sua desconfiança e são desconfiados por experiência. E por isso não amam nem odeiam intensamente, mas, segundo o preceito de Biante, amam como se a seguir devessem odiar e odeiam como se a seguir devessem amar. E são tacanhos, porque foram humilhados pela vida: não desejam nada de grande nem de extraordinário, mas somente as coisas necessárias para viver (II, 13, 1389b13-26).

Nota bibliográfica

Para as passagens da *Poética* e da *Retórica* usamos, com modificações em graus variados, as traduções de P. Donini (*Poetica*, Einaudi, Turim, 2008) e de S. Gastaldi (*Retorica*, Carocci, Roma, 2014).

Em data recente foi publicada uma nova edição crítica da *Poética* aos cuidados de L. Trarán e D. Gutas: *Poetics*, Brill, Leiden-Boston, 2013. Para uma ótima edição italiana com ampla introdução, em edição bilíngue, tradução e notas, ver P. Donini, citado acima; de Donini ver também *La tragedia e la vita. Saggi sulla Poetica di Aristotele*, Edizioni dell'Orso, Alexandria, 2004. Outras traduções italianas bilíngues e anotadas são as editadas aos cuidados de D. Lanza (Rizzoli, Milão, 1987) e de D. Guastini (Carocci, Roma, 2010).

São importantes os estudos de S. Halliwell (*Aristotle's Poetics*, Duckworth, Londres, 1986; *The Poetics of Aristotle* [tradução inglesa e comentário], Duckworth, Londres, 1987; *The Aesthetics of Mimesis. Ancient Texts and Modern Problems*, Princeton University Press, Princeton-Oxford, 2002).

Sobre a *Retórica* é imprescindível o comentário de Ch. Rapp (*Rhetorik*, Akademie Verlag, Berlim, 2002, 2 vols.); para um estudo mais sucinto, em inglês, ver *Aristotle's Rhetoric*, in E. N. Zalta (org.), *The Stanford Encyclopedia of Philosophy*, (http://plato.stanford.edu/). Muito rico também o comentário de S. Gastaldi, cit. supra. Sobre passagens específicas, consultar também E. M. Cope (org.), *The Rhetoric of Aristotle*, revista por J. E. Sandys, Cambridge, 1877, 3 vols., e W. M. A. Grimaldi, *Aristotle, Rhetoric I-II. A commentary*, Fordham University Press, Nova York, 1980, 1988. Em italiano, ver P. Donini, "Poetica e Retorica", in Berti (org.), *Guida ad Aristotele*, citada na bibliografia do cap. I, 327-363.

Capítulo XIV
"A ciência indagada":
o primado da filosofia

> Mas já girava meu desejo e minha vontade,
> como roda que igualmente é movida,
> o amor que move o Sol e as outras estrelas.
>
> Dante Alighieri, *Paraíso*, XXXIII, vv. 143-145.

A *Metafísica* de Aristóteles constitui, sem dúvida, um dos casos mais paradoxais na história da filosofia ocidental. Trata-se da obra que mais contribuiu para a fama e a importância filosófica de Aristóteles, a mais comentada e discutida na secular tradição do seu pensamento. Ao mesmo tempo, é uma obra que Aristóteles nunca escreveu enquanto tal e cujo título não pertence à sua linguagem. A partir dos pioneiros estudos de Werner Jaeger (1912), de fato já se tem certeza de que o texto que lemos constitui a coletânea de uma série de cursos/tratados compostos pelo filósofo em épocas diversas e sobre assuntos diferentes, que foi talvez compilada em Roma pelo estudioso aristotélico Andrônico de Rodes por volta de meados do século I a.C. É possível que essa coletânea tenha sido motivada por uma razão negativa e por uma positiva. A primeira razão consistia, de modo verossímil, na dificuldade de agrupar esses textos num dos âmbitos disciplinares que formavam a enciclopédia aristotélica do saber, ou seja, consistia no seu caráter em certo sentido residual; a segunda, por sua vez, consistia no reconhecimento de uma certa unidade de inspiração e de intenção teórica, se não sistemática, pelo menos problemática. O próprio título reflete essa duplicidade de motivações. *Metà ta physikà* pode, com efeito, significar "os livros que vêm [ou: a ser estudados] após os dedicados à física" ou "coisas além daquelas naturais".

Um breve sumário dos catorze livros que compõem o tratado na forma em que o lemos (mas o núcleo original era composto talvez apenas por dez livros, com a exclusão do II, do V, do XI e do XII) pode ser útil para compreender melhor as razões da sua falta de unidade e, ao mesmo tempo, que justifiquem a sua compilação.

O livro I (*Alpha*) apresenta uma história crítica do desenvolvimento dos conhecimentos, sobretudo referentes aos princípios e às causas do mundo natural, dos pré-socráticos a Platão, para chegar às inovações trazidas pelo próprio Aristóteles; a esse livro, portanto, é atribuído o papel de introdução geral à obra. O livro II (*Alpha minusculo*), por alguns considerado não autêntico, contém uma discussão introdutória diferente e mais sucinta. O livro III (*Beta*) discute uma série de problemas (*aporie*), de ordem predominantemente epistemológica, postos pelas relações entre diferentes ciências e entre os seus respectivos objetos, que são parcialmente abordados nos livros seguintes. O livro IV (*Gamma*) propõe uma definição geral da filosofia e discute os axiomas comuns a todos os campos do saber (como o princípio de Não Contradição e o do Terceiro Excluído). O livro V (*Delta*) é um escrito independente, que oferece um léxico explicativo dos principais termos filosóficos. O livro VI (*Epsilon*) delineia uma epistemologia geral das diversas formas de conhecimento e atribui o primado nesse âmbito à filosofia (na forma da teologia). Os livros VII, VIII e IX (*Zeta, Eta, Theta*), que formam um conjunto compacto, tratam da questão da substância (*ousìa*) e das relações forma/matéria, ato/potência. O livro X (*Iota*) contém uma discussão do problema do uno e dos muitos. O livro XI (*Kappa*) oferece um resumo, provavelmente escolar, de alguns temas tratados nos outros textos. O livro XII (*Lambda*) parte da análise das substâncias físicas para chegar às eternas e imateriais e à teoria do primeiro motor imóvel; ele também é considerado um texto autônomo. Por fim, os livros XIII e XIV (*My e Ny*) retomam uma discussão cerrada das doutrinas platônicas e acadêmicas.

A cronologia relativa da composição desses escritos é tema de uma discussão tão acalorada quanto provavelmente indecidível. O caso mais candente é o do livro "teológico", o XII, que muitos estudiosos tendem a atribuir a uma fase precoce, "de juventude", do pensamento aristotélico, enquanto outros ressaltam de modo plausível a dificuldade de ignorar o fato de que ele parece pressupor tanto os livros sobre a substância quanto os livros finais da *Física*, uns e outros atribuídos à plena maturidade do filósofo.

Em todo caso, a pluralidade dos temas abordados nos diversos tratados que compõem a *Metafísica* explica por que muitos deles já foram discutidos aqui neste volume, nos respectivos âmbitos de pertinência: assim, os livros I, XIII e XIV foram mencionados em relação à crítica aristotélica a Platão (capítulo segundo), os livros VII-IX, em relação às categorias (capítulo sétimo) e à filosofia da natureza (capítulo oitavo).

Resta, porém, um resíduo importante, e nele buscaremos os traços daquela intenção unitária, daquele desenho geral, que, como dissemos, constituem a razão positiva para a compilação da *Metafísica*. Esses traços se reconhecem numa investigação aristotélica: trata-se da investigação sobre uma "ciência" – ou melhor, sobre uma "forma de conhecimento" – à qual, de fato, Aristóteles se refere repetidamente como "ciência indagada" (*zetoumène epistème*, I, 2, 983a21; cf. 982a4 e também *epizetoumène epistème*, III, 1, 995a24); mesmo o seu nome é objeto de investigação (*zeutoumènon ònoma*, I, 2, 982b8). Diga-se de pronto que o escopo dessa indagação não é "descobrir" a ciência em questão e tampouco o seu nome: ele existe, e é "filosofia" (cf. I, 10, 993a15-16, mas, como se trata de um termo que indica em geral todas as formas de saber teórico, inclusive a matemática e a física, Aristóteles irá especificá-lo mais adiante como "filosofia primeira", IV, 2, 1004a3-4), tal como existe essa ciência, que se veio a formar, antes, na tradição pré-socrática, depois, no pensamento platônico e, por fim, nos próprios desenvolvimentos aristotélicos. A investigação aristotélica, portanto, é acima de tudo uma investigação metafilosófica: trata-se de descobrir a natureza dessa forma de conhecimento, as suas origens, o seu âmbito, os seus objetos, o seu estatuto epistêmico – trata-se, em suma, de ver o espaço e o papel que ainda cabem à filosofia diante da enciclopédia do saber que Aristóteles havia projetado e progressivamente construído. Uma tarefa à qual o grande discípulo de Platão e o chefe da escola do Liceu certamente não podiam se subtrair.

A investigação sobre a filosofia é estabelecida por graus no livro I da *Metafísica*. A origem remota vem formulada na celebérrima frase de abertura da obra: "Todos os homens por natureza desejam saber". Esse desejo de saber, radicado na natureza do homem, vem se desenvolvendo ao longo da história do gênero humano (e também no percurso cognitivo de cada indivíduo): ele passa do acúmulo de experiência aos conhecimentos técnicos até alcançar, no nível máximo de abstração teórica, aquilo que incialmente Aristóteles define de modo genérico como "sabedoria" (*sophìa*).

Para entender do que se trata, é preciso, em primeiro lugar, recorrer às "assunções" (*hypolèpseis*) mais comuns e difundidas: "Todos [a partir, entende-se, dos naturalistas pré-socráticos] assumem que aquilo que se chama de sabedoria versa sobre as causas primeiras e os princípios" (I, 1, 981b28-29), embora ainda fique por entender de que causas e de que princípios se trata (ibid., 2, 982a4-6): como veremos, a resposta aristotélica a essa pergunta se mostrará bastante surpreendente. Mas há outras assunções mais complexas sobre a natureza e o estatuto da sabedoria. Ela se refere, em certo sentido, a todas as coisas e é um saber "universal" (*kathòlou*, ibid., 982a21-26); por outro lado, é uma sabedoria divina no duplo sentido de pertencer por excelência à divindade e de ter como objeto as coisas divinas (ibid., 983a5-10): delineia-se aqui uma dupla característica da sabedoria, a universalidade e o âmbito divino, que está na raiz da importante tematização filosófica conduzida no livro VI. O campo sobre o qual versa a investigação metafilosófica contém, como dissemos, tanto elementos platônicos quanto outros tipicamente aristotélicos. Os primeiros incluem assunções do seguinte tipo: a sabedoria é a ciência "soberana (*archichotàte*) [...] aquela que conhece o fim em vista do qual toda ação deve se realizar, isto é, o bem em cada caso e em geral aquilo que há de melhor (*àriston*) em toda a natureza" (ibid., 982b47), de modo que "cabe ao *sophòs* não receber, mas sim dar ordens" (982a18). Essa relação com o poder, o bem e as finalidades do agir, de nítido cunho platônico, corre o risco de entrar em atrito, se não em contradição, com a outra assunção sobre a sabedoria, dessa vez mais claramente aristotélica: trata-se de um saber que se busca com vistas ao puro conhecimento, inútil para objetivos práticos e que tem como fim apenas a si mesmo (ibid., 982b20-28). Mas a dupla caracterização não surpreende se levarmos em conta que Aristóteles, nessas páginas, leva em conta todo o leque das opções existentes no campo da "ciência indagada", que a seguir será definida com o necessário rigor teórico.

Assim, o que resta da filosofia depois de Platão, que âmbito lhe cabe no novo quadro do pensamento traçado por Aristóteles? Nada e nenhum, segundo a primeira resposta formulada após a exposição do pensamento dos predecessores sobre as causas e os princípios. "Pelo que foi dito anteriormente, já está claro, portanto, que todos parecem procurar as causas que enunciamos nos escritos sobre a física e que fora delas não poderemos apontar nenhuma" (I, 10, 993a11-13). A física, assim, pareceria ter a última palavra sobre os problemas que tanto haviam ocupado a "sabedoria"; mas isso seria verdade apenas se não houvesse outra maneira de entendê-la a não ser a dos naturalistas pré-socráticos. Na verdade, a herança platônica e os seus desenvolvimentos aristotélicos ainda permitem que a filosofia dispute o primado com a física – primado ao qual, a bem da verdade, o próprio Aristóteles dera uma poderosa contribuição com a sua filosofia da natureza.

O primado da filosofia é firmemente enunciado pela primeira vez no início do livro IV, com uma asserção que pode parecer surpreendente se não se levar em conta o caráter metafilosófico da busca empreendida por Aristóteles; aqui ficamos sabendo, de fato, que a "ciência indagada" existe e responde pelo menos a um dos requisitos da *sophìa* no livro I, o da universalidade. "Há uma ciência que estuda o ser enquanto ser [mas a forma participial *on êi on* poderia ser mais bem traduzida como "o ente enquanto ente", "o ente enquanto é", ou "aquilo que é enquanto é"] e as propriedades que lhe pertencem em si mesmo" (IV, 1, 1003a21-22). Como veremos, os desenvolvimentos do livro IV deixam claro onde se encontra essa forma de conhecimento: na dialética acadêmica (trata-se de superar, mas também de conservar) e na lógica aristotélica. A sua universalidade, em oposição a todas as outras formas de saber, é facilmente estabelecida. Como o ser se subdivide "imediatamente" em gêneros (ou categorias) e existem diversos tipos de substâncias, toda ciência circunscreve para si, como âmbito próprio, uma única dimensão categorial ou uma classe particular de substâncias: assim, por exemplo, as matemáticas versam sobre a dimensão quantitativa dos entes, e a física, sobre as substâncias sensíveis (ibid., 1003a21-32; 2, 1004a3-6).

No entanto, existem propriedades, princípios e causas que cabem a todo ente simplesmente por ser um ente, antes da separação em gêneros e regiões da realidade: o saber que se ocupa deles – que irá se especificando como "filosofia primeira" (IV, 2, 1004a3-4) – será, portanto, "universal" e prioritário em relação às outras ciências (cf. também VI, 1, 1025b7-13). Pode despertar dúvidas que se trate propriamente de uma "ciência", tal como os cânones epistemológicos aristotélicos, porque esse saber, precisamente por causa da sua generalidade, não dispõe de um gênero próprio nem dos respectivos "princípios próprios", a partir dos quais possa conduzir as suas demonstrações (mas, como veremos, Aristóteles trabalhará para reduzir essa anomalia, diminuindo progressivamente a generalidade da "ciência do ser enquanto ser" sem, porém, suprimir a sua universalidade). Ademais, essa forma de saber não empreende propriamente nenhuma demonstração. De fato, o seu objeto consiste, por um lado, nos conceitos generalíssimos do ser (o uno, os contrários, os pares idêntico/diferente, todo/parte, gênero/espécie, derivados da bagagem da dialética platônica – pense-se no *Parmênides* e no *Sofista* – e acadêmica: IV, 2) e, por outro lado e principalmente, nos axiomas ou princípios comuns a todas as ciências, que adotam sem tomá-los como objeto de reflexão. Trata-se do princípio de Não Contradição (ibid., 3-6), do Terceiro Excluído (ibid., 7), da impossibilidade que os enunciados sejam todos verdadeiros ou todos falsos (ibid., 8: a esse respeito, ver aqui os capítulos V e VI). Esses axiomas ou princípios universais não podem ser demonstrados na medida em que são pressupostos de toda e qualquer demonstração possível; a sua validade, portanto, só pode ser argumentada pela refutação de quem os rejeita (*èlenchos*, IV, 4, 1006a15-18): um instrumento, este também, típico do estilo intelectual da dialética platônica, graças ao qual Aristóteles pode mostrar, entre outras coisas, a insustentabilidade tanto teórica quanto prática do relativismo de Protágoras, que – pelo menos segundo a interpretação aristotélica – havia sustentado que "tudo é verdadeiro" e que "é impossível contradizer" (ibid., 4-5).

À "ciência do ser enquanto ser" – primeira instância da *sophia* ou "ciência indagada" do livro I – Aristóteles dedicava algumas relevantes contribuições teóricas: precisamente, a argumentação dos axiomas nos capítulos 3-8 do livro IV, os capítulos 2-4 do livro VI (relação entre acidental e necessário, entre ser e verdade), presumivelmente o livro X inteiro sobre o problema do uno e do múltiplo (ele também de derivação platônica) e também, sob certos aspectos, os livros XIII e XIV, dedicados à discussão da filosofia acadêmica.

No próprio livro IV, porém, Aristóteles dá um passo teórico importante para especificar o âmbito privilegiado da "ciência do ser enquanto ser" e, por conseguinte, para consolidar o seu estatuto epistemológico. Há, de fato, uma via para a unificação dos entes ontologicamente mais consistente do que o compartilhamento entre eles dos princípios generalíssimos do ser, como os axiomas lógicos. Todavia, é verdade que os entes estão dispersos na repartição categorial do ser e que o próprio ser se predica "em muitos sentidos", isto é, nas diversas acepções categoriais. Em expressões como "Sócrates é bom", "tem a altura de 170 centímetros", "é [está] em Atenas", que se referem a qualidade, quantidade, local, o verbo "ser" é, de fato, usado homonimamente, isto é, não tem o mesmo sentido em todas as recorrências (e o mesmo acontece em enunciados como "Sócrates é", "a bondade é", "a altura é"). Não se trata, porém, de uma pura homonímia, como seria a que se dá entre os termos "cão" no sentido de quadrúpede doméstico e do percussor de uma arma de fogo. Todos os sentidos categoriais do ser são referidos a um significado primário e unitário, o da substância (*ousìa*, IV, 2, 1003b5-6): a homonímia do ser é, portanto, imputável a um "significado focal", como vimos no nosso capítulo VII.

> Algumas coisas se dizem entes porque são substâncias; outras, porque são afecções da substância; outras, porque são uma via para a substância, ou destruições ou privações ou qualidades ou fatores de produção da substância ou daquilo que se diz em relação à substância, ou negações de algum deles ou da substância (IV, 2, 1003b6-10).

Expressões como "ser bom, alto, em Atenas" têm sentido somente quando se referem a uma substância (Sócrates) da qual se predicam e dela dependem: somente da substância se pode dizer "ser" em sentido primeiro e autônomo. A conclusão aristotélica é inequívoca:

> É claro que cabe a uma única ciência estudar os entes enquanto entes. Mas em todos os casos a ciência em sentido próprio é referente àquilo que é primeiro, do qual as outras coisas dependem e por causa do qual são ditas. Se, portanto, isso é a substância, o filósofo deverá conter os princípios e as causas das substâncias (ibid., 1003b15-19).

Assim, a ciência do ser enquanto ser vem a se configurar como ciência da substância: essa consolidação ontológica imprime uma guinada decisiva no seu horizonte teórico. A teoria da substância deverá abordar problemas como: o que se deve entender propriamente por substância (a matéria, a forma, a ferramenta que a compreende), a relação entre forma e matéria, a estrutura dos processos que a envolvem, ou seja, a relação entre ato e potência. Esse conjunto de formidáveis questões teóricas é abordado por Aristóteles nos livros VII-IX da *Metafísica*, que constituem um dos seus ápices filosóficos. Mas, dessa maneira, a filosofia primeira volta a ser – como havia ocorrido para a questão das causas no final do livro I – uma reflexão sobre os fundamentos da física, ou, se se preferir, uma metafísica, e, desse modo, a própria física parece readquirir aquela supremacia que lhe fora disputada pela "sabedoria" e pela ciência do ser.

É necessário, pois, mais uma correção de rota, que, sem pôr em discussão a universalidade da ciência do ser enquanto ser, nem a sua configuração primária como teoria da substância, volte a fundar a sua pretensão de prioridade em relação à física. No livro VI, esse novo passo teórico traz uma hierarquização das camadas ontológicas e, consequentemente, dos respectivos saberes. É o caso de citar na íntegra a densa passagem aristotélica em que se expõe esse decisivo desenvolvimento.

> Se há algo que seja eterno, imóvel e dotado de existência separada [ou "autônoma": *choristòn*], é claro que o seu conhecimento caberá a uma ciência teórica; não, porém, à física nem à matemática, mas a uma ciência que goze de prioridade em relação a ambas. Com efeito, a física versa sobre objetos dotados de existência separada, mas não imóveis, enquanto algumas partes da matemática versam, sim, sobre objetos imóveis, mas provavelmente desprovidos de existência separada e existentes apenas enquanto presentes na matéria. A ciência primeira, por sua vez, versa sobre objetos dotados de existência separada e imóveis. É necessário que todas as causas sejam eternas, mas principalmente essas, que são causas dos deuses visíveis. De modo que serão três filosofias teóricas, a matemática, a física e a teologia: não é difícil ver que, se o divino está presente em alguma coisa, ele está presente em objetos de tal natureza e que a ciência mais digna de honra deve versar sobre o gênero mais digno de honra (VI, 1, 1026a10-22).

Essa passagem demanda algumas breves observações de detalhe.
1. É de se observar a forma inicial: da hipótese ontológica deriva-se a consequência epistêmica (*se* há um objeto, *então* há uma ciência; cf. também 1026a27-32);
2. a cautela em relação ao estatuto ontológico dos entes matemáticos decorre da posição platônico-acadêmica que lhes

atribuía uma existência substancial, mas, sem dúvida, Aristóteles considera-os apenas como dimensões quantitativas das substâncias físicas;

3. as substâncias físicas são móveis, isto é, mutáveis, porque são compostas de matéria, além de forma;

4. os deuses visíveis são os astros, e as suas causas são, portanto, os princípios de movimento que foram tratados no livro XII;

5. *theologikè* (*philosophìa*): é a única ocorrência com essa acepção do termo na *Metafísica* (em outros lugares, definem-se como "teólogos" os poetas arcaicos como Hesíodo); aqui, o objeto principal da teologia parece ser as causas divinas dos movimentos astrais, o que a configuraria como uma espécie de cosmologia tendo por trás a teologia do *Timeu* e das *Leis* de Platão, que será explicitada nos capítulos 6 e 8 do livro XII;

6. aqui se descreve uma hierarquia ontológica (e axiológica) dos diversos tipos de substância, mas a passagem das substâncias naturais às substâncias divinas (separadas e imóveis porque imateriais) não é conceitualmente análoga à redução unitária (*pros hen*) da homonímia do ser à substância no livro IV, como mostrou Jonathan Barnes. Em todo caso, essa hierarquia permite que Aristóteles restabeleça o primado da filosofia, repetidamente ameaçado pela física.

Se, portanto, não existisse alguma outra substância além das constituídas por natureza, a física seria ciência primeira; se, pelo contrário, existe uma substância imóvel, ela é anterior, e primeira é a filosofia, e é universal (*kathòlou*) desse modo, isto é, enquanto primeira, e a ela caberá conduzir a investigação sobre o ser enquanto ser, sobre o que ele é e sobre os seus atributos enquanto ser (VI, 1, 1026a27-32).

Trata-se de uma das passagens mais problemáticas e controversas de toda a *Metafísica*. Aristóteles parece, com efeito, ter atendido à dupla exigência demandada pela *sophìa*, a "ciência indagada" do livro I, que devia se demonstrar "primeira" em ordem de valor, por versar sobre realidades mais elevadas, e ao mesmo tempo "universal", isto é, não restrita a um âmbito específico do ser. Mas isso trazia à tona uma série notável de dificuldades teóricas. Atribuindo à teologia um gênero específico de substâncias (as imóveis e eternas porque imateriais), Aristóteles certamente assegurava a condição para que ela pudesse se constituir como uma ciência propriamente dita, dotada de princípios próprios e com uma organização demonstrativa, mas exatamente por isso parecia eliminar dela a universalidade que ele havia atribuído à ciência do ser enquanto ser. A não ser que fosse possível mostrar uma derivação de todas as substâncias a partir daquelas imóveis e divinas e que as suas propriedades coincidissem com as propriedades generalíssimas do ser dos entes: um compromisso teórico que Aristóteles parece não ter jamais cumprido em parte alguma da *Metafísica* (nem sequer nos capítulos "teológicos" do livro XII) e que, ademais, dificilmente parece compatível com a estrutura geral do seu pensamento. A identificação da filosofia primeira com a teologia e, apesar disso, a reivindicação da sua universalidade parecem, portanto, criar uma aporia dificilmente superável. Diante dela, os intérpretes tentaram uma ampla gama de soluções: desde a pura e simples eliminação da passagem à sua redução a um resquício do pensamento juvenil de Aristóteles e ao caráter supostamente incompleto do livro XII. As tentativas de resolver a dificuldade sem usar violência contra os textos aristotélicos podem ser exemplificadas pelo caso de Michael Frede. As substâncias divinas são puras formas substanciais sem matéria. O seu modo de ser é paradigmático em relação ao de todas as substâncias, mesmo físicas, porque sabemos que o que identifica primariamente uma substância composta é a sua forma. Assim, como todos os modos de ser devem ser reconduzidos a um significado primário, o ser da substância, por sua vez, o ser das substâncias físicas, deverá ser reconduzido ao ser das puras formas que constituem as substâncias suprassensíveis. Portanto, segundo Frede, a teologia pode ser identificada com a "metafísica geral", porque, a partir da primariedade do ser dos seus objetos, deverá se ocupar também dos modos de ser que são dependentes deles. A conclusão de Frede, porém, é problemática:

a teologia, ou seja, a metafísica geral, tem menor unidade interna do que poderíamos esperar. Mas o próprio Aristóteles parece prever esse resultado. A teologia, ou metafísica geral, consistirá, com efeito, numa série de estudos que têm uma unidade apenas genérica. Somente um desses estudos coincidirá com a teologia em sentido estrito.

Mesmo partindo dessa consideração, parece prudente propor uma leitura desses textos aristotélicos menos comprometida com a reconstrução de um sistema impossível ou incompleto ou, no mínimo, muito problemático. O programa unitário de Aristóteles, cujo desenvolvimento, como vimos, atravessa vários livros da *Metafísica*, com uma série de retomadas, deslocamentos de ponto de vista e sondagens teóricas, parece ser o formulado no livro I: definir as condições ontológicas e epistemológicas de possibilidade de uma constituição da "ciência indagada" – a filosofia –, de modo a garantir o primado disputado pela física (e, no âmbito do platonismo, pela matemática), um primado que pode assumir o aspecto da universalidade, pela proximidade ao ser, e da dignidade, pela proximidade ao divino. A partir desse programa, a filosofia primeira se mostra sucessivamente configurada como "metafísica geral", metafísica, cosmoteologia: todas essas configurações pertencem a âmbitos que continuam a ser da alçada do filósofo (herdeiro de Platão e chefe de escola), não obstante o impressionante desenvolvimento dos saberes sobre a natureza, e lhe garantem a supremacia teórica em última instância, ainda que seja difícil ou quase impossível conectá-los numa unidade sistemática que permita derivar um a partir do outro.

O percurso na direção da teologia, ou da cosmoteologia, que se inicia no livro VI, não atravessa apenas a *Metafísica*. O *De caelo* havia atribuído aos astros e aos céus um movimento circular eterno. A concepção dos astros, em especial da esfera das estrelas fixas e do céu no seu conjunto, como divindades vivas permitia que se lhes atribuísse também o movimento (o qual, aliás, é explicado justamente pela sua natureza viva). "A atividade de deus é a imortalidade, isto é, uma vida (*zoè*) eterna, de modo que é necessário que a deus pertença um movimento eterno", o circular (*De caelo*, II, 3, 286a9 ss.). Nessa perspectiva, num nível cosmológico não se dava a cisão entre motor e movido, e muito menos a teoria dos motores imóveis, assim resultando que a vida da divindade se caracterizava não pelo pensamento, mas por um peculiar movimento seu (cf. aqui, capítulo IX).

Mais uma vez, era, antes, a *Física* que definia as premissas teóricas de onde se originaria a cosmoteologia aristotélica na sua configuração completa. No âmbito da teoria geral do movimento, desenvolvida nos livros VII e VIII dessa obra, Aristóteles estabelecera que para cada coisa que é movida deve existir um motor (o particípio *kinoûn* seria mais propriamente traduzido como "movente", mas essa palavra indica em italiano mais o escopo, isto é, a causa final, do que a causa eficiente que dá impulso ao movimento). Muitos dos motores são, por sua vez, movidos (como, por exemplo, o taco que move a bola de bilhar), mas uma regressão ao infinito da série dos motores movidos tornaria impensável o próprio movimento; portanto, no início deve existir um primeiro motor (VII, 1, 242a16-19). Este não pode ser movido por outra coisa, por isso, deve ser imóvel (VIII, 5, 258b4-9). Como o movimento é eterno e ininterrupto, é necessário que esse primeiro motor imóvel seja, por sua vez, eterno (*aìdion*, ibid., 6, 258b10-13). Poderia haver mais de um, mas "é suficiente que exista um, que, sendo o primeiro entre os motores imóveis e eterno, será o início do movimento para as outras coisas" (259a12-13). Esse primeiro motor será a garantia do movimento universal e da estabilidade do mundo:

> como é necessário que haja um movimento contínuo, é preciso que haja alguma coisa – um primeiro motor imóvel –, mesmo que acidentalmente, se deve existir para os entes, como dissemos, um movimento incessante e imortal, e o ser deve permanecer imutável em si mesmo e no seu lugar (259b23-26).

Uma vez estabelecida de modo apodítico – enfatizado pelo recorrer de locuções como "é necessário", "é preciso", "deve" – a exigência de que o movimento eterno e contínuo do mundo tenha como início um primeiro motor imóvel, Aristóteles pode empreender o percurso que o levará da filosofia geral para a cosmologia. O primeiro movimento impulsionado pelo primeiro motor deverá consistir numa translação espacial; devendo ser ininterrupto e contínuo, precisará ter uma trajetória circular e uniforme, porque só esse tipo de movimento, ao contrário do retilíneo, não apresenta um início e um fim (VIII, 7-9), o que prenuncia diretamente o movimento dos céus que será tratado na *Metafísica* XII. A *Física* acrescenta um corolário importante: o primeiro motor imóvel deverá ser inextenso, isto é, desprovido de grandeza, porque não pode existir uma grandeza infinita, e uma grandeza finita não pode dispor de uma infinita força motriz (ibid., 10). O livro XII da *Metafísica* acrescentaria uma motivação ulterior à inextensão do primeiro motor: se ele compreendesse a matéria, seria num estado potencial, mas somente um motor eternamente em ato pela sua natureza essencial pode garantir o movimento contínuo e incessante do Universo (XII, 6). Isso, de todo modo, levanta uma questão que não é discutida na *Física*: como é possível que um motor inextenso transmita o movimento a um corpo dotado de matéria (como é o primeiro céu movido pelo primeiro motor imóvel) se é impossível que uma coisa mova a outra sem estar em contato com aquilo que é movido (VII, 2, 244a14-b1)? Isso, como veremos, acarretará algumas dificuldades na interpretação da *Metafísica*.

Em todo caso, será com base nessas aquisições da *Física* que Aristóteles poderá delinear brevemente, em alguns capítulos do livro XII da *Metafísica*, o perfil daquela teologia que fora evocada no livro VI como especificação elevada e nobre da filosofia primeira. Com efeito, tem-se nos capítulos iniciais do livro (1-5) um retorno à teoria da substância, das causas e dos princípios que fora elaborada respectivamente nos livros VII-IX da *Metafísica* e nos livros I e II da *Física* (pelo menos se se presumir uma posterioridade cronológica do livro XII em relação a essas obras). Há, porém, uma especificação importante sobre a partição dos campos da substância traçada no livro VI. Ali haviam-se distinguido substâncias separáveis, mas mutáveis e corruptíveis (o âmbito da física), e substâncias separadas, imóveis e eternas (o campo da teologia). Agora (XII, 1, 1069a30-b1) o campo das substâncias físicas se apresenta bipartido: de um lado, há as móveis e corruptíveis, do outro lado, as móveis, sim, porém eternas (porque, como mostrara o *De caelo*, elas comportam uma matéria diferente da dos quatro elementos sublunares): trata-se dos "deuses visíveis", isto é, dos corpos astrais. Assim se constitui o espaço ontológico de referência para a astronomia, que, mesmo permanecendo no âmbito geral da física, fornece, porém, a intermediação decisiva para a sua passagem à cosmologia e, por fim, à teologia.

Antes de seguir esse percurso, cabe relembrar brevemente o modelo astronômico a que Aristóteles se referia (com algumas correções discutidas em XII, 8). Trata-se do modelo das "esferas concêntricas" elaborado por Eudoxo de Cnido, que apresentava a grande vantagem de atribuir aos corpos celestes um movimento circular uniforme e, ao mesmo tempo, explicar as anomalias visíveis das suas órbitas em relação a esse tipo de movimento (o único que Aristóteles podia considerar eterno). O modelo eudoxiano supunha, portanto, que os astros eram fixados na superfície de esferas centradas num mesmo ponto, sendo a mais externa delas a esfera das estrelas fixas (o "primeiro céu" aristotélico). Essas esferas se moviam em sentidos diferentes e com velocidades diferentes; o movimento de cada uma delas (salvo a primeira) é o resultado da soma vetorial do movimento próprio e do movimento das esferas externas; para explicar as características anômalas do movimento observável dos planetas, é preciso introduzir um número de esferas (ou "céus") superior ao dos astros visíveis (além das estrelas fixas, os cinco planetas, o Sol e a Lua); segundo o cálculo aristotélico, deveriam ser 55.

Aristóteles procede à transposição do conceito de primeiro motor imóvel do âmbito da física para o da cosmologia com uma argumentação rigorosa. É necessário que haja uma substância eterna e imóvel que tenha a natureza de uma causa "motriz ou eficiente", sempre em ato por essência (*kinetikòn ê poietikòn*, XII, 6, 1071b12): um tipo de causalidade que certamente as ideias platônicas não possuem. Como existe o movimento circular e eterno do primeiro céu – o que é evidente não só para o raciocínio, mas também nos fatos –, ele será causado por uma substância imóvel, eterna e em ato (ibid., 7, 1072a21-26). "A translação é o primeiro dos movimentos, e no seu âmbito o primeiro é a translação circular. É movida por esse motor [o primeiro motor imóvel]. Este, portanto, existe por necessidade e, na medida em que existe por necessidade, existe de modo perfeito e assim é princípio (*arché*) [...]". De tal princípio – conclui a argumentação aristotélica – dependem o céu e a natureza (ibid., 1072b8-14).

Nesse nível do discurso, surge uma primeira questão séria. Como pode o primeiro motor imóvel ser causa do movimento do primeiro céu? (A pergunta também se refere indiretamente ao movimento dos outros céus ou das outras esferas, cada qual causado por um motor imóvel seu). Aristóteles deriva da sua psicologia exemplos convincentes de como algo pode mover sem, por sua vez, ser movido. Assim agem "o que é desejado e o que é pensado" (XII, 7, 1072a26): as propriedades do triângulo põem em movimento o meu pensamento sem que elas tenham qualquer mudança; o objeto do meu desejo põe em movimento a minha tendência para ele sem, por sua vez, ser movido por ela (*De anima* III, 10). Ainda mais eficaz é uma explicação (ou exemplificação) aristotélica adicional: o primeiro motor move "enquanto [ou: como o que é] amado (*hôs eròmenon*)" (7, 1072b3). A interpretação dessa passagem deu lugar a uma vasta discussão, que de certa forma antecipamos indicando as suas duas traduções possíveis. A interpretação mais difundida, já a partir dos comentadores antigos, consiste em conceber o primeiro motor imóvel como causa final do movimento do primeiro céu: este último, "amando" a perfeição da substância imóvel, tentaria imitá-la até onde fosse possível para um corpo material, isto é, movendo-se com aquele movimento circular que é o mais semelhante à imobilidade. A explicação finalista da causalidade do primeiro motor imóvel é, sem dúvida, eficaz, mas se depara com algumas dificuldades. Trata-se, em primeiro lugar, de atribuir ao primeiro céu (e também aos outros) uma alma capaz de amor e desejo, diferente, portanto, do seu motor (e dos motores dos outros céus), o qual, como veremos, é puro pensamento ou inteligência (*nous*): mas em Aristóteles não há qualquer traço dessa alma dos céus. Igualmente ausente é a hipótese de uma "imitação" por parte dos céus dos respectivos motores que parece, antes, pertencer à linguagem do *Timeu* platônico. Diante dessas e de outras dificuldades semelhantes, alguns estudiosos, como Sarah Broadie e Enrico Berti, recentemente apresentaram uma explicação alternativa: a causalidade do primeiro motor seria a de uma causa eficiente (justamente *kinetikòn* e *poietikòn*), que, segundo a definição aristotélica, é a causa da qual se origina o movimento. Essa interpretação tem a vantagem de evitar as dificuldades da tradicional, mas, por sua vez, não deixa de despertar algumas dúvidas. Em primeiro lugar, é preciso fazer uma leitura um tanto forçada dos textos (7, 1072b1-4; 8, 1074a22-23) para interpretar a relação entre a causalidade finalista e a causalidade do primeiro motor em sentido apenas analógico: aquilo que é desejado, pensado, amado move permanecendo imóvel, e analogamente faria o primeiro motor, porém sem ser, por sua vez, uma causa final. Em segundo lugar, não fica claro como uma causa eficiente imaterial poderia determinar o movimento de um corpo material como é o primeiro céu (o mesmo se aplica aos demais motores e aos respectivos céus). Isso pareceria contrastar com a já mencionada posição de *Física* VII, 2. Todavia, cita-se em apoio a essa interpretação uma passagem do *De gen. corr.* (I, 6, 323a28-32), em que Aristóteles escrevia que, "se alguma coisa move sendo imóvel, então, toca o movido, mas o movido não o toca de maneira alguma" (a propósito dessa passagem, porém, o comentador mais recente, Marwan Rashed, fala em "confusão e obscuridade").

A dificuldade de resolver a questão com base nos textos aristotélicos é um primeiro exemplo que ilustra como toda a discussão cosmoteológica se mostra "subdeterminada" (Laks): é como se Aristóteles tivesse se limitado a indicar alguns traços constitutivos desse âmbito de conhecimento sem pretender (ou sem poder) construir uma estrutura sistemática sua, e tampouco um arcabouço argumentativo completo. Mesmo a asserção de que a natureza depende do primeiro motor imóvel não é ulteriormente esclarecida. É provável que Aristóteles pensasse que os movimentos complexos da "máquina celeste" determinassem ao fim a órbita do Sol em torno da Terra: a ela se devem os ciclos sazonais e a própria possibilidade de vida no planeta (XII, 5, 1071a13-17).

Até aqui, portanto, tem-se o percurso que liga física e cosmologia. Com uma brusca guinada, para a qual nada nos preparou, Aristóteles atribui ao princípio dos movimentos cósmicos uma "condição de vida" (*diagogè*, 7, 1072b14): isso introduz naturalmente a transformação da locução principal neutra *to prôton kinoûn akíneton* no substantivo masculino *ho theòs*, "o deus" (ibid., 1072b25). A passagem da cosmologia à teologia, assim subitamente realizada, adota a forma de uma descrição da forma de vida da divindade, argumentada de modo imperioso (ibid., 1072b14-30). Esta é para sempre tal e qual para nós é, por vezes, a melhor (entenda-se a atividade teórica), e é acompanhada pelo respectivo prazer sublime. A vida da divindade, portanto, é exercício do pensamento, e esse pensamento não pode ter como objeto senão aquilo que é melhor. Portanto, o intelecto (*nous*) divino pensa a si mesmo e, nesse ato, o intelecto e o inteligível vêm a se identificar.

> Se, portanto, o deus está sempre tão bem como, às vezes, estamos nós, é maravilhoso; se está ainda melhor, é ainda mais maravilhoso. Está justamente desse modo e tem vida: de fato, o ato do intelecto é vida, e é ato, e o ato em si do intelecto é vida ótima e eterna; portanto dizemos que vivente ótimo e eterno é o deus, de modo que a vida e a duração contínua e eterna pertencem ao deus: isso é, de fato, o deus (7, 1072b34-30).

O tom inusitadamente enfático dessa passagem assinala a elevação do registro retórico que acompanha a passagem do discurso físico-cosmológico para o propriamente teológico. Por outro lado, o tom igualmente enfático ecoa claramente o elogio da vida teórica na *Ética a Nicômaco* (X, 7): Aristóteles cria, assim, uma espécie de jogo de espelhos no qual o deus é o filósofo perfeito e o filósofo é um deus (imperfeito) entre os homens. O desenvolvimento da argumentação é, de todo modo, bem claro: a primeira substância eterna, imóvel e em ato é perfeita e, portanto, não pode carecer do atributo da vida, como é próprio de um deus; a sua vida consistirá na atividade perfeita, isto é, no pensamento; o objeto desse pensamento não poderá ser outro senão o inteligível perfeito, isto é, o próprio pensamento: daí, portanto, a definição da atividade da divindade com a célebre fórmula "pensamento de pensamento [ou: ato intelectivo do ato intelectivo]" (*nòesis noèseos*, XII, 9, 1074b33-35). Aristóteles não o afirma explicitamente, mas dessas páginas decorre claramente que, embora todo motor imóvel constitua um intelecto divino, somente o primeiro deve ser considerado propriamente "o deus"; a teologia filosófica se constitui, assim, como decididamente monoteísta, embora permita, por vias subordinadas, um duplo politeísmo: este, também filosófico, das inteligências astrais, e o popular das divindades olímpicas, desprovido de verdade filosófica, mas não de utilidade moral e política, para convencer os muitos ao respeito que se deve às leis (XII, 8, 1074a38-b10).

Quanto a isso, as sumárias indicações de Aristóteles deixam muitas interrogações em aberto. Qual é a relação entre o primeiro deus e as outras inteligências astrais? O que pensam essas inteligências: somente em si mesmas ou também na inteligência do primeiro céu? Mas o que mais despertou muitas dúvidas entre os comentadores é a concepção de uma divindade autorreferencial, que não conhece nada além de si mesma e cujo pensamento parece vazio de qualquer conteúdo inteligível a não ser o pensamento de si próprio. Como é possível que um deus não saiba nada do mundo do qual é causa, ainda que em última instância? Uma longa tradição interpretativa, que começa com o tomismo, supôs que o primeiro deus conhece o mundo precisamente conhecendo a si mesmo como causa da corrente de movimentos astrais e como princípio de todas as substâncias. Aristóteles, porém, parece excluir categoricamente que a *nòesis* divina possa ter outro conteúdo além de si mesma (é verdade que, mesmo no caso do pensamento humano, o intelecto e o inteligível se identificam no ato do pensamento, como se afirma em *De anima* III, 4, 430a1-5, mas isso não impede que, nesse caso, o objeto inteligível seja diferente do pensamento, que se identifica com ele somente quando passa da potência ao ato e naturalmente pensa uma ampla pluralidade de objetos).

A essas interrogações em aberto segue-se, na parte final do livro XII, algo que parece ser uma certa desordem compositiva. O capítulo 8 interrompe bruscamente a revisão teológica para abordar a discussão cosmológica das hipóteses de Eudoxo e Calipo sobre o número das esferas celestes (e, de fato, inicia-se com a referência não a um deus, mas a "uma tal substância", 1073a14, e à questão sobre se há apenas uma, ou mais de uma). O capítulo 9 retorna à questão do pensamento divino exposta no capítulo 7. Mas é sobretudo o último capítulo, o 10, que esclarece qual seria o aspecto da teoria cosmoteológica talvez mais premente para Aristóteles: a sua capacidade de oferecer uma garantia à existência de uma ordem unitária do mundo. O problema formulado é de grande peso: de que modo o mundo "possui o bem, isto é, o bem supremo: como algo separado e por si, ou como a ordem (*taxis*)?" (XII, 10, 1075a11-13). Que o mundo contém o bem é algo que, significativamente, Aristóteles não põe em dúvida; a questão é entender se o princípio da boa condição do mundo é externo (isto é, transcendente) ou interno (imanente) a ele. Também nesse caso a discussão sobre essa questão não é de forma alguma exaustiva; fica em boa parte entregue a duas metáforas, a do exército e a da casa. A resposta de Aristóteles é, em todo caso, clara: o bem pertence ao mundo em ambos os sentidos, mas o princípio transcendente é o predominante. Um exército está em boas condições graças à sua ordem e graças ao general, mas sobretudo por causa desse último, porque o general não depende da ordem, mas a ordem depende do general (10, 1075a13-15). Contudo, parece improvável pensar que o general constitui a causa final da ordem: o objetivo do alinhamento do exército não é o general, mas a vitória em batalha; a causalidade do general pode ser, se muito, eficiente, mas nesse caso não cabe pensar no intelecto divino personalizado (porque, como afirma a *Ética a Eudemo*, "o deus não dá ordens", VIII, 3, 1249b13-14), mas no impulso que o primeiro motor imóvel dá ao movimento dos céus, do qual, como vimos, depende em última instância a boa ordem da natureza. "Todas as coisas estão dispostas em relação a uma única coisa", escreve Aristóteles (10, 1075a18-19), mas não se deve, portanto, pensar numa finalidade unívoca à qual se dirigiria o cosmo, e sim na ordem unitária como a que reina numa casa, onde todos, de maneiras variadas, cooperam para a boa ordem comum (*to koinòn*, 10, 1075a22). Assim, a eternização das espécies individualmente por meio do ciclo reprodutivo é assegurada pelo desejo de imortalidade comum a todos os viventes (cf. aqui, cap. X, parte II).

Depois de refutar as opiniões sobre a questão, Aristóteles conclui o capítulo e o livro com uma solene citação homérica: "Os entes não querem ser mal-governados: 'Não é boa coisa que haja muitos senhores; que apenas um seja o senhor' [*Ilíada*, II, 204]" (10, 1076a3-4). Em suma, deve haver apenas um mundo ordenado – contra os acadêmicos que, multiplicando os princípios, tornariam "episódica a substância do todo" (10, 1076a1-3) – e, para que isso seja possível, é preciso remontar dos céus do mundo sublunar ao movimento dos astros e, por fim, a um único princípio do qual depende precisamente a unidade ordenada do mundo: na medida em que o primeiro motor imóvel é externo ao mundo, ele pode ser comparado ao general que alinha o exército, sem, porém, ser o objetivo desse alinhamento. Nesse sentido, o mundo não tem outra finalidade senão a sua própria ordem, para a qual todas as suas partes contribuem dentro do seu próprio âmbito. A garantia oferecida pelo motor do primeiro céu (situado na extrema periferia do cosmo) à ordem do mundo é a única forma de "providência" divina presente no pensamento de Aristóteles.

A pesquisa aristotélica sobre a "ciência indagada" se encerra nessas últimas páginas do livro XII. Podemos nos colocar duas perguntas, a primeira referente a esse mesmo livro, a segunda referente aos resultados gerais dessa pesquisa. Quanto à primeira: qual é a relação entre os diversos objetos teóricos apresentados nesse livro, e, consequentemente, entre os respectivos saberes? Temos, à primeira vista, o primeiro motor imóvel importado da *Física*, um construto teórico necessário para fechar a cadeia de causação da qual depende a série infinita dos movimentos naturais; no âmbito cosmológico, um primeiro motor imóvel que serve de causa do movimento do primeiro céu e, através dele, de toda a "máquina celeste" formada pelas esferas do modelo eudoxiano; no âmbito antropológico (ou antropomórfico), uma inteligência divina que serve de sublime contraparte do pensamento do filósofo. Trata-se de três objetos diferentes ou de um mesmo objeto que assume diversos semblantes segundo os territórios para os quais transmigra? Consequentemente, a física, a cosmologia, a teologia são saberes unificáveis numa ciência universal?

Agora, a segunda pergunta. A pesquisa empreendida, a partir do livro I da *Metafísica*, sobre a "ciência indagada" parece ter levado, mais do que à refundação de uma ciência, ao reconhecimento de territórios que continuam a ser da pertinência da filosofia (ou da primeira entre as filosofias) após a construção da enciclopédia dos saberes; nesse reconhecimento encontram-se traços tanto da dialética platônico-acadêmica quanto da reflexão aristotélica sobre a filosofia da natureza. Temos, portanto, o ser enquanto ser e as suas propriedades, a montante da partição em gêneros e categorias; a teoria da substância e das estruturas (forma/matéria, ato/potência); a cosmologia, como teoria causal dos movimentos das esferas celestes; a teologia, como teoria da forma divina de vida e de pensamento. Tudo isso forma o objeto de uma ciência unitária (e, portanto, universal), ou de uma família de teorias unidas pela não pertença a uma disciplina específica e, portanto, de pertinência de um saber filosófico primário, mas em certo sentido residual?

Grande parte da história da interpretação aristotélica consiste nos grandiosos esforços intelectuais empreendidos para responder a essas perguntas. Embora não se deva excluir que a perspectiva de uma sistematização propriamente metafísica estivesse presente no pensamento aristotélico, é inegável que a *Metafísica* se mantém, no seu arcabouço, estranha ou, quando muito, preliminar a essa perspectiva. A tarefa fundamental que ela propõe é, sobretudo, assegurar um espaço onde a filosofia conserve um papel e mantenha o seu primado. Qual pode ser a sua estrutura unitária, se é que deve haver alguma, é uma questão que permanece mais no horizonte dessa pesquisa do que nos seus resultados.

Nota bibliográfica

A edição de referência da *Metafísica* é a de W. D. Ross, Clarendon Press, Oxford, 1953², 2 vols. (com amplo comentário). Sobre essa edição baseia-se a ótima tradução italiana de C. A. Viano, UTET, Turim, 1974. Mais recente é a edição aos cuidados de W. Jaeger, Clarendon Press, Oxford, 1957. A essa edição referem-se as traduções de G. Reale, Vita e Pensiero, Milão, 1993, 3 vols., e de M. Zanatta, BUR, Milão, 2009, 2 vols. Edição crítica e comentário do livro XII aos cuidados de S. Fazzo, Bibliopolis, Nápoles, 2012-14, 2 vols. Uma nova edição está em andamento aos cuidados de O. Primavesi.

A melhor introdução à *Metafísica* é a de P. Donini, *Metafisica. Introduzione alla lettura*, Nuova Italia Scientifica, Roma, 1995 (reed. Carocci, Roma, 2007). Para o livro XII, é indispensável o livro de Frede e Charles (org.), *Aristotle's Metaphysics Lambda*, citado na bibliografia do cap. XI (contém os ensaios de M. Frede, às páginas 1-52; de E. Berti, às páginas 181-206; de A. Laks, às páginas 207-243); para o livro VI, ver então *Métaphysique. Livre Epsilon*, tradução e comentário a cargo de E. Berti, Vrin, Paris, 2015.

Útil a coletânea de ensaios: J. Barnes, M. Schofield e R. Sorabji (orgs.), *Articles on Aristotle*, vol. III, *Metaphysics*, Duckworth, Londres, 1979 (contém o importante ensaio de G. Patzig às páginas 33-49).

Ver ademais: J. Barnes, "Metaphysics", em id. (org.), *The Cambridge Companion to Aristotle*, Cambridge University Press, Cambridge, 1965, 66-108; Berti, *Aristotele dalla dialettica alla filosofia prima*, citado na bibliografia do cap. II; id. "Ancora sulla causalità del motore imobile", em *Methexis*, XX (2007), 7-28; S. Broadie, "Que fait le premier moteur d'Aristote? Sur la théologie du livre Lambda de la 'Metaphysique'", em *Revue philosophique de la France et de l'Étranger*, CLXXXIII (1993), 375-411; M. Frede, "The Unity of General and Special Metaphysics. Aristotle's Conception of Metaphysics", em id., *Essays in Ancient Philosphy*, citado na bibliografia do cap. VII, 81-95; Jaeger, *Studien zur Entstehungsgeschichte der Metaphysik*, citado na bibliografia do cap. III; L. Judson, "Heavenly Motion and Unmoved Mover", em M. L. Gill e J. G. Lennox (orgs.), *Self-Motion*, Princeton University Press, Princeton, 1994, 155-71; C. Natali, "Causa motrice e causa finale nel libro Lambda della 'Metafisica' di Aristotele", in *Methexis*, X (1997), 103-123; L. Normam, "Aristotle's Philosopher-God", in Barnes, Schofield e Sorabji, *Articles on Aristotle*, vol. IV, *Psychology and Aesthetics*, citado na bibliografia do cap. X, 93-102; Owen, *Logic Science and Dialectics*, citado na bibliografia do cap. II; M. Vegetti, "Tre tesi sull'unità della 'Metafisica' aristotélica", in *Rivista di Filosofia*, LXI (1970), n. 4, 343-383.

Para outras indicações bibliográficas sobre a *Metafísica*, ver aqui o cap. VII.

Capítulo XV
O comentário e o sistema

O geógrafo antigo Estrabão, que viveu entre o século I a.C. e o século I d.c., narra uma história tão famosa quão singular sobre a transmissão das obras de Aristóteles no período helenista e sobre as modalidades da sua chegada a Roma. Conta Estrabão (XIII, 1, 54) que Neleu, discípulo de Aristóteles e do seu aluno e sucessor Teofrasto,

> havia recebido em herança a biblioteca de Teofrasto, na qual estava contida também a de Aristóteles, uma vez que Aristóteles deixou a sua para Teofrasto, ao qual deixou também a escola [...] e Teofrasto a deixou para Neleu. Depois de tê-la levado para Escepsis [na Trôade, na Ásia Menor], ele deixou-a aos seus descendentes, que não eram filósofos, e guardaram os livros trancados, deixando-os lá ficar, sem cuidar deles. Quando, porém, vieram a saber do interesse com que os reis Atálidas, sob cujo domínio se encontrava a cidade, procuravam livros para instituir a biblioteca de Pérgamo, eles os esconderam num túnel subterrâneo. Muito tempo depois, os descendentes de Neleu cederam a Apelicão de Teos os livros de Aristóteles e de Teofrasto, estragados pela umidade e pelos vermes, em troca de muito dinheiro. Apelicão era um bibliófilo mais do que um filósofo; por isso, procurando uma maneira de remediar as lacunas causadas pelas mordidas dos vermes, mandou transcrever novas cópias do texto, integrando-o mal e mal, e publicou os livros cheios de erros.

Chegando a esse ponto, Estrabão se interrompe brevemente para observar que "os peripatéticos antigos que vieram depois de Teofrasto não possuíam os livros, exceto alguns poucos, e ainda por cima sobretudo os exotéricos", e por isso não eram capazes de filosofar de modo pertinente, mas se limitavam a enunciar generalidades, enquanto os mais recentes, posteriores à publicação desses livros, mesmo praticando melhor a filosofia, "viam-se obrigados a se expressar geralmente ao acaso, em consequência do grande número de erros" contidos nos livros disponíveis. Por outro lado, prossegue Estrabão, Roma também contribuiu muito para essa situação:

> Logo após a morte de Apelicão, Silas, que havia conquistado Atenas, apoderou-se de sua biblioteca. Tão logo foi trazida para cá, ela foi parar nas mãos do gramático Tiranião – que nutria simpatias aristotélicas e obtivera os favores do bibliotecário – e de certos livreiros que se serviam de copistas decadentes e não conferiam as lições dos manuscritos, como ocorre também no caso dos outros livros copiados para venda, tanto aqui quanto em Alexandria.

O relato de Estrabão condiz com uma passagem de Plutarco (*Vida de Silas*, 26, 1-3), que repete algumas das mesmas informações de Estrabão, mas acrescenta um detalhe: Tiranião "preparou" a maioria dos textos da biblioteca, e Andrônico de Rodes, obtendo cópias por intermédio dele, "publicou-as e compilou os catálogos atualmente em uso".

Apesar de alguns aspectos à primeira vista muito curiosos, essa história merece séria consideração da nossa parte, mesmo porque é possível que remonte, em última instância, a uma fonte digna de crédito e próxima aos fatos como o filósofo estoico Posidônio (cf. F253, 147-151 Edelstein/Kidd = Ateneu, *Dipnosofistas* 214d-e). Antes de mais nada, ela traz à nossa atenção um fato historicamente muito significativo, qual seja, que as obras de Aristóteles foram pouco conhecidas durante a época helenística. Sabemos disso também por outras vias e podemos dimensionar esse dado tanto pela parca presença de referências a Aristóteles nos textos dos filósofos desse período que chegaram até nós quanto pelo pequeno número de papiros remanescentes contendo textos aristotélicos. Mesmo Cícero, em 44 a.C., ainda pôde lamentar que Aristóteles era, salvo raríssimas exceções, desconhecido aos filósofos (*Topica* I, 3). Contudo, a explicação desse esquecimento parcial proposta por Estrabão e Plutarco é inverossímil: embora a biblioteca pessoal de Aristóteles – isto é, presumimos, os livros de propriedade sua, inclusive exemplares das suas próprias obras – realmente tenha ficado escondida e abandonada por muito tempo, é provável que continuassem disponíveis outras cópias dessas mesmas obras, tanto nas mãos dos filósofos peripatéticos quanto na biblioteca de Alexandria (cujo conteúdo talvez tenha servido de base para o catálogo de obras de Aristóteles mencionado por Diógenes Laércio, V, 22-27). Cabe, antes, procurar a explicação na dificuldade e na obscuridade dos escritos aristotélicos, somada ao destino de outras escolas filosóficas, talvez mais em sintonia com as exigências da época.

O relato de Estrabão e Plutarco contém outro ponto importante, sobre o qual nos deteremos agora: após a conquista de Atenas por Silas (85 a.C., durante a guerra contra Mitrídates), os livros perdidos chegaram a Roma e ali foram de alguma maneira publicados por iniciativa (exclusiva ou, pelo menos, parcial) de Andrônico de Rodes, que redigiu também "catálogos" seus (*pìnakes*).

Andrônico era um filósofo peripatético, décimo primeiro escolarca do Liceu, segundo testemunhos tardios e de valor incerto. É possível a hipótese de que ele estivera atuante na segunda metade do século I a.c., pois não há nenhuma menção a ele em Cícero, que morreu em 43 e foi um apaixonado e erudito conhecedor do panorama filosófico contemporâneo, interessado especialmente nas obras aristotélicas, como já vimos. A efetiva natureza e a consistência do trabalho de Andrônico e sua relevância histórica são objeto de discussão. Sabemos por várias fontes que ele escreveu uma paráfrase das *Categorias* e deu contribuições à interpretação de outras obras aristotélicas. A sua principal herança parece ter consistido nos "catálogos", que ainda eram correntes na época de Plutarco. A partir de um compêndio árabe remanescente e de outras fontes, deduzimos que se tratava de uma obra em cinco volumes, pelo menos, provavelmente concebida aos moldes dos homônimos "catálogos" compostos pelo grande poeta e filólogo Calímaco sobre muitos autores da literatura grega. Podemos, portanto, supor que *Catálogos* era de fato o título dessa obra. Ao que parece, ela trazia uma biografia de Aristóteles e uma lista comentada das obras atribuídas ao filósofo, com indicações de *incipit* e extensão, em que se abordavam questões de autenticidade e talvez de ordenamento e estrutura das obras. Sabemos, por exemplo, que Andrônico declarou que o *De interpretatione* não era autêntico e que excluiu das *Categorias* os capítulos 8-15 (os chamados *Postpraedicamenta*) e dividiu aquela que para nós é a *Física* em dois tratados distintos, contendo respectivamente os livros I-V e VI-VIII. E Porfírio, que organizou a edição dos tratados de Plotino, ordenando-os sistematicamente por assunto, afirma ter-se inspirado, entre outras coisas, em Andrônico, o qual "dividiu as obras de Aristóteles e de Teofrasto em tratados, agrupando os temas afins" (*Vida de Plotino*, 24).

Segundo alguns estudiosos modernos, Andrônico seria até mesmo responsável pela forma com que o *corpus* aristotélico chegou a nós. A documentação, porém, não justifica um quadro tão otimista: algumas obras do *corpus* já eram conhecidas antes da intervenção de Andrônico, e outras chegaram a nós num estado diverso daquele que Andrônico considerava correto, como realmente demonstram os exemplos ora mencionados. De todo modo, é notável que as obras consideradas autênticas por Andrônico – pelo menos de acordo com o compêndio árabe dos *Catálogos* – coincidam em grande medida com as que reconhecemos como tais. De modo mais geral, podemos reconhecer em Andrônico uma figura importante (mais ou menos original, mais ou menos determinante) tanto no processo de estabelecimento do *corpus* quanto no processo de redescoberta da filosofia aristotélica.

O segundo processo se iniciou antes de Andrônico (já com Panécio, filósofo estoico que viveu no século II a.C., chefe da escola desde 129, admirador de Platão e Aristóteles; cf. Cícero, *De finibus* IV, 79), e na época de Andrônico teve também outros protagonistas. Simplício, um autor muito mais tardio, de que falaremos mais adiante, menciona no seu *Comentário às Categorias* (159, 31-33) um grupo de "antigos intérpretes" do tratado: além de Andrônico, trata-se de Boeto de Sídon, autor de um verdadeiro comentário no qual se explicava "cada uma das expressões" do texto (ibid., 30,2), de Aríston de Alexandria, este também peripatético, do platônico Eudoro de Alexandria e do estoico Atenodoro. Outros aspectos da filosofia de Aristóteles foram discutidos por Xenarco de Selêucia, um peripatético que criticou a doutrina do quinto elemento, e pelo autor (tradicionalmente identificado como Ário Dídimo) de uma exposição de ética aristotélica conservada pelo antologista Estobeu. O fato de esses autores pertencerem a escolas diferentes indica a vivacidade com que redespertavam o interesse por Aristóteles.

Como se pode observar, as *Categorias* compõem o texto aristotélico mais frequentado por esses primeiros intérpretes, provavelmente em virtude de sua natureza ao mesmo tempo elementar e sistemática, que o torna adequado a desempenhar uma função introdutória. As *Categorias* parecem ter mantido o seu primado entre peripatéticos do século I d.C. (sobre os quais estamos menos informados) e também entre os do século II d.C., como Adrasto de Afrodísia e Aspásio (Galeno, *Sobre os meus livros* XIX, 42-43 Kühn), ambos autores de comentários às *Categorias*. Adrasto foi autor também de uma obra *Sobre o ordenamento da filosofia de Aristóteles*, em que sustentava que as *Categorias* deviam ser situadas antes dos *Tópicos* (Simplício, *Com. às Cat.* 15, 36-16,3; a tese tem defensores ainda hoje). Quanto a Aspásio, também foi autor de outros comentários, entre os quais um comentário à *Ética a Nicômaco* que chegou até nós e, assim, é o mais antigo comentário a Aristóteles remanescente. Aspásio segue um método expositivo já atestado anteriormente que depois se tornaria canônico: o comentador cita como lema uma passagem aristotélica, usualmente de forma abreviada (isto é, citando apenas o início e o final, separados pela expressão "...até..."), e depois apresenta sobre ela um determinado número de elucidações, então, avançando para a passagem imediatamente seguinte no texto.

Talvez uma geração mais tarde, esteve atuante Galeno, o famoso médico nascido em 129, homem de formação eclética e amplas leituras, autor de comentários às obras lógicas de Aristóteles, mais uma vez incluídas entre elas as *Categorias* (*Sobre os meus livros* XIX, 41-43,

47 Kühn), e naturalmente bom conhecedor das obras biológicas. No entanto a atividade de estudo e interpretação de Aristóteles alcançou o auge com Alexandre de Afrodisia, a seguir conhecido como o "intérprete" por excelência. Alexandre viveu entre o século II e o início do século III. Uma obra sua é dedicada a Sétimo Severo e Caracala, conjuntamente imperadores entre 198 e 209, aos quais ele afirma dever o cargo de ensino de filosofia aristotélica (*De fato* 164, 13-15): as cátedras de filosofia deviam ser instituídas em Atenas, alguns anos antes, pelo imperador Marco Aurélio. Alexandre era, portanto, um intérprete militante, que perseguia – com métodos sofisticados – o objetivo de explicar Aristóteles de modo a rechaçar as objeções movidas a ele, resolver as contradições aparentes e mostrar a coerência geral e a sistematicidade do seu pensamento. Dele temos comentários – baseados na sua atividade docente – a *Analíticos primeiros* I, *Tópicos*, *Metafísica* I-IV, *Meteorológicos*, *De sensu*; o restante dos comentários à *Metafísica* (livros VI-XII) é considerado não autêntico, bem como uma das *Refutações sofísticas*. Alexandre escreveu muitos outros comentários, mas estes se perderam. Temos, por outro lado, um certo número de tratados: além do já citado *De fato*, podemos lembrar *Questões*, *Problemas éticos*, *De anima*, *Sobre a mescla* e também outros conservados em traduções árabes (e também alguns espúrios). A diferença entre comentários e tratados é, de todo modo, mais formal do que qualquer outra coisa, pois Alexandre, nos tratados, apresenta o seu próprio pensamento como equivalente à autêntica interpretação do aristotélico. Para dar um exemplo significativo, no início do *De anima*, 2, 4-6, lê-se que "temos o maior respeito pelas doutrinas de Aristóteles, considerando que as opiniões transmitidas por ele são mais verdadeiras do que as sustentadas por outros"; e na mesma obra (89, 9-18) encontramos atestada a famosa interpretação que identifica com o intelecto divino o "intelecto agente" de que Aristóteles fala no seu *De anima*, III, 5 (cf. o nosso capítulo X).

Na obra de Alexandre, o ponto culminante da exegese peripatética de Aristóteles coincide com o seu ponto terminal; após o declínio do aristotelismo e, de modo mais geral, de todas as filosofias diferentes do platonismo, todos os intérpretes mais importantes, depois de Alexandre, faziam parte da escola neoplatônica. Mas Alexandre viria a ter profunda influência sobre esses autores e, mesmo depois, sobre os comentadores árabes, visto que estes entrariam em contato com Aristóteles em parte por intermédio dele e adotariam a sua interpretação do aristotelismo como filosofia sistemática.

Pode-se encontrar a razão dessa transferência, pelo menos em parte, na filosofia de Plotino (205-270), o fundador do neoplatonismo, atuante em Alexandria e Roma, que estudou a fundo Aristóteles e os comentadores peripatéticos. Nas reuniões do grupo de intelectuais que lhe eram próximos em Roma, "liam-lhe os comentários [*hypomnèmata*]" tanto de diversos autores de proveniência platônica quanto, "entre os peripatéticos, de Aspásio, Alexandre, Adrasto e dos pertinentes ao tema em discussão" (Porfírio, *Vida de Plotino* 14). Esse estudo de Aristóteles se apresenta em Plotino sob duas formas: por um lado, Plotino submete Aristóteles a uma crítica interna, sustentando que as suas doutrinas serão incoerentes e incompletas se não vierem fundamentadas com o recurso às doutrinas de Platão; por outro lado, mesmo ao expor as suas posições filosóficas, Plotino utiliza intensamente termos e conceitos aristotélicos, transpondo-os para um contexto filosófico profundamente diferente. Referindo-se a esse método, Porfírio, na passagem ora citada, dirá que os escritos de Plotino contêm "de forma não explícita" as doutrinas peripatéticas (além das estoicas) e que "ali está condensada a *Metafísica* de Aristóteles".

É precisamente em Porfírio que se fazem muito evidentes as consequências da transfusão de elementos aristotélicos no platonismo, operada por Plotino. Ele (cerca de 234-305, discípulo de Plotino em Roma nos anos 263-269 e depois editor dos seus tratados) foi o primeiro filósofo platônico a escrever comentários sobre Aristóteles, além de obras filosóficas autônomas. Como demonstração da duradoura centralidade cultural das *Categorias*, ele dedicou a essa obra dois comentários, dos quais somente um, mais curto e resumido, em forma de diálogo entre dois interlocutores anônimos, sobreviveu integralmente, enquanto o outro, muito mais extenso, conservou-se apenas de forma fragmentária, assim como outras obras. Contudo, a inovação introduzida por Porfírio não se limitou a questões de gênero literário, mas envolveu um aspecto mais profundo; enquanto Plotino, ainda que influenciado pelo aristotelismo, sempre havia sustentado (pelo menos segundo a interpretação mais plausível) uma posição crítica em relação a Aristóteles, Porfírio se afastou do mestre sustentando a compatibilidade entre as doutrinas de Platão e as de Aristóteles. Essa nova perspectiva exegética foi substancialmente mantida – mesmo que com nuances diversas – por todos os intérpretes platônicos posteriores. Era, pelo menos em parte, motivada pela intenção de defender a tradição cultural pagã – também enfatizando a sua homogeneidade – em contraposição ao cristianismo.

Para entender como a nova perspectiva podia se manifestar concretamente, será útil examinar dois relevantes exemplos interligados. O primeiro diz respeito às *Categorias*. O papel primário e fundamental atribuído nesse tratado às "substâncias primeiras", como ali são designadas, ou seja, indivíduos sensíveis como esse homem ou aquele cavalo (cf. nosso capítulo VII), parece dificilmente conciliável com qualquer forma de platonismo, bem como com o livro XII da *Metafísica*, um texto caro aos neoplatônicos em que Aristóteles aplica a designação "substâncias primeiras" às inteligências que movem as esferas celestes (8, 1074b9). Pode-se remontar esse tipo de objeção a Plotino, que censurava Aristóteles por ter se limitado a tratar das substâncias sensíveis, negligenciando as inteligíveis (*Enneadi* VI, 1, 1). Porfírio, no seu comentário, ilustra a questão e lhe fornece uma solução – para compreendê-la, porém, temos de fazer um pequeno recuo. Os intérpretes antigos discutiam qual seria realmente o tema das *Categorias*, isto é, a natureza daquilo que elas classificavam: expressões linguísticas, conceitos ou coisas? A resposta de Porfírio é que as *Categorias* falavam primariamente de expressões linguísticas, consideradas, porém, "enquanto significam as coisas" (56, 34-57,12; 58, 5-6). E sobre essa tese ele baseia a sua resposta à questão das substâncias primeiras (91, 19-25):

Como o escopo da obra diz respeito às expressões significantes e as expressões foram impostas primariamente às coisas sensíveis (já que os homens denominaram em primeiro lugar as coisas que viram e perceberam, e em segundo lugar as coisas que são, de fato, primeiras por natureza, mas segundas em relação à sensação), é razoável que tenham sido consideradas como substâncias primeiras as coisas que foram denominadas por primeiro com as expressões – isto é, aquelas sensíveis e individuais. Portanto, em relação às expressões significantes, são substâncias primeiras as substâncias sensíveis individuais, enquanto em relação à natureza são substâncias primeiras aquelas inteligíveis.

Reelaborando noções aristotélicas, Porfírio aqui distingue entre o que é primeiro "para nós" (isto é, no interior do desenvolvimento das nossas relações linguísticas e cognoscitivas com a realidade) e o que é primeiro "por natureza" (isto é, fundamental do ponto de vista ontológico). Graças a essa distinção e à sua tese geral de que as *Categorias* tratam de expressões linguísticas, ele pode sustentar que as "substâncias primeiras" daquele tratado assim o são somente "para nós", e não também "por natureza". Essa interpretação é, na verdade, infundada, mas no plano imediato cumpre a função de tornar Aristóteles coerente consigo mesmo e com o platonismo.

O segundo exemplo que examinaremos, ligado ao primeiro, diz respeito à teoria aristotélica das quatro causas, exposta em *Física* II, 3 e em outros lugares. Eis uma citação de uma passagem do comentário perdido à *Física* no qual Porfírio discutia os diversos tipos de princípio (*arché*) ou causa (*aìtion*) em Aristóteles e Platão (Simplício, *Com. à Física* 10, 32-11,5 = Porfírio, fr. 120 F Smith):

> Aristóteles, tendo contemplado somente a forma na matéria, chamou-a de "princípio", enquanto Platão, tendo concebido em acréscimo a ele também a forma separada, introduziu o princípio paradigmático. Em Aristóteles, portanto, o princípio se diz de quatro modos: o *aquilo do qual*, isto é, a matéria, o *aquilo segundo o qual*, isto é, a forma, ou *aquilo por obra do qual*, isto é, o agente, o *aquilo para qual*, isto é, o fim. Segundo Platão, entretanto, é fim também *aquilo em relação ao qual*, como modelo, e *aquilo através*

do qual, como aquilo que é instrumental. E no mesmo número de modos com que se diz o princípio diz-se também a causa.

Porfírio (retomando teses em parte já atestadas anteriormente: cf. Sêneca, *Cartas* 65, 6-7) considerava que às quatro causas ou aos quatro princípios de Aristóteles deveriam se acrescentar outras duas causas, teorizadas por Platão: a causa "instrumental" e a "paradigmática" ou "exemplar". Essa última deveria ser identificada com as formas platônicas, separadas da matéria, modelos das coisas sensíveis e por isso distintas das formas aristotélicas imanentes à matéria. Embora a passagem citada não seja inteiramente explícita sobre esse ponto, podemos supor que, segundo Porfírio, Platão, ao contrário de Aristóteles, havia identificado todos os tipos de causa, talvez distinguindo-os no *Timeu* (cf. Proclo, *Com. ao Timeu*, 2, 1-4, 5). Dessa maneira, a doutrina de Aristóteles vinha a coincidir com uma parte da doutrina de Platão, permitindo reivindicar tanto a utilidade filosófica do primeiro quanto a superioridade do segundo: "a ontologia peripatética do mundo físico deve ser integrada com a metafísica platônica das substâncias incorpóreas separadas, entendidas como paradigmas inteligíveis" (Riccardo Chiaradonna).

Por fim, Porfírio foi também autor de uma breve *Introdução* (em grego, *Eisagogè*, geralmente conhecida como *Isagoge*) à lógica, que foi uma das obras individuais de maior fortuna e influência em toda a história da filosofia. Porfírio ali apresenta uma discussão, que se professa neutra em relação às questões filosoficamente "mais profundas", sobre o que pensavam "os antigos e, entre eles, sobretudo os peripatéticos" sobre cinco noções técnicas necessárias para o estudo da teoria aristotélica da predicação e da lógica em geral: gênero, espécie, diferença, próprio e acidente (1, 13-16). Como, por outro lado, o estudo da filosofia na Antiguidade começava geralmente pela lógica e, a partir de certa altura, mais precisamente pelas obras lógicas de Aristóteles, a obra de Porfírio acabou por ser considerada uma introdução à filosofia em seu conjunto. Traduzida e comentada por séculos em latim, siríaco, armênio, árabe, ela contribuiu para fazer da lógica aristotélica o instrumento da filosofia em geral. Vimos no nosso capítulo V como essa concepção é a base do agrupamento das obras lógicas sob o título comum de *Organon*, justamente *"instrumento"*. Mas quando e por obra de quem se constituiu um *curriculum* de estudos aristotélicos? Não temos uma resposta segura para essa pergunta. É possível que o ordenamento conferido aos tratados por Andrônico e Adrasto (ver acima) também refletisse considerações de tipo didático; ademais, sabemos que Andrônico e Boeto de Sídon questionaram a fim de saber quais escritos de Aristóteles deveriam ser estudados primeiro, dando como, respectivamente, a lógica e a física (Filopão, *Com. às Categorias* 5, 15-20). Também é possível que, mais tarde, esse tema tenha sido tratado por Jâmblico (cerca de 242-325), discípulo de Porfírio, sobre o qual sabemos que selecionou os diálogos mais importantes e estabeleceu uma ordem didática em que se deveria lê-los. Seja como for, os testemunhos sobre o *curriculum* aristotélico são conservados por autores posteriores, aos quais devemos nos dirigir se quisermos nos basear em dados mais sólidos. Para esse fim, não nos deteremos nos comentadores do século IV, como Déxipo e Temístio (que viveu em Constantinopla, autor de interessantes paráfrases interpretativas dos *Analíticos posteriores*, da *Física*, do *De anima* e de outras obras) e avançaremos até a virada do século IV para o século V, em Atenas, novamente sede fundamental da filosofia após um longo período de marginalidade.

Em Atenas, um filósofo chamado Plutarco (homônimo do famoso biógrafo e filósofo mencionado no início desse capítulo) fundou uma escola de filosofia neoplatônica, distinta da histórica Academia. Seu discípulo e sucessor na direção da escola, Siriano (morto por volta de 437), escreveu um importante comentário à *Metafísica*. Siriano, por sua vez, foi mestre de Proclo (412-485), um dos mais importantes filósofos do neoplatonismo e da Antiguidade tardia. A estrutura da parte aristotélica desse ensino é descrita numa conhecida passagem do seu discípulo Marino (*Vida de Proclo*, 13):

> Em menos de dois anos completos [Siriano] leu com ele todos os tratados de Aristóteles: lógicos, éticos, políticos, físicos e a ciência teológica que se situa para além deles. E depois de con-

duzi-lo adequadamente por eles, como uma espécie de sacrifícios preparatórios e pequenos mistérios, conduziu-o à mistagogia de Platão.

Esse texto contém diversas informações úteis. Antes de tudo, nele se reafirma a concepção do estudo de Aristóteles como preparatório ao estudo de Platão, que é comparado à iniciação final aos mistérios ("mistagogia"). Ademais, o estudo de Aristóteles se apresenta aqui estruturado segundo uma ordem didática bem precisa, que começa com a lógica, se desenvolve passando pela ética, pela política e pela física e, por fim, tem o seu coroamento com a "ciência teológica". Essa última virá a ser identificada com o conteúdo da *Metafísica*, concebida como ponto culminante na doutrina das inteligências motoras exposta no livro XII.

Nesse texto, é interessante a ausência de referências às obras biológicas. No próprio Proclo, no seu comentário ao *Timeu* (I, 2, 1-4, 5; 6, 21-7, 16), lemos uma consideração talvez ligada a essa omissão: Platão tratou de todos os tipos de causa e, em especial no caso da biologia, recorreu também às causas finais, ao passo que Aristóteles, "emulando segundo as suas possibilidades o ensino de Platão", ocupou-se apenas de algumas causas. A biologia aristotélica, em particular, é falha na medida em que Aristóteles recorre predominantemente à causa material e apenas raramente à causa formal, demonstrando, assim, "quão inferior é ao ensinamento do mestre" (7, 9-16). A ideia de que a biologia aristotélica não leva em conta a causa final soa absurda, mas devemos ter em mente que a teologia admirada por Proclo no *Timeu* é, de fato, muito diferente da de Aristóteles, segundo a qual o fim de cada gênero dos viventes não foi estabelecido por um deus bom e providencial. Em todo caso, e num plano mais geral, é de se observar que Proclo, na passagem anteriormente citada, mesmo sustentando a compatibilidade entre Aristóteles e Platão, adota em relação a ele um tom mais crítico do que outros autores neoplatônicos.

O principal discípulo de Proclo foi Amônio, de uma geração mais jovem e falecido entre 517 e 526. Amônio estudou com Proclo em Atenas, mas depois retornou à sua cidade natal, Alexandria, onde desenvolveu uma intensa atividade de ensino e teve inúmeros discípulos que, por sua vez, se tornariam figuras de relevo. A relação entre a escola de Atenas e a de Alexandria é objeto de controvérsia entre os estudiosos. Segundo uma reconstrução bastante difundida – mas contestada por alguns –, Alexandria se diferenciava de Atenas sob vários aspectos interligados: um interesse mais acentuado por Aristóteles; um menor interesse pelas práticas mágicas e teúrgicas que faziam parte do universo cultural do neoplatonismo; uma relação mais ampla com a igreja local. A propósito desse último ponto, discute-se também sobre um pretenso acordo, de conteúdos obscuros, que Amônio teria, segundo um testemunho, celebrado com o bispo de Alexandria. Seja como for, as relações pessoais e os intercâmbios entre as duas escolas foram frequentes. Amônio tinha sido discípulo de Proclo em Atenas, tal como seu pai Hérmias fora de Siriano; inversamente, alguns discípulos de Amônio em Alexandria mais tarde desenvolveram as suas atividades na escola de Atenas. E, chegando ao que aqui mais nos interessa, o *curriculuim* aristotélico seguido por Proclo nos seus estudos em Atenas é quase idêntico ao prescrito por Amônio:

> Seria consequente iniciar pelo tratado ético, de modo que, tendo antes ordenado o nosso caráter, passemos para os outros escritos. Mas, como nesse tratado ele também utiliza demonstrações e silogismos e estaremos fadados a não os compreender se não tivermos estudado esse gênero de escritos, é preciso, portanto, começar pela lógica, mas depois de ter preliminarmente ordenado o nosso caráter mesmo sem o tratado ético. Depois da lógica, então, é preciso prosseguir para a ética e daí é preciso dominar as doutrinas físicas e depois as matemáticas e, então, por último, as teológicas (*Com. às Categorias*, 5, 31-6,8).

Em comparação ao *curriculum* descrito por Marino para o jovem Proclo, este não menciona a política (a qual, porém, pode-se conceber que estivesse incluída na ética) e acrescenta a matemática como estudo intermediário entre a física e a teologia, evidentemente com base na distinção entre física, matemática e filosofia primeira como as três ciências teóricas, formulada por Aristóteles em *Metaph.* VI, 1 (cf. Amônio, *Com. ao Isagoge*, 12, 20-13,7). Com exceção dessas duas diferenças, os dois percursos coincidem.

Como vimos no início do nosso capítulo V, Amônio é também o primeiro autor em que se atesta (*Com. às Categorias*, 4, 28-5,30) o ordenamento interno do *Organon* seguido até hoje nas nossas edições, regido originalmente pela assunção de que as obras lógicas se ocupam de objetos de complexidade crescente: termos (*Categorias*), enunciados (*De interpretatione*), argumentos (*Tópicos* e *Analíticos*). Também nesse caso é possível, embora não demonstrável, que esse ordenamento remonte, na verdade, a autores anteriores, como Jâmblico.

Amônio pode ser considerado um autor prolífico, mas apenas num sentido para nós bastante inusual: como publicados por ele, chegaram a nós apenas um comentário ao *De interpretatione* e um ao *Isagoge* de Porfírio, mas dispomos de muitos outros que, mesmo tendo sido compostos por discípulos, refletem explicitamente o conteúdo das suas aulas. Assim, se nos limitarmos às obras de conteúdo aristotélico, temos comentários às *Categorias* e aos *Analíticos primeiros*, livro I, por mão de um compilador anônimo; à *Metafísica*, livros I-VII, por obra de Asclépio; a *Analíticos primeiros* e *posteriores*. *De generatione et corruptione* e *De anima*, por obra de João Filopão. Naturalmente quem preparava essas obras para a publicação podia se sentir livre para acrescentar algo de próprio, de modo que não é fácil reconstruir o que pertence a Amônio e o que pertence ao compilador. Assim, por exemplo, um dos comentários se inicia com o título *Anotações de escola de João, o Gramático, alexandrino, ao livro I do "De generatione et corruptione" de Aristóteles, dos seminários de Amônio filho de Hérmias, junto com algumas observações próprias*. Nesse caso, como geralmente nos outros em que se sabe o nome do compilador, os editores modernos atribuem formalmente a paternidade da obra a ele, e não a Amônio. Aliás, algo semelhante também se aplica ao comentário do próprio Amônio ao *De interpretatione*, que declara desde as primeiras linhas que deriva das aulas "do nosso divino mestre Proclo".

O respeito pela autoridade do divino mestre não excluía, porém, a discordância; em alguns casos, isso tomou forma da defesa de Aristóteles contra Proclo, por parte de Amônio. Proclo criticara Aristóteles por não ter concebido Deus como causa eficiente dos céus (isto é, da existência deles, *Com.* ao *Timeu* i, 2, 24-29); Amônio escreveu um livro para sustentar que, na verdade, a posição de Aristóteles era precisamente a preferida por Proclo (Simplício, *Com. à Física* 1363, 2-10). Proclo havia equiparado – plausivelmente – a tese convencionalista sobre os nomes sustentada por Hermógenes no *Crátilo* de Platão à posição de Aristóteles no *De interpretatione* e criticara Aristóteles por isso (*Com.* ao *Crátilo* 5, 25-27; 15, 27-16,4); Amônio afirmou – implausivelmente – que Aristóteles concordava com a tese naturalista defendida por Sócrates na primeira parte do diálogo e atribuída por Amônio ao próprio Platão (*Com.* ao *De int.* 34, 17-37, 27).

Os dois principais discípulos de Amônio ficaram divididos por uma candente controvérsia filosófica. O primeiro de que falaremos é Simplício de Cilícia (cerca de 480-550), que depois dos estudos em Alexandria mudou-se para Atenas e foi autor de grandes comentários a *Categorias*, *Física* e *De caelo*, nos quais sintetizou a plurissecular tradição filosófica e exegética que o precedia. Simplício foi um defensor especialmente acalorado da harmonia entre Platão e Aristóteles:

> O digno intérprete dos tratados de Aristóteles não deve ser totalmente inferior à grandeza do seu intelecto. É preciso também que seja perito naquilo que o filósofo escreveu em cada obra sua e conhecedor do estilo aristotélico. É preciso que tenha um juízo imparcial, de modo que não apresente como insatisfatórias afirmações formuladas corretamente por tê-las recebido de maneira superficial, nem, por outro lado, caso algum ponto demande uma discussão atenta, se esforce a todo custo em demonstrar que Aristóteles é totalmente isento de falhas, como se estivesse inscrito na escola do filósofo. É preciso também, creio eu, que no caso das coisas ditas por Aristóteles contra Platão ele se limite a olhar a letra, extraindo a conclusão de que os filósofos são discordes, mas que preste atenção no espírito e, assim, parta em busca da

concórdia que reina entre eles na maioria das questões (*Com. às Categorias*, 7, 23-32).

Em 529 e nos anos imediatamente posteriores, o imperador Justiniano emitiu vários decretos proibindo que os pagãos ensinassem publicamente a filosofia e lhes impondo outras penalidades muito severas, como o degredo e o confisco de bens. Após esses eventos, alguns filósofos atenienses, entre eles Simplício, refugiaram-se na Pérsia, junto ao rei Cosroes I. Esse foi o fim da escola de Atenas.

Outro discípulo foi João, o Gramático, chamado de Filopão, "amante do esforço" (cerca de 490-570), que já mencionamos como compilador de alguns comentários extraídos das lições de Amônio. Além dessas obras, Filopão escreveu outros comentários – a *Categorias, Física, Meteorológicos, De anima* – em que não se declara uma independência dos ensinamentos do mestre. O segundo deles é notável pelas críticas a alguns aspectos cruciais da física de Aristóteles. Tais críticas demonstram a vivacidade intelectual de que era capaz uma tradição exegética aparentemente muito conservadora. Filopão critica a falácia das argumentações contra a existência do vazio apresentadas em *Física* IV, 8: "Os absurdos que Aristóteles crê derivar da tese segundo a qual é possível haver movimento através do vazio, como se decorressem dessa tese, não decorrem dela" (*Com. à Física* 681, 1-3). Filopão critica, além disso, a doutrina aristotélica do movimento violento. Aristóteles havia sustentado que o movimento pressupõe contato entre o corpo movente e o corpo movido e, tendo de explicar por que, quando jogo uma pedra, ela continua a sua trajetória depois de ter se afastado da minha mão, havia suposto que a pedra continuava a ser impulsionada em frente pelo ar. Filopão replica que o meio é apenas obstáculo ao movimento e que a razão pela qual a pedra continua a se mover é que eu lhe transmiti uma "potência motora" ou "força cinética", *dynamis kinetikè* (641,7-642,26). Essa teoria seria desenvolvida na Idade Média por Jean Buridan, que falaria da transmissão de uma *virtus motiva* ou um *impetus* do corpo movente para o corpo movido, e constitui um importante avanço na direção da moderna concepção inercial do movimento que será formulada por Galileu e Newton.

Em dois tratados autônomos, *Sobre a eternidade do mundo contra Proclo* e *Sobre a eternidade do mundo contra Aristóteles*, Filopão voltou a adotar posições filosoficamente heterodoxas: rechaçou a doutrina da eternidade do mundo, sustentada tanto por Aristóteles quanto pelos seus intérpretes neoplatônicos, e refutou a teoria aristotélica segundo a qual os céus são constituídos por um quinto elemento incorruptível, para sustentar, pelo contrário, que "não há talvez nenhuma das características neles observadas que não pertença também aos corpos daqui" (*Contra Aristóteles*, fr. 59 Wildberg = Simpl., *Com. ao De caelo* 88, 31-32) e que o mundo teve início numa criação do nada por obra de Deus. Filopão foi, de fato, o primeiro comentador cristão (e autor de obras teológicas) apesar da sua formação neoplatônica; talvez não tenha sido por mero acaso que o primeiro dos dois tratados sobre a eternidade foi publicado em 529, ano em que se iniciaram as discriminações contra os pagãos que levaram ao fechamento da escola de Atenas. As teses de Filopão despertaram indignação em Simplício, que definiu o seu autor como um "ímpio homúnculo" e o rebateu nos seus comentários: é graças a tais réplicas que dispomos de fragmentos do *Contra Aristóteles*, que de outro modo estaria perdido.

Aqui não nos ocuparemos dos últimos expoentes da escola de Alexandria. Concluiremos o capítulo mencionando um outro personagem contemporâneo, ele também cristão, mas que viveu num contexto um tanto diverso e talvez sem contatos pessoais com os filósofos de Atenas e Alexandria: Severino Boécio (cerca de 475-526). Nascido em Roma de uma família aristocrática, Boécio ocupou cargos públicos durante o reinado do rei ostrogodo Teodorico, até ser atingido por acusações de traição, aprisionado e por fim executado. Além de escrever tratados teológicos e a *Consolação da filosofia* (a sua obra principal, composta e ambientada no cárcere, em que se apresenta um diálogo consolador entre a Filosofia e o próprio Boécio), Boécio concebeu o projeto de traduzir todas as obras de Platão e Aristóteles para o latim. Esse projeto jamais chegou a se realizar. Boécio pôde se dedicar somente à lógica aristotélica, traduzindo e comentando quase todos os tratados do *Organon* e o *Isagoge* de Porfírio, além disso, compondo alguns textos de introdução à silogística. A sua fonte principal parece ter sido Porfírio, de quem Boécio também pôde consultar as obras que não nos chegaram, como o comentário ao *De interpretatione*.

A obra de Boécio teve grande influência: por muito tempo, até por volta do século XII, foi a principal intermediária pela qual o Ocidente latino conheceu a lógica aristotélica. Também aqui – como em Constantinopla, no Império Romano do Oriente, e no mundo árabe – Aristóteles continuou a ser lido e estudado de várias maneiras que, porém, ultrapassam os limites da nossa exposição.

Nota bibliográfica

Os autores discutidos neste capítulo são em número excessivo para podermos fornecer sobre eles mais do que algumas poucas indicações sumárias. Grande parte dos comentadores gregos a Aristóteles foi editada sob a orientação geral de H. Diels na série dos *Commentaria in Aristotelem Graeca* (*CAG*), Berlim 1882-1909; seguimos a prática corrente de citar textos e números de páginas e linhas dessa edição, que se mantém fundamental, ainda que agora alguns textos existam em edições isoladas mais atualizadas. Os fragmentos de Porfírio são editados por A. Smith: *Porphyrii philosophi fragmenta*, Teubner, Leipzig-Stuttgart, 1993. Um grande projeto de tradução inglesa com notas, dirigido por R. Sorabji (*Ancient Commentatorson Aristotle Project*), se encontra em estágio muito avançado: o site <http://www.ancientcommentators.org.uk/>, além de arrolar os títulos da série, traz uma ampla e detalhada bibliografia. Um precioso acesso antológico aos textos é oferecido por R. Sorabji (org.), *The Philosophy of the Commentators 200-600 AD. A Sourcebook*, 3 vols., Duckworth-Cornell University Press, Londres-Ithaca, 2004, e por R. W. Sharples, *Peripatetic Philosophy 200 BC to AD 200. An Introduction and Collection of Sources in Translation*, Cambridge University Press, Cambridge, 2010.

Ótima introdução geral aos comentadores em vários capítulos é a de R. Chiaradonna (org.), *Filosofia tardoantica*, Carocci, Roma, 2012. Outros estudos de caráter geral: P. Donini, "Testi e commenti, manuali e insegnamento. La forma sistematica e i metodi della filosofia in età postellenistica", in *Aufstieg und Niedergang der römischen Welt*, De Gruyter, Berlim-Nova York, 1994, vol. II, 36.7, 5027-5100; M. Frede, "Epilogue", in K. Algra, J. Barnes, J. Mansfeld e M. Schofield (orgs.), *The Cambridge History of Hellenistic Philosophy*, Cambridge University Press, Cambridge, 1999, 771-797; G. E. Karamanolis, *Plato and Aristotle in Agreement? Platonists on Aristotle from Antiochus to Porphyry*, Oxford University Press, Oxford, 2006; P. Moraux, *Der Aristotelismus bei den Griechen von Andronikos bis Alexander von Aphrodisias*, De Gruyter, Berlim-Nova York, 1973-2001 (trad. ital. Vita e Pensiero, Milão, 2000).

Estudos específicos: J. Barnes, "Roman Aristotle", in id. e M. J. Griffin (orgs.), *Philosophia Togata II*, Oxford University Press, Oxford, 1997, 1-69; J. Barnes, *Porphyry. Introduction*, Oxford University Press, Oxford, 2003; M. Bonelli, *Alessandro di Afrodisia e la metafisica come scienza dimostrativa*, Bibliopolis, Nápoles, 2001; R. Chiaradonna, "L'interpretazione della sostanza aristotelica in Porfirio", in *Elenchos*, XVII (1996), 55-94; S. Fazo, *Aporia e sistema. La materia, la forma, il divino nelle "Quaestiones" di Alessandro di Afrodisia*, Edizioni ETS, Pisa, 2002; id. e M. Zonta, *Alessandro di Afrodisia. La provvidenza*, Rizzoli, Milão, 1999; M. J. Griffin, *Aristotle's Categories in the Early Roman Empire*, Oxford University Press, Oxford, 2015; M. Rashed, *Essentialisme. Alexandre d'Aphrodise entre logique, physique et cosmologie*, De Gruyter, Berlim-Nova York, 2007; id., *Alexandre d'Aphrodise. Commentaire perdu à la Physique d'Aristote (livres IV-VIII)*, De Gruyter, Berlim-Nova York, 2011; R. Sorabji (org.), "Phyloponus and the Rejection of Aristotelian Science", in *Bulletin of the Institute of Classical Studies*, Supl. CIII, Institute of Classical Studies, Londres, 2010[2]. Ver também, em Zalta (org.), *The Stanford Encyclopedia of Philosophy*, citada na bibliografia do cap. XIII, os verbetes *Alexander of Aphrodisias* (D. Frede), *Ammonius* (D. Blank), *Commentators on Aristotle* (A. Falcon, com bibliografia geral), *Philoponus* (Ch. Wildberg).

APÊNDICES

Apêndice I
Os escritos exotéricos

Nos seus tratados, Aristóteles remete, às vezes, a "discursos exotéricos" (*exoterikoì lògoi*: cf., por exemplo, *Eth. eud.* I, 8, 1217b22-23; *UU*, 1, 1218b32-34; *Eth. nic.* I, 13, 1102a2628), tidos como de conhecimento dos seus leitores/ouvintes. Em alguns casos, essa expressão parece equivalente a "discursos publicados" (*ekdedomènoi lògoi, Poet.* 15, 1454b18) e a "filosofia destinada ao público" (*enkyklia philosophèmata, De caelo,* I, 9, 279a30-33). Muitos testemunhos antigos especificam que se trata de diálogos. A tradição antiga conserva traços dos diálogos aristotélicos, famosos e celebrados ainda na época de Cícero, e Diógenes Laércio arrola dezenove títulos deles. É, portanto, provável que os escritos exotéricos de Aristóteles coincidam com esse *corpus* de diálogos, aos quais se somavam alguns textos em forma não dialógica como o *Sobre as ideias* e o *Protréptico*. No conjunto, trata-se com boa probabilidade de textos que – ao contrário dos cursos/tratados circunscritos à escola – se destinavam a um público mais amplo de leitores cultos e de intelectuais; com essa circulação mais ampla condiz o estilo dos escritos exotéricos (e, em especial, dos diálogos) que os testemunhos antigos concordam em apontar como mais fluente e rebuscado em termos literários, e também mais elaborado retoricamente, em comparação com a argumentação enxuta dos tratados.

O reaparecimento, no século I a.C., do *corpus* dos tratados, sobre os quais se concentrou o trabalho de ensino e comentário da escola aristotélica, determinou uma progressiva diminuição do interesse pelos escritos exotéricos; em decorrência disso, passaram a ser transcritos com frequência cada vez menor e se perderam no final da antiguidade. A maioria dos testemunhos e citações foi conservada por filósofos neoplatônicos.

Os dois escritos sobre os quais temos informações mais extensas são o *Protréptico* e o diálogo *Sobre a filosofia*. O primeiro, dirigido talvez a Temisão, príncipe de Chipre, traz uma exortação ao exercício da reflexão filosófica, pelas vantagens intelectuais e morais que esta comporta; o *Protréptico* se aproxima da *Ética a Nicômaco* em muitos aspectos, embora, como veremos, com diferenças significativas. O diálogo *Sobre a filosofia*, por sua vez, deve ser associado à pesquisa sobre a sabedoria do livro I da *Metafísica*, acentuando, em comparação a ele, a dimensão propriamente teológica da *sophia*. Em outros dois escritos, *Sobre as ideias* e *Sobre o bem*, Aristóteles, ao que parece, passava em revista as principais doutrinas platônicas e acadêmicas, referentes às ideias e aos princípios (também às chamadas "doutrinas não escritas" de Platão; no segundo texto, ele teria principalmente apresentado e criticado a redução platônica do Bem ao Uno).

Pode-se deduzir o tema dos demais diálogos a partir, sobretudo, dos títulos conservados na lista de Diógenes Laércio: abrangiam, ao que parece, de temas éticos a questões políticas, da retórica à poesia, percorrendo ou acompanhando a trama enciclopédica dos tratados aristotélicos.

O uso do remanescente dos diálogos e dos demais textos exotéricos, com vistas à compreensão do pensamento aristotélico, deve ser feito com uma série de cautelas críticas.

a. A origem predominantemente neoplatônica dos testemunhos sobre os "discursos exotéricos" comporta com toda probabilidade a acentuação dos traços platônicos presentes neles, ou até uma reelaboração nesse sentido.

b. Há grande incerteza na atribuição dos testemunhos aos diálogos arrolados por Diógenes (por exemplo, os fragmentos sobre a ira são, de um modo questionador, atribuídos ao diálogo sobre o *Político*, que de outro modo ficara como um título vazio).

c. Há casos nos diálogos em que as opiniões expressas por um personagem podem não coincidir com as opiniões do autor (como ocorre normalmente nos diálogos platônicos). Assim, no *Eudemo* (fr. 6), o discurso de um tal Sileno (que alguns intérpretes usam para atribuir a Aristóteles uma doutrina da imortalidade da alma individual) sustenta que, "como não nascer é a coisa melhor de todas, o morrer é melhor do que viver", certamente uma tese que de forma alguma pode ser atribuída a Aristóteles.

d. A forma dialógica da maioria dos "discursos exotéricos" – embora, segundo os testemunhos antigos, os diálogos aristotélicos se diferenciassem dos platônicos, entre outras coisas, pela presença do autor como personagem principal – torna provável que eles tenham sido compostos durante a permanência de Aristóteles na Academia, onde essa forma era imposta pelo exemplo do mestre. A destinação pública dos diálogos permite pensar que o seu objetivo era divulgar as temáticas discutidas na escola, além do pensamento próprio do autor, e isso contribuiria para explicar a presença de teses platônico-acadêmicas ao lado de outras mais especificamente aristotélicas.

e. Esse conjunto de fatores contribui para explicar por que os diálogos contêm asserções em evidente contradição com as posições argumentadas por Aristóteles nos seus tratados, como, aliás, já notara Cícero (*De fin.* 5, 5, 12). Aqui basta citar alguns exemplos, além do já mencionado do *Eudemo*. No *Protréptico* (10b) afirma-se que a alma é unida ao corpo para cumprir a pena por grandes pecados, e essa união é semelhante à tortura etrusca que consistia em amarrar um corpo vivo num cadáver. Isso é evidentemente alheio, ou melhor, oposto à concepção da unidade psicossomática teorizada por Aristóteles no *De anima*. No diálogo *Sobre a filosofia* (fr. 27), segundo o testemunho de Cícero, Aristóteles teria afirmado que a alma é formada por um quinto elemento, de natureza material, talvez afim ao éter: essa materialização também se opõe claramente à teoria da alma/forma sustentada no *De anima*.

Apesar dessas cautelas críticas, os testemunhos sobre os escritos perdidos de Aristóteles traçam o contorno de um importante *corpus* de literatura filosófica, que parece constituir um ponto de transição entre os debates platônico-acadêmicos e as teorias aristotélicas maduras. É impossível afirmar que esses estudos exerceram alguma influência sobre as filosofias helenísticas, embora exista a hipótese de que tiveram um papel na formação filosófica de Epicuro. O certo é que os diálogos conquistaram o apreço de Cícero, tanto pelo estilo – que ele declara ter usado como modelo para os seus textos dialógicos – quanto por alguns aspectos filosóficos, presentes, por exemplo, no *Hortênsio*. A seguir, a escola aristotélica, sem dúvida, privilegiou os tratados em detrimento dos "discursos exotéricos", que, quando muito, despertaram interesse, como vimos, entre os filósofos de escola platônica.

Nota bibliográfica

A edição de referência dos fragmentos de Aristóteles é a que esteve aos cuidados de W. D. Ross, *Aristotelis Fragmenta selecta*, Clarendon Press, Oxford, 1955; tradução italiana e comentário de R. Laurenti, *Aristotele. I frammenti dei dialoghi*, Loffredo, Nápoles, 1987, 2 vols.; cf. também a recente tradução a cargo de M. Zanata, *Aristotele. I dialoghi*, BUR, Milão, 2008. Para o *Protréptico*, ver tradução e comentário a cargo de E. Berti, *Protrettico. Esortazione della filosofia*, UTET, Turim, 2000 (baseada na edição aos cuidados de I. Düring, Almqvist & Wiksell, Göteborg, 1961); cf. também D. Hutchinson e M. R. Johnson, "Authenticating Aristotle's 'Protrepticus'", in *Oxford Studies in Ancient Philosophy*, XXIX (2005), 193-294. Para o escrito *Sobre as ideias*, ver W. Leszl, *Il 'De ideis' di Aristotele e la teoria platonica delle idee* (com edição crítica do texto a cargo de D. Harlfinger), Olschki, Florença, 1975; cf. também G. Fine, *On ideas. Aristotle's Criticism of Plato's Theory of Forms*, Oxford University Press, Oxford, 1993. Para o escrito *Sobre o bem*, ver M. Isnardi Parente, *Testimonia platonica*, Accademia Nazionale dei Lincei, Roma, 1997.

Apêndice II
Cronologia das obras de Aristóteles

As tentativas de reconstruir a cronologia absoluta e relativa das obras de Aristóteles são inevitavelmente conjeturais por duas ordens de motivos. Praticamente inexistem referências a acontecimentos históricos de datação segura que possam servir de baliza para a datação das obras. Em alguns casos, podemos recorrer a considerações ambientais: assim, por exemplo, a obra zoológica *Pesquisas sobre os animais* foi provavelmente composta durante a estada de Aristóteles na ilha de Lesbos (entre 347 e 335), mesmo porque algumas espécies de peixes mencionados são características daquela zona. Mas, de modo geral, a datação absoluta é ditada acima de tudo por questões de verossimilhança (por exemplo, elementos de platonismo ou de crítica à filosofia acadêmica podem levar a situar as respectivas obras no período de permanência de Aristóteles na Academia).

Quanto à cronologia relativa, essa poderia parecer mais fácil graças às remissões internas que surgem nos textos aristotélicos: parece natural pensar que, se a obra X remete à obra Y, esta deve ser cronologicamente anterior à outra. Mas muitas vezes são indícios ilusórios, porque é plenamente possível que Aristóteles tenha acrescentado essas remissões numa fase de reelaboração dos tratados posterior à sua composição. Na verdade, a finalidade das remissões internas não é tanto assinalar uma sucessão cronológica quanto indicar ao leitor a ordem lógica segundo a qual os próprios tratados deveriam ser lidos e estudados. É diferente o caso em que uma obra pressupõe teorias ou conhecimentos apresentados numa outra obra. Não há dúvida, por exemplo, de que as *Pesquisas sobre os animais* estão pressupostas no tratado *Sobre as partes dos animais* e, portanto, o precedem cronologicamente. Do mesmo modo, pode-se dizer provavelmente que escritos como os *Analíticos*, as *Categorias* e os dois primeiros livros da *Física* pertencem a uma fase bastante precoce do pensamento aristotélico, porque parecem estar pressupostos em várias outras obras. Muitas vezes, porém, os argumentos expostos em favor de uma determinada disposição cronológica dependem mais de opções interpretativas do que de razões objetivas. Isso vale, por exemplo, para o livro XII da *Metafísica*, que, conforme a orientação adotada, os estudiosos consideram ou como obra "de juventude" ou como pertencente à plena maturidade do filósofo (no capítulo II, falamos sobre a hipótese evolutiva de Werner Jaeger e dos seus respectivos problemas).

A mesma cautela vale ainda mais em relação às propostas de distribuição cronológica dos livros pertencentes à mesma obra. Se é verdade que muitas *pragmateîai* aristotélicas constam de livros compostos em épocas diferentes, é igualmente verdade que a ordem em que os lemos depende, com frequência, de uma montagem provavelmente feita pelo próprio Aristóteles; também nesse caso, a distribuição cronológica parece, por vezes, sugerida por opções exegéticas (por exemplo, os livros "utopistas" da *Política* considerados mais "platônicos" e, por isso, de juventude, ao contrário dos "realistas").

Em todo caso, para a informação do leitor, aqui apresentamos a cronologia absoluta e relativa proposta pela reconhecida obra de Ingemar Düring. Cabe observar que esse estudioso utiliza a cronologia dos diálogos platônicos para situar os escritos aristotélicos que guardariam uma relação de dependência ou de polêmica em relação aos primeiros.

Datas	Obras
367 Aristóteles entra na Academia. Antes de 360 (isto é, antes do *Parmênides* de Platão, que responderia às críticas aristotélicas)	*Sobre as ideias*

Datas	Obras
360-355 Platão: *Sofista* (pressuposto pelos *Tópicos*), *Timeu*	*Categorias – De interpretatione – Tópicos – Analíticos – Sobre a filosofia – Metafísica XII – Poética – Retórica I-II*
355-348 Platão: *Filebo, Leis*	*Física I, II, II, IV, V, VI, VII – Sobre o céu – Sobre a geração e a corrupção – Meteorológicos IV – Ética a Eudemo – Retórica III –Protréptico – Metafísica I, III, X, XIII, XIV*
347-335 Abandono da Academia, viagem a Axos, Lesbos e Macedônia	*Pesquisas sobre os animais – Sobre as partes dos animais II-IV – Meteorológicos I-III – Política I, VII, VIII – Parva naturalia (primeira redação)*
334-322 Regresso a Atenas, ensino no Liceu	*Política II, III, IV, V, VI – Metafísica IV, VI, VII, VIII, IX – Física VIII – Sobre as partes dos animais I – Sobre a reprodução dos animais – Sobre o movimento dos animais – Sobre a alma (redação final) – Parva naturalia (redação final) – Ética a Nicômaco*

Índice de obras citadas

A

Alma, Sobre a (*De anima*; *De an.*) 8, 39, 42, 45, 49, 56, 63, 70-72, 78, 79, 83, 108, 125, 132, 197, 199, 200, 203-205, 207-209, 218, 220, 223, 233, 235, 236, 248, 306, 310, 320, 325, 328, 330, 339, 340, 343

Analíticos posteriores (*An. post.*) 7, 31, 38, 39, 44, 45, 53, 65, 78, 81, 89, 90, 92, 98, 100-102, 104-107, 109, 110, 114, 124, 133, 283, 325, 328, 342, 343

Analíticos primeiros (*An. pr.*) 7, 45, 65, 81, 85, 89-92, 95, 99, 100, 105, 109, 114, 126, 283-285, 320, 328, 342, 343

B

Bem, Sobre o 338, 340

C

Categorias (*Cat.*) 7, 43, 65, 81, 82, 135, 136, 139-145, 147-150, 152, 154, 155, 157, 180, 317-319, 321-323, 325, 327-330, 342, 343

Céu, Sobre o (*De caelo*) 7, 34, 42, 49, 55, 70, 162, 179, 183, 185, 187-195, 302, 303, 305, 329, 331, 337, 343

Colônias, Sobre as 21

Constituição dos atenienses 260

D

De interpretatione (*De int.*) 7, 65, 68, 81-84, 87-90, 109, 157, 318, 328, 329, 332, 343

De memoria 122

E

Ética a Eudemo (*Eth. eud.*; *EE*) 29, 33, 57, 126, 225-227, 229, 231-238, 241, 243, 245-247, 249, 311, 337, 343

Ética a Nicômaco (*Eth. nic.*; *EN*) 15, 25, 29, 31, 33, 40, 45, 53, 57, 73, 74, 101, 108, 112, 119, 126, 127, 129, 200, 209, 225-249, 251, 253, 259, 264, 279, 309, 319, 337, 338, 343

Eudemo 339

F

Filosofia, Sobre a 338, 339, 343

Física (*Phys.*) 7, 49, 56, 65, 68, 77, 125, 128, 132, 135, 145-147, 149, 151, 157, 159, 160-166, 168-173, 175-177, 179-184, 194, 195, 198, 200, 216, 217, 293, 303, 304, 307, 312, 318, 323, 325, 329, 330, 342, 343

G

Geração e a corrupção, Sobre a (*De generatione et corruptione*; *De gen.*

corr.) 49, 56, 179, 180, 185, 187, 188, 195, 307, 328, 343

I

Ideias, Sobre as (*De ideis*) 37, 337, 338, 340, 342

L

Locomoção, Sobre a (*De incessu an.*) 172, 211, 217

M

Metafísica (*Metaph.*) 7, 8, 10, 18, 19, 29, 32, 34, 36, 37, 42-44, 52-54, 61, 65, 67-69, 74, 76, 81, 101, 102, 107, 112, 119, 125, 127-129, 135, 144, 147-152, 156-159, 165-168, 191, 194, 195, 198, 200, 208, 209, 215, 218, 220, 225, 247, 248, 269, 280, 291, 293, 294, 298, 300-302, 304, 312-314, 320-322, 325, 326, 328, 338, 342, 343
Meteorológicos (*Meteorologica; Meteor.*) 50, 56, 59, 60, 62, 188, 210, 225, 320, 330, 343
Movimento dos animais, Sobre o (*De motu animalium*) 211, 224, 343

O

Organon 65, 81, 89, 109, 111, 133, 135, 157, 270, 325, 328, 332

P

Partes dos animais, Sobre as (*De partibus animalium; De part. an.*) 26, 49, 51, 54, 56, 57, 59, 60, 78, 160, 162, 172-174, 187, 197, 198, 200, 204, 205, 211-213, 215, 217, 219-221, 251, 341, 343
Parva naturalia 205, 211, 223, 343
Pesquisas sobre os animais (*Historia animalium; Hist. an.*) 56, 211, 212, 214, 215, 220, 229, 341, 343
Poética (*Poet.*) 8, 57, 62, 231, 269-271, 273, 275, 289, 290, 337, 343
Política (*Pol.*) 8, 21, 23, 34, 41, 57, 58, 63, 217, 225, 228-230, 233, 239, 248, 249, 251, 252, 254, 257-259, 261, 262, 265-268, 270, 275, 276, 342, 343
Protréptico 337-340, 343

R

Refutações sofísticas (*Soph. El.*) 19, 81, 91, 111, 119, 129, 132, 133, 320
Reino, Sobre o 21
Reprodução dos animais, Sobre a (*De generatione animalium; De gen. an.*) 54, 56, 70, 209, 211, 214, 215, 218, 220, 222, 343
Respiração, Sobre a (*De respiratione; Resp.*) 205, 211
Retórica (*Rhet.*) 8, 57, 62, 65, 74, 91, 112, 121, 231, 269, 270, 280, 283, 285, 289, 290, 343

S

Sensação, Sobre a (*De sensu*) 211, 320

T

Tópicos (*Top.*) 7, 24, 39, 61, 65, 74, 81, 82, 89, 91, 92, 111-114, 118, 119, 122, 123, 125-129, 133, 139, 269, 283-285, 319, 320, 328, 343

Edições Loyola

editoração impressão acabamento

Rua 1822 nº 341 – Ipiranga
04216-000 São Paulo, SP
T 55 11 3385 8500/8501, 2063 4275
www.loyola.com.br